現実的なものの歓待

分析的経験のためのパッサージュ

春木奈美子

創元社

はじめに

　本書でとりあげるのは、他者、女、行為、そして症状である。ここでこれらの4つの問題系が選出されたのは、何よりも筆者自身の臨床におけるある種の体験＝出会いに由来している。それは、言葉がもはや意味するものではなく、その物質性を剥き出しにして、こちらに触れてくるような言語体験である。伝統的な哲学は〈もの〉というタームで、そうした次元を語ってきた。〈もの〉は本来、言語活動とは顔を合わせるはずのない超越的な概念である。しかし、言葉でやりとりをする臨床家であれば誰もが、そのような感覚を一度は経験したことがあるのではないだろうか。本書を貫くのは、この言語活動における〈もの〉との不可能な交わりであり、そこに姿を現すのが4つの問題系である。

　思うに、この種の経験に最も親和性が高いのが精神分析である。とはいえ、その経験がそのまま分析の終着点を指すのではない。分析の終わりというのは、常に定義を逃れるものであり、本書でも分析の出口については、かろうじて示唆するに留まる。ただひとつ言えるのは、そこに辿り着くために通過すべき経験というものがある、ということである。それを記述するには、そこからあまりに近すぎるか遠すぎるか、早すぎるか遅すぎるかしてしまうような経験、存在の様態そのものを変化させてしまうような経験、そうした「分析的経験」を本書では描き出してみたい。バルテュスが見せる『コメルス・サン・タンドレ通り（Le Passage du Commerce-Saint-André, 1952-1954）』のごとく、薄暗く、不気味なそのパッサージュを。

＊＊＊

　さてフーコーは「作者とは何か」[†1]と題されたフランス哲学協会における1969年の招待講演のなかで、近代において「共通言説性（discursivité）」を創設した作者名として、マルクスに並んで、フロイトの名を挙げている。共通言説性の創設者とは、単に個々の作品の作者であるだけでなく、その後に他の作者たちがある知の領域において語る可能性そのものを創設した者を指す。たしかに現在にいたる

i

まで、精神分析はフロイトの言葉を用いて、フロイト以外の者たちによって語られ続けている。フーコーはそこからさらに「フロイトへの回帰」の重要性について語り出す。というのもニュートンの未知のテクストが発見されても宇宙論を変更させることはないが、フロイトのテクスト群の再検討は精神分析そのものを変えてしまうからである。

このように共通言説性が常に「創設者への回帰」という可能性をはらむ以上、精神分析は厳密な意味では閉じられてはいない。然るにどこへ回帰するのか。精神分析創設の地点とはどこか。精神分析理論の練り上げの過程こそ、その場所だとも言えよう。しかしそれは同時に、フロイトが患者との出会いのなかで遭遇した特異的＝単独的な経験ではなかったか。フロイトは自らのテクストのいくつかのポイントに、その目印を遺している。わたしたちは、たとえばフーコーの主張するような原テクストとしての草稿などの再考によってではなく、出来事の水準に立ち戻ることによってそうした場所への接近を試みたい。精神分析を創設しつつあるフロイトの身振りを追体験するように、小説であれ症例であれ、そこで出会う事象に深く浸かって、そのなかに現れる分析的経験と呼びうるものをできる限り縁どっていきたい。このとき、実際の事例を引くにせよ、フィクションを引くにせよ、特別の区別は設けていない。なぜなら、臨床で体験し、思考されることと、文学・芸術で探求されているものの根底には、共通して存在するものがあると考えるからである。両者は、そうした不可能なものをめぐって、語りえないものを語り、描きえないものを描こうとしている。

＊＊＊

以下、各章の流れを順を追って示しておく。全体は各々の章によってポリフォニックに構成されており、必ずしも順に読み進める必要はない。

第1章「歓待と他者」では、日本の民話「鶴女房」や川端康成の問題作『眠れる美女』を、レヴィナスとデリダを参照しながら歓待の物語として読み解いていく。これは同時に、歓待という謎めいた出来事を解明しようという試みでもある。

第2章「女たちの余白に」では、フロイトにとって最大の謎のひとつでもあった〈女〉という主題を取り上げる。男性との関数では算出されない〈女〉、ラカンの言を借りれば「存在しない〈女〉」を、いくつかの事件＝出来事のなかに発見す

ることを試みる。対象となるのは、マルグリッド・デュラスが描くふたりの女、エウリピデスが描く異邦の女メデア、そして作家アンドレ・ジッドの妻マドレーヌである。ラカンの「主体」「享楽」の概念を参照しながら、これらの女たちに接近する。

　第3章「行動の条件としての行為」では、佯狂ハムレットの仕掛ける劇中劇における「演技」にはじまり、漁色家ドン・ジュアンの「証書」たる女のリストにいたるまで、さまざまな「アクト」を取り上げながら、行動とは明確に区別される〈行為〉の審級を探求する。

　第4章「固有名と症状」では、フロイトが完全な消去は望めないとした〈症状〉に迫る。まず言語学にとってのアポリアである「固有名」の問題系を整理した後に、事例を詳細に吟味することによって、精神分析の立場から「固有名」の審級を定義していく。検討していくのは、フランソワーズ・ドルトの「症例フレデリック」および『症例ドミニク』、そして筆者が提示する「葬儀で署名できない女性」の症例である。最後に、ラカンの「サントーム」という概念を参照しながら、クロソウスキーの創作について検討し、症状に関する精神分析独自の立場についても明確にしていく。

＊＊＊

　さて、先に挙げたフーコーの講演に集まった聴衆のなかには、実はラカンの姿もあった。ルディネスコによれば、「フロイトへの回帰」という主題をラカンの名を一度も出さずに語ったフーコーの講演は、ラカンを少なからず混乱させたという。講演後の質疑応答で、ラカンは「私は招待状をかなり遅くに受け取りました」という前置きをしてから、「フーコーの述べたことは自分がなしえたことからしてまったく妥当だ」と述べている。これは、「フロイトに還れ」というスローガンを掲げたラカンにとって、我こそは「フロイトへの回帰」をはじめに行った人物であるという「表明」でもあっただろう。フーコーの「黙殺」、そして「招待状の遅延」は分析家による短時間セッションのように作用し、ラカンという主体を析出する契機となったのだ。この後、ラカンはその頃すでに着手しはじめていた「パス」と呼ばれる分析家養成制度を作るなど、精神分析史に自らの名を残すような独自な仕事を成し遂げていく。それらは、ラカンという固有名を「共通言説性」

の作者名とするような作業であったのかもしれない。実際、本書はフロイトそしてラカンという作者名なしには形になることはなかった。

　ではここから、このふたつの作者名の余白に開かれたパッサージュへと迷い込まれたし。

　招待状にかえて。

目 次

はじめに　i

第1章　歓待と他者　3

第1節　無条件の歓待と条件つきの歓待　3
無条件の歓待　3
無条件の歓待から条件つきの歓待へ：「鶴女房」　5
歓待の起源、歴史的視座から　9

第2節　「鶴女房」再考　11
〈他者〉への応答　12
顔の出現　13

第3節　川端康成の『眠れる美女』における歓待　15
死に触れる愛撫　18
歓待の一歩＝歓待の否定　20
眠れる美女と女主人、あるいは分析家　23
第1章のおわりに　25

第2章　女たちの余白に　27

第1節　デュラスの描くふたりの女　27
存在の消去　30
対象の出現　31
欲望の主体　33
眼差しの略奪、身体の剝奪　34
存在への期待、反復する光景　36
萌芽する享楽、脱意味の歓喜　38
不安の一撃、欠如せざる欠如　40
幻想の上演、宮廷愛の技法　42
幻想の横断、物語の停止　43

v

　　　　ロル・V・シュタインの余白に　46
　　　　もうひとりのロル、アリサ　49
　第2節　ラカンの性別の論理　53
　　　　「女」は存在しない　53
　　　　男の享楽、女の享楽　56
　第3節　存在しない「女」の審級：メデアとマダム・ジッド　59
　　　　エウリピデスの『王女メデア』　59
　　　　手紙、あるいは子ども　62
　　　　マドレーヌ、あるいはメデア　64
　　　　メデア、真の女性の行為　65
　　　　象徴的自殺行為　66
　第4節　燃やされた手紙、アンドレ・ジッドの同性愛　67
　　　　手紙＝文学　67
　　　　マドレーヌ＝アリサ　69
　　　　燃やされた手紙（Lettres brûlées）　70
　　　　第2章のおわりに　72

第3章　行動の条件としての行為　76

　第1節　ハムレットの劇中劇　76
　　　　身体の側から　79
　　　　行為の側から：逃げる身体、堕ちる身体　82
　　　　終わらない行動化、復讐劇再び　84
　第2節　行動化と行為への移行：
　　　　フロイトの「女性同性愛の一事例」再考　87
　　　　同性愛女性の行為への移行とフロイトの行動化　88
　第3節　行為の時間、事件の時間性　92
　　　　ストア派-ドゥルーズ　93
　　　　出来事としての「行為への移行」　96
　　　　アガンベンの例外状態　97
　　　　メシア的時間、証人の時間　99
　第4節　ハムレット、行為へ　102
　　　　母の欲望　104

　　　　父の裏面　111
　　　　ファルスというシニフィアン　112
　　　　大義＝原因（cause）のために　114
　　　　墓穴に跳びこむ　116
　　　　ハムレットにおいて演じられている
　　　　＝賭けられている（joué）こと　117
　　　　贈与の次元にある行為　119
　第5節　ドン・ジュアンの「石の宴」、行為する言語　120
　　　　オースティンの行為遂行的発話　121
　　　　フェルマンのオースティン＝ドン・ジュアン　124
　　　　オースティンを読むデリダ　126
　　　　はじめに行為がある　129
　　　　主人のディスクール　132
　　　　分析家のディスクール　133
　　　　第3章のおわりに　136

第4章　固有名と症状　138

　第1節　固有名論争に寄せて　138
　　　　記述説　139
　　　　反記述説　140
　　　　因果説　141
　　　　人類学における固有名論：分類体系とへそ名　142
　　　　「寿限無」にみる命名　146
　　　　分離と疎外　147
　　　　対象aとしての名前　149
　第2節　名前をめぐる困難：いくつかの事例から　150
　　　　ドルトの「症例フレデリック」　150
　　　　ドルトの『症例ドミニク』　152
　　　　逃れゆく固有名：葬儀で署名できない女性の事例　159
　　　　不可能な署名　162
　　　　死んでいる父の夢、死んでいるわたしの夢　164
　第3節　名指しとしての症状　167
　　　　記述される症候と固定指示詞としての症状　167

父の名からサントームへ　168
          命名機能　169
          症状への同一化　171
　第4節　**固有名とシミュラクル**　173
          クロソウスキーのロベルト　174
          「歓待の掟」　176
          天使とロベルト　178
          エロスと神学　180
          哲学史のなかのシミュラクル　182
          欲望とシミュラクル　185
          係留点ロベルト　186
          第4章のおわりに　188

註　190
文　献　209
むすびに　215
人名索引　217
事項索引　218

現実的なものの歓待

分析的経験のためのパッサージュ

凡 例

・外国語文献のうち邦訳の参照できるものは、原則として邦訳から引用した。一部邦訳を改めた箇所については、その都度ことわりを入れた。
　外国語文献のうち邦訳のないものは、拙訳による。
・ラカンのセミネールのうち未刊のものについては、引用元を当該セミネールが開講された年代および日付を記し、「　年　月　日のセミネール」とした。
・本文中の〈　〉は、それなしで書かれた場合とは区別されるように記した強調である。外国語であれば大文字で表記される強調である。
・引用文中の引用者による補足は、〔　〕で示した。
・引用文中の引用者による省略は、(…)で示した。

第1章　歓待と他者

> Vivent les lois de l'Hospitalité!
> 「歓待の掟、万歳！」
>
> Pierre Klossowski

第1節　無条件の歓待と条件つきの歓待

無条件の歓待

　もしも歓待という語に「あたたかなおもてなし」といった類の印象を抱いているとすれば、そうした考えはただちに一掃されるだろう。これからみていく歓待は、「ホスピタリティ」といった平和的な語彙が想起させるようなものとはかけ離れた、暴力的で、外傷的でさえあると言えるようなものである。まず、デリダが歓待についてのセミネール[†]で紹介している「創世記」のロトと娘たちの物語からはじめたい。デリダは、歓待を論じるにあたり、プラトンの対話篇からソフォクレスの悲劇、クロソウスキーの『歓待の掟』、カントの「人間愛から嘘をつく権利の虚妄」に至るまで、さまざまなテクストをアクロバティックに横断したその最後で、この物語を引いている。

　ロトは、ソドムの町にやってきたふたりの異邦人——実はこれが神の御使いであるのだが——を客として自分の家に迎え入れる。ところがソドムの町の男たちは、この客人が床にも就かないうちにロトの家に押し寄せる。客人をなぶりものにしてやろうと戸口にたむろするソドムの男たちに対し、ロトは扉を閉めてこう懇願する。

> どうか、皆さん、乱暴なことはしないでください。実は、私にはまだ嫁がせていない娘が二人おります。皆さんにその娘たちを差し出しますから、好きなようにしてください。ただあの方々には何もしないでください。この家の屋根の下に身を寄せていただいているのですから。[†2]

驚くべきことに、ロトは何ら恩義もない客人を守るために、手塩にかけて育ててきた娘を差し出すことも辞さない。理性の目からすれば、これは明らかに常軌を逸する行為である。しかしそれにもかかわらず、デリダはこのセミネールのなかでこう述べる。いかなる代償を払っても、守らなくてはならない「無制限の歓待の無条件の法＝掟」があると。どういうことだろうか。

> 絶対的な歓待のためには、私は私の我が家（mon chez-moi）を開き、（ファミリー・ネームや異邦人としての社会的地位を持った）異邦人に対してだけではなく、絶対的な他者、知られざる匿名の他者に対しても贈与しなくてはなりません。そして、場（＝機縁）を与え（donner lieu）、来させ、到来させ、私が提供する場において場を持つがままにしてやらなければならないのです。彼に対して相互性（盟約への参加）などを要求してはならず、名前さえ尋ねてもいけません。[†3]

　歓待のあまりの過酷さに目を奪われて、事態を見落とさないように、ここで問題となっている歓待の特徴をひとつずつ抽出していこう。それらは大きく以下3つの要素に分類できるだろう。
　まず、客はいつでも突然やって来ることが挙げられる。家の主人には、予告も招待もなく訪れる客をもてなす準備を整えている猶予はない。それは待ったなしの来訪、招待なき招待である。それでも主人は、この気まぐれな客をいつでも歓待しなければならない。これは歓待の「①襲来性」とでも呼べるものである。
　次に、そうした客に対して絶対的に歓待しなければならないことが挙げられる。先のロトの例でも、主は、客のために愛する者を犠牲に捧げることも厭わない。むしろそのように惜しみなく贈与すること、すべてを投げ出すように贈与することが求められている。たしかに人類学の豊かな資料が教えるように、贈与は

権力の誇示、競争の開始を告げる。しかしそれは相互性をどこかに仮定したうえでの話である。ここでの歓待において、贈与者であるはずの主人は、贈与を支配しているのではなく、客人に、あるいは歓待そのものに、従属しているかのようである。これは歓待における「②絶対的な従属性」と呼べるだろう。

　最後に、歓待においては客の名を問わないということが挙げられる。歓待の間、異邦人は文字通り「異邦人」のままである。その名や生まれや職業を、つまりは素性を一切問わず、アイデンティティを宙吊りにしたまま、客人は迎え入れられなければならない。これはまさに歓待における「③匿名性」である。

　以上まとめれば、デリダが言うような無条件の歓待における客は、①不意に襲来し、②絶対的な従属の関係にわたしを置き、しかも③名をもたぬ匿名の者であるということになる。逆に言えば、訪問を予告してくれるような客、気の置けない客、素性があきらかな客を迎え入れるとき、それは無条件の歓待にはなりえない。たとえ相手からはその様子がみえないにしても、ドア穴からのぞき何処の誰かと同定してから扉を開けるような迎え入れは「無条件な歓待」とは言えないのだ。わたしたちが日常生活のなかで想定できるようなそうした歓待は「条件つきの歓待」である。

　条件つきの歓待における客は、家の主にとって真に未知な部分を欠いている。そうした客は真の他者性を剥離されており（なぜなら〈他者〉とは常に未知な部分を含むのだから）、おおよそ自身の延長上に位置づけられるような存在、自我の似姿である。そうした条件つきの歓待においては、主も客も共同性のうちにやすらうことになる。先にみた無条件の歓待のあの過酷さとは対照的に、そこにはある意味で平穏な空間が約束される。とすればもちろん、〈他者〉から法外な要求をされるような「無条件の歓待」は、平和的な「条件つきの歓待」に容易に反転してしまうだろう。この無条件の歓待から条件つきの歓待への転落を、日本の昔話「鶴女房」を題材にしてみていきたい。

無条件の歓待から条件つきの歓待へ：「鶴女房」

　「鶴女房」は異類婚姻説話に分類される日本古来の物語である。このジャンルに属する物語は、たとえば蛇女房、亀女房、蛤女房など数多くあるが、そのいずれ

もが「禁止を破る」というテーマによって貫かれている。これらのうちでも「鶴女房」はオペラ『夕鶴』[14]（これについては後で取り上げる）の題材にされるなど、民話の枠を超えて多くの人々に親しまれている。もちろん民話である以上、さまざまなヴァージョンが存在するが、一般的にはおおよそ以下のようになっている。

> 昔むかし、ある貧しい男が1羽の矢負いの鶴を助けた。数日後、美しい娘が訪ねてくる。男はこの女と結婚する。女は機を織るので、その間は部屋を決して見ないように男に言う。三日三晩のうちに女は実に見事な織物を仕上げる。これは高価な値で売れ男の家は豊かになる。しかしある夜、男は約束していたにもかかわらず、女が機を織る部屋の中をのぞいてしまう。すると中には女の姿はなく、女の代わりに鶴がいる。そう、それはいつの日か男が助けたあの鶴だったのだ。正体を知られた鶴はもうこれ以上男と一緒にいることはできない。男を残して、鶴は空に飛んで行ってしまう。

言わずもがなの物語ではあるが、ここでは関敬吾による『日本昔話集成』[15]を参照し、さまざまな地域におけるヴァージョンにも目を向けながら物語を構成する要素を確認していこう。まず物語のはじめ、1羽の鶴が瀕死の状況にある。矢負いの鶴というのが一番多いが、そうでない場合は子どもにいじめられているか、大人たちの間で売りにかけられているかのいずれかである。鶴はこの困難な状況から男の善意によって救出される。ここにお金が介在してくる場合、男は持ち金のすべてを差し出すことが多い[16]。歓待の要素のひとつである絶対的な贈与の要素がすでに見受けられる（しかし、またいくつかのヴァージョンではこの導入部分が欠落している。その場合、女の来訪がいっそうの突発性を帯びることになる）。それから数日後、美しい女が突如男のもとを訪れる。男はこの予期せぬ客を自分の家に快く迎え入れる。概して鶴は若く美しい娘の姿をとって現れる。そのまま男の妻となるのが異類女房のお約束だが、時には若い娘の姿で老夫婦のもとに現れ、そのまま養子になるものもある[17]（まれに鶴が老婆の姿をとることがあるが[18]、この場合も歓待という要素は普遍的である）。こうした迎え入れに続いて、物語の軸となる「見てはいけない」の禁止、そしてタブーを破る場面が展開する（しかし中には、このタブーの要素

が出現しないものもある。その場合は、恩返しを最後まで終えた女が自らの正体を男に告白したり、メッセージを残したりすることで最後の離別の場面へと続くことになる[†9]）。そしていよいよ、正体を知られた鶴は男のもとから去る。この結びの場面は、単に飛び去るというものから、急に姿を消し自身の居場所について暗示的なメッセージを残すもの[†10]（たとえば皿の上に針を乗せ、「播磨の皿ヶ池にいる」と読ませるなど）、自ら命を絶つもの（首を吊って死ぬ、池に飛び込むなど）[†11]、子を遺していくもの[†12]までさまざまである。また異色のものとしては、男も鶴になるという異類婚姻説話を突き抜けるような結末もみられる[†13]。こうした結末によって物語はたいてい悲劇的なものとなるが、離別の部分を軽く描写するに留め、女の残した財のおかげで終生幸せに暮らすという幸福な結びをとることも少なくない[†14]。

こうして眺めると「鶴女房」の物語は実に多様性に富んでいるのではあるが、これらの差異は、他の説話との融合、その風土特有の問題との密接な結びつきなどによる誤差として扱われ、「禁止のテーマ」が物語全体の磁場を形成していると考えるのが一般的である。たしかに、洋の東西を問わず異類婚姻譚で物語の軸となるのは「見るなのタブー」と言われてきた。そしてここから帰結する物語の解釈としては、禁止を破ることで、女を理想化していた男の幻想が剝がれるというものがある。事実、北山修はこの物語について心理学的な考察をおこない、「見るなの禁止」という概念を独自に洗練させている[†15]。厳密に言えば、北山の考察の対象となっているのは木下順二による戯曲『夕鶴』（1949）である。その理由として、北山は『悲劇の発生論』のなかで木下の優れた才能はもちろん、民話「鶴女房」のほうには「心理学的な叙述が不足」していることを挙げている。戯曲『夕鶴』において、男（与ひょう）は子どもたちと一緒になって遊び、女に対して布を織るようにせがむなど、子どもの無邪気さと貪欲さを体現したような人物として、女（つう）のほうは、そんな子どものような男に献身的に尽くす母親のように描写されている。夫婦でありながら、母子を思わせるような描写が、『夕鶴』独自のアレンジと言ってよい。北山はこうした物語のなかに最早期の幼児的体験をみてとっている。以下、北山の見解をみておく。

『夕鶴』に描かれているのは、際限なく要求する赤ん坊とどこまでも献身的な母親である。異類婚姻説話において本来の物語に付け加えられたものであるとされ

る冒頭の出来事（鶴を助ける）は、北山によれば、女（動物）との約束を破った主人公によって引き起こされる罪悪感に対する「合理化（rationalization）あるいは補償（compensation）」であり、そもそも「動物をいじめる残酷な子供たち」は、主人公の中にある「攻撃的な子供に属するもの」とされる。主人公は「理想化」と「動物化（animalization）」によって、母親を慈悲深い女性と傷ついた動物とに「分裂」させているのである。ところが「見るなの禁止」という母性的タブーを破ることで、この「理想化」は崩れ去る[†16]。これは父親的な絶対禁止とは別の禁止、いずれ破られることになる母性的タブーであって、北山はここに母子分離のテーマをみている。本来の醜い姿を覆い隠すようにして、「見るなの禁止」は立てられている。そうした「禁止」を立てることで、男は「幻滅」から身を守っていたのである。

しかし歓待についてみてきたわたしたちには、これとはやや異なる視点から、原点にある「鶴女房」に立ち返って、この物語を読むことができる。それはすぐれて歓待というテーマに貫かれた物語である。物語のはじめ、女は予告もなしに突然にやってくる。これは無条件の歓待の「①襲来性」を満たしている。この突然の客に対し、男は一夜の宿を提供することをはじめ、嫁にするなど女の頼みをすべて受け入れる。これは無条件の歓待の「②絶対的な従属性」を満たしている。ゆえにここは無条件の歓待があったはずだ。少なくともこの時点ではそう言えるだろう。ところが転機は訪れる。「見てはいけない」という女との約束を破り、男は機を織る女の部屋の扉をあけてしまう。その行為は、まさに客の素性を問うてしまうのである。これは無条件の歓待の「③匿名性」を無効にする行為だったのである。

たしかにこの物語は、幻想の枠組みを維持しようとする男の視点からみれば、禁止の物語と読めるが、ここで破られたのは何よりも無条件の歓待における掟である。男は女を、もっと自分のなかに引き寄せたい、もっとよく理解したいと願っていたのだろう。その思いが「名を問う」行為になってしまう。ここで無条件の歓待は頓挫する。この意味で、物語の結末に鶴が去るという結末は、〈他性〉の消去、〈他者〉の殲滅を示唆すると言える。なぜなら無条件の歓待から条件つきの歓待への反転において抜け落ちるのは、他者性であるからだ。この反転は畢竟、自らの安定を乱す撹乱子たる〈他者〉の排除に至る。

わたしによって包摂の対象とはならず理解を溢れ出していくもの、これをひとは〈他者〉と呼ぶのである。理解する＝包摂する（comprendre）、とは、〈他者〉に対しては用いることのできない言葉である。そうした他を同へと還元するようなあり方にレヴィナスは暴力性を見抜いた[17]。素性を問うことで相手を理解＝包摂しようとする条件つきの歓待は、この意味で、ひとつの「暴力」と言える。

融合を目指すコミュニケーションは、そのまま〈他者〉の遺棄へとつながる。〈他者〉を名によって捉えようとするまさにその時、場を失った〈他者〉は〈他者〉としてはもう死んでいる。物語の結末、鶴が姿を消さねばならないのは、こうした「暴力」によって「場」を奪われたからである。繰り返せば、〈他者〉に場を与えたままにしておくことが、歓待において生じていることであった。だとすれば「鶴女房」は、無条件の歓待から条件つき歓待への反転の物語のひとつと数えられるだろう。

さて、ここまでのところで「鶴女房」における禁止を破る瞬間を無条件の歓待が解ける瞬間として、つまりは無条件の歓待の失敗としてみてきた。しかし、どうだろう。そもそも「成功」する歓待というものを想定することができるだろうか。歴史的にみても、歓待のあり方は条件つきの歓待へと制度化されてきたのではないだろうか。次に歓待の歴史、そしてデリダの歓待論がそれと応答関係にあるようなレヴィナスの哲学的思考をみた後で、わたしたちはもう一度この問いをもって、「鶴女房」に帰ってくることになるだろう。

歓待の起源、歴史的視座から

ここでは、歓待という制度の歴史について簡単に振り返っておく。まず大きく分けて異人歓待には(1)無償のものと(2)有償のものがあり、主にヨーロッパを中心に考察したものではあるが、ハンス・C・パイヤーが『異人歓待の歴史』[18]において行っている考察を参照すると、それらはさらに以下のように類型化できるだろう。

(1)無償の歓待は、①負担者の好意によるもの（いわゆる無償の歓待であって、神話時代から中世まで存在していた客人厚遇あるいは原始歓待、また部族法などによって規定された食糧抜きの限定された歓待、そして教会や修道院において中世以後も行われていた歓待）と、②

強制によるもの（たとえば君主や領主等の権力者が強制する歓待など）に分類できる。さらに、(2)有償の歓待は、①職業として確立はしていないが、支払いを受けるものと、②居酒屋や宿屋といった職業としての歓待業に分類できる。ここで注意しておきたいのは、今挙げた諸類型は共時的に存在していたわけではなく、おおむね(1)無償の歓待で①負担者の好意によるものから、(2)有償の歓待で②職業としての歓待業へという通時的な変遷を遂げたという点である。こうした歴史的変化は以下のように整理できる。

ⅰ）異人歓待の原初的なかたちである客人厚遇は、古代から11世紀まで行われていたが、12世紀以降に衰退する。（この客人厚遇の慣習は、(1)無償の①好意による歓待にあたる。）
ⅱ）巡礼者や市場に訪れる商人に対する異人歓待は、11世紀以降より栄えるが、13世紀以降には衰退し、営業宿屋となる。（これは(1)無償の①好意によるものから(2)有償の②職業歓待への変化に相当する。）
ⅲ）居酒屋は、11、12世紀以降、市場や都市の付属物として位置づけられていたが、13世紀には、市場や都市と競合する、営業宿屋となる。（先とおなじく(1)無償の①好意による歓待から(2)有償の②職業歓待への変化である。）
ⅳ）教会の異人歓待は、11世紀末以降のものであり、中世に盛期を迎えた後に分化していく。もっぱら、富裕者や権力者に限定したため、商人や旅人や貧者は営業宿屋へ行くことになる。（先とおなじく(1)無償の①好意による歓待から(2)有償の②職業歓待への変化である。）
ⅴ）君主歓待は、11、12世紀の変わり目まで行われていたが、12世紀以降は、営業宿屋へ移行していく。（これは(1)無償の②強制による歓待から(2)有償の②職業歓待への変化である。）
ⅵ）営業宿屋は、13、14世紀の変わり目以降、その他の異人歓待のかたちを圧倒するようになる。（これは(2)有償の①非職業制度的な歓待から(2)有償の②職業歓待への変化である。）

これらの流れから、営業宿屋が職業として確立され、中世の終わり頃には他の

すべての歓待のあり方が営業宿屋にとって代わられたことが分かる。また、ⅳ）教会の異人歓待に関しては、古代から存在したⅰ）客人厚遇の類型を、中世においても保持していた唯一の例である。とはいえ、そうしたものも時代の状況に適合しつつ複雑に規則化されていたことはもちろんである。パイヤーも指摘するように、「客人歓待はもっぱら高貴の身分の者に、支払いを受ける異人歓待はもっぱら商人に、そして教会による異人歓待はもっぱら貧者に向けられたものであったなどといった類型論を考えることも性急」[19]で、また修道院が提供する歓待（クセノドーキーエンという異人歓待用の施設まであった）も、修道会則に細かく決められた客の身分による扱いの差に基づいていたという[20]。またパイヤーの研究のなかでは扱われていないが、キリスト教の伝統では、こうした本来の異人歓待とは異なった歓待も存在した。病んでいる者への歓待の側面もある。そうした歓待は、古代ローマの女性司祭たちや貴婦人たち、あるいは修道院や教会における救貧院によって行われてきた。これは、現代における「病院（ホスピタル）」と「歓待（ホスピタリティ）」との語源的連関を説明する活動である。いずれにしてもあらゆる歓待は、少なからず社会の経済システムへとその身を委ねていくことになる。

第2節　「鶴女房」再考

　これまでみてきたことをまとめれば、一方で条件つき歓待は、捉えきれないものとして留まり続ける〈他者〉の場を奪うことであり、他方で、無条件の歓待とは〈他者〉に場を与えることであると言える。無条件の歓待では全き〈他者〉を〈他者〉として迎え入れることが求められていた。しかしなぜ匿名の〈他者〉をもてなさねばならないのだろうか。目の前の見知らぬ者は、もしかしたらこちらの命を狙いにやって来たのかもしれない。その可能性はどこまでも拭いきれないはずだ。それならば、潜在的な敵対性に怯えなければならないような状況において、まず名を問い、そのものを何者かとして同定してから、つまりある程度の「安心」を確保したうえでもてなすほうが、理に適っているのではないだろうか。正体の分からぬ者を、もしかしたら敵かもしれない者を招待することは容易ではない。では、どうしてここまでの危険を冒してまでも、主人は客を無条件に歓待しなけ

ればならないのか。

　ところで、英語のhostは「もてなす主人」というひとつの意味しかないが、フランス語のhôteは、その語源の性質を現在も保存している。羅仏辞書によれば、ラテン語のhospesは、はじめに「celui qui reçoit l'hospitalité（歓待を受けとる者）」、続いて「celui qui donne l'hospitalité（歓待を与える者）」[21]とある。受けとる者（＝客）と与える者（＝主人）というまったく正反対とも言えるふたつの意味をひとつの単語が担っているのだ。ここには、客人を迎え入れる「主人」が、自分こそ場の所有者であると信じている「主人」が、実は自分自身の家に迎え入れられる「客」であるという、歓待の逆説的な法がある。もはや明確に切り分けられるような主人と客といったものをあらかじめ想定することはできない。迎える者（主）が迎えられる者（客）に反転するという奇妙な事態が歓待のなかで生じている。

　迎える者がすでに迎えられる者であるという捻じれが生じているとすれば、それはなぜか。ひとつの解答として、〈他者〉がわたしのなかにすでに懐胎されていると考えることができる。わたしたちは先ほど、「なぜ歓待しなければならないのか」という問いを立てたが、そうした問いを立てる余裕もないほどに、〈他者〉はすでにわたしの内に巣くっているのだ。そうした〈他者〉から逃れることはおおよそできない。〈他者〉が亡霊のごとくわたしに執拗にとりついているならば、もはや逃げ場はない。

〈他者〉への応答

　レヴィナスは、〈他者〉に応えなければならない責任＝応答可能性（responsabilité）について語っている[22]。この責任の概念については、レヴィナス特有のニュアンスがつく。ふつう責任とは、それに少なくともいくらかは応じることが可能なものである。しかしそれが〈他者〉への応答であるとすれば、それはいかなる手段によっても取り尽くすことのないものだ。〈他者〉がわたしの手によって回収不可能な全き他性である以上、それは打ち止めのない、そして同時に取り尽くしようもない無限の責任となる。ゆえにそれはひたすら受動的に、気づいたときにはすでに課せられている、故なき責めである。不在のはずである〈他者〉が特異なかたちで現前する歓待にあっては、こうした〈他者〉の責めに主体は無力にもさら

されることになる。

　レヴィナスはこうした〈他者〉の現前を、顔にみた[23]。顔は、一言で言えば、最も強烈なかたちで他者性が現前しうる虚ろな場である。それは、表象に解消されぬ〈他者〉が表象の世界に侵入してくることとも言える。表象されないものは、了解されることも、規定されることもない。顔は内容となることを拒絶するし、それは理解されない。そもそも顔について説明する必要はない、なぜなら顔から一切の説明が開始されるからだ。同時に顔は、わたしたちに語りかけ、わたしたちに応答を求め、迎え入れることを求める。人の体のなかでも特に無防備に外部にさらされた顔が、根本的な非人称の次元の痕跡をたたえ、わたしの前に現れうる。このとき顔は、わたしにこのように命じる──「汝、殺すなかれ (tu ne commettras pas de meurtre.)」と[24]。

　絶対的外部である〈他者〉を支配し、獲得することはできない、あるひとつの可能性、すなわち殺人を除いては。レヴィナスも指摘するように[25]、〈他者〉はわたしが殺そうと欲しうる唯一の存在である。それゆえに、絶対的に外部にいる〈他者〉に近づくとき、他者は「汝、殺すなかれ」という審問のかたちをとる。この審問を受けて、享受のエゴは〈他者〉に応答すべく自らの存在を委ねざるをえない。ここに無限責任の主体が成立する。

顔の出現

　再び「鶴女房」に戻ろう。先にわたしたちはこの物語を、無条件の歓待から条件つきの歓待への反転としてみてきた。そこには理解＝包摂という「暴力」が含まれていた。しかしレヴィナスの近さとしての〈他者〉、そして顔についてみてきた今、もう一度、この物語の一場面に留まってみたい。注目すべきはもちろん、男が扉を開くあの瞬間である。この一瞬間は物語最大の山場（映画であれば、無音でないにしてもスローモーションとなるべきところ）であるにもかかわらず、実際の民話においては詳細には描かれておらず、抜け落ちていることさえある。たとえば、男が扉を開けたことを後悔するだとか、出て行こうとする女に留まるように説得するだとかいう場面にもっていかれてしまう。しかしこの書かれない一瞬、語られない一瞬、男が人間ならざるものに出会うその一瞬は、最大限の注意を払って考

察をしてみてもよい箇所であるはずだ。

　はたして男は、そこで何に出会っていたのだろうか。美しい愛すべき女がいるべき場所に、アルカイックな動物の姿がある（この手の話に登場する動物は、決まって亀や蛇であって、猫や犬のように比較的人間に親しみがあるものは選ばれない）。家という個人にとって一番親密であるはずの領域に、種を異にする動物が知らぬ間に侵入している。素朴に考えれば、この瞬間に鶴は殺されてもおかしくない。野生の側からみても、それはあまりに危険すぎる露出であったはずだ。しかしだからこそむしろ、死と隣り合わせのこの瞬間は崇高な瞬間となる。

　このとき男は、レヴィナスのいう顔の言葉、つまり「汝殺すなかれ」の審問を受けたのではないだろうか。顔の現れが〈他者〉の現象様式である以上、それは全き〈他者〉の到来でもある。女の顔は、すぐさま消えていく。獲物の跡を追うのとは違って、その痕跡をもう追うことはできない。この様態こそが〈他者〉である[26]。顔の審問を受けることによって、女を享受していたはずの男のエゴイスムは否定され、〈他者〉に対して無限の責任を負った主体として誕生することを求められる。

　こうして「見るなの禁止」の場面は今や、レヴィナスのもとで顔が課す「汝、殺すなかれ」と読み替えられる。その掟は、そこから掟が可能となるような掟であり、禁止というものが概してはらむことになるスキャンダラスな（つまりは誘惑的な）性格を一切有していない。あるのは、近さそのものであるような〈他者〉の痕跡である。先に歓待は〈他者〉に場所を与えるものだと定義した。だとすれば、「わたし」と「あなた」の親密な（はずの）関係に、こうした近さとしての顔が顕現したとき、わたしたちは歓待を問われていると言ってよいだろう。

　こうした〈他〉との遭遇は、何かしら気高い場所における、遠くの出来事なのではない。それはむしろ隣人の近さそのものである。レヴィナスはそうした近さのなかに超越をみた。そして歓待がすぐれて近さの体験であるならば、歓待こそ超越の出来事なのである。異邦人としての女（動物）の顔を捉えた男に、自らから離脱するような場が開かれる。顔は、そのようにわたしの同一性に動揺を与えずにはいない。だとすれば、物語のなかで「顔」を現出させる件の場面は、無条件の歓待の失敗、あるいは条件つきの歓待への転落とみるよりもむしろ、無条件の

歓待における最も重要なモーメントである〈他者〉の剝き出しの露出とみることができる。

　動物との——いや、もはやこう言っていいであろう——〈他者〉との直面から物語は一気にそのかたちを整えていく。心を入れ替えた男はまじめに働きはじめるかもしれない。これは近代ないし近世の市民・平民的モラルと儒教の影響を受けた勤勉さや善良さを勧める教訓譚の典型である。しかしレヴィナスとともにこの民話を読むとき、こうした道徳的加工の手前で、もともとこの民話を構築していたはずの原初的光景に留まることができる。それは道徳ではなく倫理の次元である[†27]。「汝、殺すなかれ」の審問を受けた今、その責任を誰かに肩代わりしてもらうこともできないし、そこから逃れることもできない。享受のエゴイズムを手放し、〈他者〉の承認を得るのではなく〈他者〉に自らの存在を提供する。ここが無限の責任を担う主体のゼロ地点である。レヴィナスが、顔の近さにおいて〈他者〉が現前することを、その様相とは裏腹に「非暴力的」であるというのはそのためだ[†28]。それはわたしの自由を傷つけるのではなく、むしろ自由を創設する出来事である。たしかにそこで歓待は失敗するのだが、しかしこの顔との直面によってこそ、男は（女を理想化する幻想の関数とは別の仕方で）新たな主体として誕生していくのではないだろうか。

第3節　川端康成の『眠れる美女』における歓待

　本節で取り上げるのは川端康成（1899-1972）の小説『眠れる美女』（1961）である。歓待という言葉が直接には使われていないものの、歓待についてこれほど多くを語るものはない。この小説の分析により、ここまでわたしたちが検討してきた歓待という出来事を立体的に浮かび上がらせることができるだろう。

　この作品の誕生をめぐるひとつの逸話を挙げておけば、川端は『眠れる美女』が出版された4か月ほど後、睡眠薬の禁断症状を発し、数日間意識不明の状態に陥っている。この事件は、この作品が作者の内的作業とその深部において複雑に絡み合っていることを図らずとも証しているようにも思える。60歳を超え老いに差しかかりつつあった川端自身の切迫した内的作業と同期するようなかたちで、

普段は押し隠されたものが思わずパトスを宿し、この作品は産み落とされた。川端曰く「構想をたてることなく」作品となった『眠れる美女』は、おそらく作者自身にとっても、性や死の暗号であり続けたのかもしれない[†29]。川端自身はこの作品を好んではいない旨を告白しており、この作品に散りばめられた暗号の意味を享受できたのは作者でなく、むしろ読者のほうであった。その筆頭には無論、三島由紀夫の名を挙げねばならない。川端とある種の師弟関係にあった三島は、数ある川端の作品のうちでもとりわけ『眠れる美女』を好み、この作品を「形式的完全美を保ちつつ、熟れすぎた果実の腐臭に似た芳香を放つデカダンス文学の逸品」と絶賛している[†30]。

小説の内容を要約するならば、おおよそ以下のようになる。

　　岩を砕く波音が響く海辺に、昼間は門を固く閉じた一軒の屋敷がある。これが「安心できるお客さま」を迎え入れる「眠れる美女の家」である。真紅のビロードのカーテンをめぐらせた屋敷の一室には、年端もいかない娘が一糸纏わぬ状態で眠っている。淡い灯りのなかで眠る美しい娘との一夜を過ごしに、「すでに男ではなくなった」老人たちが、この秘密の家を訪れる。夜更けに、この屋敷の門を開き、客を迎え入れる女主人が、翌朝には、客を見送り、その門を閉じる。老人が訪れてから帰るまでの間、深く眠らされた娘が目覚めることは決してない。つまり娘は、客の名を尋ねることはもちろん、そこでの出来事（誰が訪れたのか、何が起きたのか、あるいは起きなかったのか）を知ることはない。とはいえ、文字通り「眠る」という以上のことがあってはならない。これが眠れる美女の家の「掟」である。それゆえ、この家の女主人はきっぱりとこう言い切る——「この家に悪はない」（82頁）と。
　　この秘密の家のことを聞き知っていた主人公江口老人は、ある日、ふとこの家を訪れる。眠れる美女の家で過ごすはじめての夜、江口は、隣に眠る娘の初々しくすべらかな肌に触れる。しかし江口の胸の高鳴りとは裏腹に、深く眠った娘のほうは、こちらに何ひとつ応えてこない。けれども代わりに愛撫する娘の身体の細部からは、忘れていたはずの過去の断片が次々と甦ってくるのである。若かりし日の恋人との逢瀬、結婚後の愛人との夜、嫁ぎ行く

娘とのふたり旅……娘の裸身をなぞるように紡がれていく記憶の糸をひとりたぐりつつ、江口はやがて夢に落ちていく。美女の眠りに囲まれながら記憶と夢の繭にくるまれる夜の体験は、奇妙な魅惑となって江口を再びこの家に引き寄せる。こうして江口は、この宿に通うようになる——ある決定的な出来事が生じるその時までは。

　寒さの厳しいある冬の日、この日も江口は眠れる美女の家を訪れていた。両脇にふたりの娘を抱くようなかたちで眠りに落ちた江口がみたのは、少年時代に亡くした母の夢であった。

　新婚旅行から帰った江口が戻った自宅には赤い花が家を埋めるように咲いている。江口はそこが本当に自分の家かとためらいつつも、死んだはずの母が迎え入れるその家に入っていく。家の縁側から何気にその赤い花を眺めていると、突然赤いしずくがこぼれ落ちる。剥き出しの形で現れたこの「赤」は夢見手の江口を切迫し、ここで夢が閉じる。

　こうした不可解な夢からさめた江口は、不意に一方の娘のほうへ寝返りをうつ。すると、娘の体は冷たく、息すらしていない。慌てた江口は、すぐさま女主人を呼びつける。狼狽する江口とは対照的に、女主人は冷静な手つきで死んだ娘を屋敷の外へ運び出そうとする。どっしりと重い娘の死体、手を貸そうとする江口に、女主人はいつもの落ち着いた調子で、こう応える——「余計な御気遣いをなさらないで、ゆっくりおやすみになって下さい。娘ももう一人おりますでしょう」。このとどめの一言は、江口の（加えて読者の）生の緩慢に区切りを入れるものとなる。そして物語はここで閉じる。

　数々の人類学的資料が示してきたように、歓待において客人に女性が供されることは稀ではない。とはいえ眠れる美女の家で差し出される娘は、そうした女性とはかなり趣が異なる。というのも、深く眠った娘は男性の要求に直接応じることはもちろん、言葉をこちらに発することも、また視線をこちらに投げかけることすらないからである。この意味で、女は老人に何も与えない。しかしそれでもやはり、ここにもあるひとつの歓待が存在しているように思われる。ではここから、問題含みな贈与をその内にはらんだ歓待へと分け入ろう。

死に触れる愛撫

> 「ああ。」
> 江口の声が出たのは、深紅のびろうどのかあてんだった。ほの明かりなので その色はなお深く、そしてかあてんの前に薄い光りの層がある感じで、幻の なかに足を踏み入れたようだった。(15頁)

　娘が眠る部屋に一歩足を踏み入れたその瞬間、江口は思わず声をもらす。深紅のビロードのカーテンのなかへと、あたかも「幻」のなかに誘い込まれるように入っていく。美しい娘の無言の誘惑を受け、老人は娘の肌に触れる。しかし皮膚は身体の表面であるからこそ、どこにも辿り着くことがない。隔たりを埋めようとするあらゆる行為がそうであるように、接近すればするほど隔たりがさらに意識されることになる。しかしあの愛撫のもどかしさが教えるように、踏み越えられない差異を抱えつつも、愛撫は飽くことを知らない。

　限度を知らない愛撫は、まぎれもなく「現前」するものをひとつの「不在」として探し続ける「焦燥」だとレヴィナスはいう[31]。愛撫において、肌のなめらかさを、肌のぬくもりを感じとることはできるだろう。しかし「愛撫」において求められているのは常に「それではない」あるいは「それだけではない」というのである。とすれば、息のかかるほどの近さにある娘は触れられているようで、決して触れられてはいない。愛撫を通して得られるのは、相手の現前ではなく、むしろ不在なのである。こうして女は自らの否定によって、無言のうちに存在の重みを反響させるものとなる。

> 「まるで生きているようだ」とつぶやいた。生きていることはもとより疑いもなく、それはいかにも愛らしいという意味のつぶやきだったのだが、口に出してしまってから、その言葉が気味の悪いひびきを残した。(17頁)

　愛撫のさなかに、ふとその相手が「生きていること」に気づくということは、

愛撫する手が触れようとしていたものが、死であることを教えている。ここから、眠らされた娘というのがもはや男でなくなった老人の惨めさを相手に知られることなくひとり喜悦に浸るための遊具であるという、平板な理解は棄却される。むしろ娘が眠りという死の隠喩のなかに置かれているという状況そのものが、老人を惹きつけてやまないのである。つまり愛撫するその手から零れるのは、死である。愛撫が到達しないのは、こちらの手に決して届かないところに他者の死が待ち受けているからである。江口老人は、無意識のうちに、エロティックなものに昇華されない死の気配を裸身の娘に嗅ぎとっていたのだろう。「まるで生きているようだ」と奇妙な響きを残したこのつぶやきの後もなお、江口は傍らの娘を「生きた人形」のようだと感じる。眠った娘は、死んだふりをした生体ではなくて、生きたふりをした生体ならざるもの、つまり生きた死体という不可能な位相にある。この生きた死体は、幼い日夢中になったことさえ忘れてしまったあの玩具のように、あやしく鈍い光を放ちながら、静かにこちらを誘惑する。ここからネクロフィリアまでの距離は、そう遠くはない。

　ところで、眠れる美女の宿には、いくつもの贈与が折りこまれている。まず、先にもみたように娘は少しも与えていない（みつめる視線や話す言葉の不在）。一方で、娘は法外なほどに与えている（一糸纏わぬ裸身の現前）。そして死の形象とも言える魅惑の裸身を通路にして、江口には特別な空間が開かれる。それは、なめらかに過ぎ行く日常の連続にはない「時間」であり、「場」である。あるいは時空間の分節化の手前にあるような時空と言えるかもしれない。眠れる美女の家で、そうした「時間なき時間」、「場なき場」が開かれている。江口はそこに身を委ねてゆく。眠れる美女の眠りに囲われるようなかたちで、江口はこの場ならぬ場に「自らを与える（se donner）＝身を委ねる」のである。ウィニコットの「中間領域」「潜在空間」にも比する[†32]主客の不分明領域に、江口は予期せず、しかし抗いがたい力によって誘われていく。以来、江口は、眠れる美女に抱かれながら、遠い過去にまで記憶や夢のイマージュの海を漂流する。彼は、ビロードのカーテンの向こうへと歓待の一歩を踏み出したのである。

　さて、娘が無防備に裸身をこちらに差し出していたとしても、眠る娘には自身の身体を誰かに供しているという意識はない。つまり老人の慰めのために自己犠

性的に体を差し出しているわけではない。そして江口のほうも、娘の裸身と直接に交わることはなく、むしろ娘の眠れる裸身を契機に開かれた特殊な「空間」へと自らを捧げている。つまり、これらは差し出されているものに対する反対贈与の性質を一切備えてはいないのである。

　与えないことで与えられた、この「アトポスな場」は、そもそも娘の裸体を媒介として、はじめて開かれた次元であった。この媒介項としての裸身に注目してみると、それは二重の役割を担っていることが分かる。たしかにはじめ江口は、娘の体を手で弄んだ。つまりそれは端的に「侵しうる」エロス的身体であった。しかしそれは、だからこそむしろ、決して「侵しえない」無言の身体であった。身体が、みられることに無関心であり、単に示されるものとなるときはじめて、それは媒介として機能する。デリダは女性性を、単なる侵しうるものでありながら、秘密としては侵しえないものであると言ったが、こうした「不可侵であると同時に侵された」[33]という女性の二重性は、愛撫という行為のなかで端的に露わになる。眠れる美女への愛撫は、愛の行為であるはずの愛撫が、その深層においてその対極にあるもの、死に触れているのである。この愛撫を契機に、老人は歓待される客の位置から滑り落ちる。女の内奥に潜む死を蝶番にして、歓待の主客が反転する。

歓待の一歩＝歓待の否定

　ある冬の夜、眠れる美女の家を訪れた江口は、ふたりの娘——白い肌の娘と黒い肌の娘——が眠る部屋に、迎え入れられる。美しく輝く白い肌をした娘の腰のくぼみを抱いていると、江口の脳裏に、この娘を「一生の最後の女」にしてやろうという思いがよぎる。「この家の掟を破って、老人たちの無念を晴らしてやろうか」、そして、「そのほうが、娘にとってもよほど人間らしい付き合いではないだろうか」——こうしたやや英雄がかった考えをめぐらせているうちに、自分にとっての「最初の女は誰だったんだろうか」(110頁)という問いが頭を擡げてくる。「母だ」とひらめいた瞬間、先の血の逸る勢いのようなものは止んでいた。

　目の前の、「生きたような」娘に代わって、今度は死んだ母のイマージュが、不意にやってくる。江口が17歳の冬の夜、結核で血を吐きつつ死んでいった母の臨

終の記憶である。その後眠りに落ちた江口は、この母の夢をみる。死んだはずの母が、新婚旅行から帰ってくる江口夫婦を、家に迎え入れようと戸口に立っている。しかし江口は母が出迎えるその家に入るのをためらう。

> (…)家に帰ると赤いダリアの花が家をうずめるほどに咲きゆれていた。江口は自分の家かと疑ってはいるのをためらった。
> 「あら、お帰りなさい、そんなところでなに立っているのよ」(112-113頁)

　近しいはずの家が、不断に江口を疎外してくるのは、家に関わるものすべてが、認識の網の目を通っていたわけではないことを示している。秘密(Geheimnis)に属するものは、この篩を通らず、不気味なもの(Das Unheimliche)のままである。しかしこの不気味な家こそ、死んだ母のいる家こそ、居心地の悪い家こそ間違いなく江口の家(Heim)なのである。自分が死んでいることさえ知らないような母に手招かれ、おそるおそる家に入った江口は、家を囲うように咲く赤いダリアに目をやる。すると、

> 一枚の花びらから赤いしずくがおちた。
> 「あっ?」(113頁)

　夢のなかに突然現れた、不気味な「赤」の異常な接近は、夢みるもの(主格)が、みられるもの(対格)に還元されるような切迫した瞬間となる。ダリアの「赤」がその不可解な質感を剥き出しにして、血のようにしたたり落ちたとき、夢が破られる。
　通常、ものが意味をもつということは、単にそこにある以上のものであるということをいう。しかしこの「赤」は、自らと解きがたく密着し続け、自らといかなるズレをも示さず、したがって一切の表象的意味を剥奪されている。それ自体一滴の意味も分泌しない裸形の赤が触れてくること、つまり表象的身分とは異なる次元で、イマージュそのものの立ち現れる仕方が問題となっている。ラカンはこれを現実的なものと呼んだが、これに出会ってしまうことは、それ以上ないほ

21

どに底知れない恐怖となる。視野にあってはならないものにみられた者は、硬直を余儀なくされる。

　もちろん視野のなかに通常欠けているものとは、みる者の眼差しに他ならない。通常、このひとつの消失点が、中心点となってはじめて視野が構成されている。しかしこの視野にありえないはずの眼差しが現れるとき、今度はみる者が視野のなかに還元され固く硬直することになる。ここでは、表象世界のはじまりの一点が、赤い花に囲まれた家、あるいは深紅のカーテンに囲まれた部屋といった母胎内の隠喩のなかに置かれている。世界と私との接続点、生の起点が、女の身体というトポスを間借りして現れるのである。しかしこの現れに立ち会うことは構造的に不可能である。はじまりは常にすでに「過去」として、しかしこれまで一度もなかった「過去」としてしか存在しえない。みる者の位置を奪われた主体は、夢の外に追い出される。こうして「はじまり」と「わたし」は常に出会い損なう。

　恐ろしい夢から目覚めると、今度は夢が囲うはずの「現実的なもの」が、外的現実を浸食する。「死んだ母」の夢からさめると、今度は自分の隣で、黒い肌の娘が死んでいるのだ。恐怖としか言いようのないような夢もそれが願望充足であるとすれば、その夢が閉じたのは、目覚めてみる外的現実よりもさらに外傷的な「現実」が夢の背後にあるからだと考えることができる。夢がそれ以上みせなかったおぞましい「現実」から逃れるためにこそ、夢は閉じ、夢見手を目覚めさせたのである。夢がイマージュのヴェールをかけることのできなかった、決して表象されない「現実」、起きて目にする娘の死という外的現実よりも、もっと恐ろしい「現実」が、表象の切れ目から一瞬間、ありえない顔をのぞかせたとき、覚醒がもたらされたのである。

　完全には出会われることのない夢の向こうの「現実」は、母と子のなにほどか悲劇的な、しかし決定的な、出会い損ないに関わっているのだろうか。長患いの母の腕は骨だけだったが、握る力は江口少年には痛いほど強かったという。母は、そうして江口少年の名を切れ切れに二度呼んだ後、多量の血を吐いて死んだ。母が息子に何を訴えようとしたのかは分からない。その夜江口に残していったのは、母の指の刺すような冷たさだけであった。「最後の女」として白く輝く肌の娘の処女を犯そうと夢想し、「最初の女」として母のイマージュが回帰した後運ば

てくる夢が、同じ血によって破られる。死が性の衣を剝がれ露出する。眠る美女が駆り立てる愛撫の強迫と、死に行く母に無言で呼びかけられる強迫。この故なき責めは、応答不可能なものである限り、止むことはない。こうして死という受けとりきれない贈与は、夢のなかでかたちを変えて反復される。

　このように、江口は性のなかに漂う死の匂いに惹きつけられ眠れる美女の家に向かうが、最後には、死に取り残される。死は、誰ひとり追いついてくる者もないほの暗い地帯と言える。それはわたしたちを惹きつけると同時に跳ね除ける。深紅のカーテンをめぐらせたあの部屋にも、赤い花に囲まれたあの家にも歓待はない。古代ギリシアの伝説的な画家パラシオスが描いたあの絵のように[†34]、カーテンの向こうには何もない。そこにはひとり進んだ主体がいるだけだ。デリダの表現を借りてこう言うことができるだろう。眠れる美女の家に、歓待への一歩（pas d'hospitalité）を踏み出したとき、もはやそこには歓待はない（pas d'hospitalité）[†35]。歓待の歩みは同時に歓待の否定でもある。

眠れる美女と女主人、あるいは分析家

　眠れる美女は、身体を無防備にこちらに差し出しつつ眠り続けることによって、老人を眠れる美女の家に繰り返し引き寄せた。そこで老人は、過去の記憶の断片に出会い、そのイマージュの海に泳ぐような体験した。この美女と老人のやりとりならぬやりとりと、分析家と分析主体のそれとの間に構造的な一致をみることができないだろうか。沈黙する分析家は、分析主体に自由連想の場を開き、過去と現在の、こことそこの自由な隣接を可能にするような時空間を体験させる。「不可侵であると同時に侵された」女性的存在（＝分析家）は、自らを否定として差し出すことよって、客（分析主体）の秘められた内面を無言のうちに反響させるのだが、分析主体の背後に身を置く分析家はこの不在の現前を実践している。いつまでも辿りつかない、あの愛撫のもどかしさに似た焦燥にかられ、江口老人が眠れる美女の家の門を幾度も叩いたように、分析主体もまた足繁く分析家のオフィスを訪ねる。分析の嚆矢とも言える転移関係は、眠れる美女にも比す、黙する分析家のあやしい魅力によって構築されていく（実際この小説自体も、当初は一話完結、つまり眠れる美女の家への一晩限りの来訪で稿を閉じるはずであった）。

23

しかし愛撫の単調な継続を、分析と呼ぶことはできない。歓待が歓待であるためには、——そして今やこう言っていいだろう、分析が分析であるためには——それが内側から自己否定されねばならないのである。そうした変調をもたらす急き立てが必要となる。ここで、この物語のもうひとりの登場人物を思い出して欲しい。眠れる美女の家を取り仕切る女主人である。この家の門は、いつも彼女の手により開かれては、閉じられていた。この意味でこの女主人もすぐれて歓待に関わる人物、すなわち分析家と言える。
　死んだ娘の亡骸を運びだす女主人は、江口の狼狽を背に、こう言い残して去っていく。

「お客さまは余計な御気遣いをなさらないで、ゆっくりおやすみになって下さい。娘ももう一人おりますでしょう。」（115頁）

　江口老人のみならず、読者をも宙吊りにする女主人の、最後のとどめの一言——突然に途切れる小説の終わり方は川端特有のものだが——には、分析における「区切り」の機能をみることができる。ラカンが提唱した「短時間セッション」という分析的句読法は、いわば分析主体の内的テクストに区切りを入れるものである。終わりを告げる分析家の行為で分析セッションは、閉じられる。分析家の位置にある女主人の一言に急き立てられ、江口の液化した身体は時間と空間を取り戻し、ひとつ身体へと戻ってゆくだろう。そしてその身体は、もはやそれ以前の身体と同じとは言えない。
　とはいえ、区切れに向かう時間の転調をもたらすのは、厳密に言えば分析家ではない。江口の場合で言えば、件の夢からの目覚めという身体的行為自体がすでに、女主人のとどめの一言よりも一足先に、区切りをもたらしている。目覚めはたしかに生理的な行為であるが、しかしそれは過去と現在を圧縮させるという意味で充分に言語的なものである。江口の身体に、不気味な対象（「赤」）が割り込んでくるとき、江口は受けとりきれないものに〈他者〉の場で触れられている。死んだ対象に触れられた瞬間、もはや人間は言葉を発することができない。その言葉ならぬ言葉を聞きとるのが分析家である。無言の声部である身体からの「急き

立て」(夢からの目覚めの瞬間)を捉えた分析家だけが、そこに区切りを入れることができる。

　自らの内に知らぬ間に懐胎されている不気味な対象を浮かび上がらせるこうした実践が、ラカンの言う短時間セッションである。短時間セッションでは、切断という分析家の「解釈」行為によって場は閉じられるのではあるが、これは分析家が分析主体になんらかの解釈を与えるというナイーヴすぎる図式とは明確に区別される。というのも先にみたように、江口（＝分析主体）がみた夢そのものが、女主人（＝分析家）の一言より前に、すでに解釈なのである。よって、分析家とは解釈を与える者ではなく、むしろ受けとる者ということができる。素材と理論が奇妙に癒着したような解釈の「言葉」は、分析家の受容的態度だけで感知できるものではない。そこには積極的な参加が必要不可欠である。転移空間を切り開く「眠れる美女」と、その空間に切れ目を入れる「女主人」の両方の性質を兼ね備えるとき、言い換えれば、分析家が死んだような人形でありながら、しかもある掟をもってその場を死守するものとなるとき、分析的歓待が析出される。

　すべての歓待の中心には、それ自体歓待的でない何かがある。これは、不可能な出会いというかたちでのみ降りかかる何かであり、それは話す主体を奇襲し、脱臼させる何かとしてのみ現れる。みてきたように、この潜勢態としての「過去」の復活そのものは病理学的次元に近接することは否定できないが、同時にそれはこれまでの現実との結び目を更新する可能性をもたらす。それは、所与の連続性に断絶をもたらし、主体の再編成を導くものである[36]。そうした不可能なイマージュの立ち現れに出会う主体に宛てて、精神分析の扉はいつでも開かれている。

第1章のおわりに

　精神分析はしばしば抑圧された過去を想起させ解釈すると言われてきた。しかし、これは単純にすぎるイメージである。むしろ、「過去」は積極的に手繰り寄せることのできないもの、突然私に蘇ってくるものではないか。つまり、「過去」は想起というかたちで現在に回収される対象ではなく、むしろ予期せず到来するものと言える。この章では、そうした不意に現在に回帰する「過去」を〈他者〉の次元で捉えてきた。

現在は「過去」によって奇襲されている。〈他者〉にとり憑かれる（possédé）ことはあっても、わたしは〈他者〉を所有する（posséder）ことはない。〈他者〉は私からどうしようもなく隔たっている。隔絶している〈他者〉はしかし、その差異をそのままにわたしのなかに食い込んでいる。わたしにとり憑き、わたしを告発する〈他者〉は、普段は「無意識」に留まる。この〈他者〉の歓待を説いたレヴィナス－デリダの思考を導きの糸として、わたしたちは無意識の歓待の場として精神分析の場を定義した。

　歓待のなかで主客の逆転があることをみてきたが、ちょうどそれは荘子の夢のように、わたしが蝶を夢見ているのか、それとも蝶がわたしを夢見ているのかという感覚にも近い。その意味で、夢の空間はすぐれて歓待の空間であり、そこでの夢そのものをひとつの贈与として捉えることもできるだろう。歓待は言語活動からは抜け落ちている〈もの〉に主張の場を与える。そうした名をもたない匿名のものの迎え入れは、安定した主体の宇宙を揺るがすことになるだろう。通常は自我の抵抗によって巧みに避けられている、この忌避すべき出来事が現実化される場を提供するのが精神分析である。分析という空間がある一定の掟によって守られた空間であるのは、この危険をあえて冒すためである。

　逆からみれば、帰り際に分析家に支払う料金は、歓待という生きられない場ではなく現実世界にクライエントを戻す機能をそのひとつとして担うことになるだろう。歓待における主客の反転状態は日常生活においては危険であり、お金を介在させることで主と客を、分離した個体と個体であることを明確にする必要がある。先にみてきた歓待が商業へと変遷する歴史的過程も、こうした安定化のベクトルに従っている。歓待が商業として確立する過程は、この安定化を隅々まで推し進めた結果である。今では精神分析史上の有名な逸話のひとつとなっているが、ユングがシュピールラインとの関係を絶つ際に料金を求めたことは故なきことではない。夢、そして恋愛がさめるように分析も閉じられる。それが継続を許されていない以上、歓待への歩み（pas d'hospitalité）は同時に歓待の否定（pas d'hospitalité）でもある。こうして歓待の糸は結ばれては、ほどけていく。

第2章　女たちの余白に

La femme est naturelle, c'est-à-dire abominable.
「女は自然の如きもの、すなわちおぞましきものだ」

Charles Baudelaire

第1節　デュラスの描くふたりの女

　まず取り上げるのはマルグリット・デュラスの小説『ロル・V・シュタインの歓喜（*Le Ravissement de Lol V. Stein*）』（1964）[†1]である。この小説は、実験的と評される彼女の作品群のなかでも、錯綜する「語り手の位置」によって、とりわけ前衛的なものと言える。読者は、小説の中盤に至ってはじめて、物語の語り手たる「わたし（je）」の意外な正体を、語り手自身の突然の告白により明かされることになる。この語り手こそ、登場人物のひとりでもあるジャック・ホールドであるが、その転換の瞬間に、それまで読者が享受していたはずの「安定した」読みは奪われてしまう。読者に対して語り手が担う機能のひとつは、無限の現実にひとつの枠を与えることにある。この枠づけが不問にされている限り、そこに縁どられたものは「現実」として素朴に受けとられる。この意味で、語り手は、作中の人物たちを見下ろすような絶対的で、かつ隠された存在であらねばならない。しかし予期せぬ告白により、語り手がそのような地位から失墜すると、無視されてきた枠が意識され、それはもはや枠として機能しない。このとき読者は、小説のなかの出来事に対して一定の距離を保ち、自らの意識から隔てておくことを阻まれることになる。ではここから、その内に抑圧解除装置を仕掛けたとも言える、この

問題含みの小説を紐解いていこう。筋と言ってしまうのはひどく憚られるが、物語のあらすじを示すと、おおよそ次のようになる。

　19歳の夏、主人公ロルは、婚約者のリチャードソンとTビーチで開かれるダンスパーティに出かける。そこに、「不気味なほどの優雅さ」と「艶やかさ」をそなえた女性、アンヌ＝マリが遅れてやってくる。リチャードソンは、ロルとのダンスを終えると、この打ち消しようのない完璧さをたたえる淑女のほうへと歩み寄り、ダンスを申し込む。一方、婚約者を奪われ、ひとり置き去りにされたロルは、体を寄せ合うふたり（リチャードソンとアンヌ＝マリ）を「まるで愛しているかのように」（14頁）、その光景に見惚れている。夜が明け、バンドが演奏をやめても、しばらくはそれに気づかずダンスを続けるほどに、互いに溺れる男女ふたり。ようやくこのふたりが暁の薄明かりに気づいてその場から去ろうとしたとき、ロルははじめて、叫び声をあげる。彼女は「まだ遅くはないわ、夏の時間は欺くものだわ」と叫び、リチャードソンに「信じて欲しい」（19頁）と哀願する。呻くような声が響きわたる会場から、ふたりの姿が完全にみえなくなったとき、ロルは気を失う。
　この事件以降、ロルは虚脱状態に陥る。誰かが話しかけても、「まだ遅くはないわ、夏の時間は欺くものだわ」（20頁）と、決まり文句のように繰り返すのみである。そんなある日、あてもなく外に出たロルは、ひとりの男性と出会う。この一度きりの出会いの後、ロルはこの男性と結婚し、生まれた町を離れる。家庭に入ったロルは、「立ったまま寝ているような」「恒常的な寡黙」（31頁）のなかで、ほとんど外出することもないが、それでも子どもを生み育て、夫にも忠実な妻であったという。しかし夫の都合で、一家がロルの生まれ故郷に戻ると、この「冷ややかな秩序」（33頁）のなかにあった10年の結婚生活に、不協和音が生じはじめる。子どもの世話からも解放されたロルは、少女時代を過ごしたこの町を散歩するのが習慣になる。ある日、女学校時代の友人タチアナが男とふたりでいるところをみつけたロルは、彼らのあとをつける。この男こそ、タチアナの愛人であり、物語の語り手でもあるホールドである。彼ら（ホールドとタチアナ）は、いつもの逢引の場所であるホテルに

入っていく。ロルは、そのホテルの背後に広がるライ麦畑に静かに身を横たえ、ホテルの窓枠に切り取られるこの男女ふたりの愛の光景を眺める。その後、この行為は何度も繰り返されることになる。

　ある日、ホテルの一室でタチアナが来るのを待つホールドは、ライ麦畑にロルの姿をみつけ、名づけようのない不安に陥る。この激しい混乱は「彼女もこちらをみているはずだ」という「涙が出るほどの確信」（125-126頁）により抑えられる。さらにここから、ホールドはロルを愛するようになる。しかし、ロルはホールドから愛の告白を受けても、タチアナと別れることを許さず、それどころか、タチアナとの逢引を続けるように懇願し、その光景をみることをやめない。ホールドも愛するロルではなく、もはや愛していないタチアナと通じるという、通常ならば理解しがたいロルの命令を遂行する。

　物語の最後、Ｔビーチの夜のゆるやかな変奏のなかに転調をもたらすのはホールドである。彼はあの事件のあったＴビーチへロルを連れ出す。そこでふたりは、はじめて一夜を共にすることになる。ふたりがあまりに近づきすぎたこの時、ロルは、その後をもう誰ひとり追うことのできない狂気の深みへとおちていく。

　この作品の主題は、デュラス自身が述べるところによれば、「離‐人、非‐人格（dé-personne, im-personnalité）」[*2]にある。彼女は、この脱人格化された次元を取り上げることで、作品のなかにいくつもの空(くう)を穿つ。これを、デュラスが好んで使う言葉を借りれば、「不在としての語（mot-absence）、穴としての語（mot-trou）」と言うことができるだろう。デュラスによるこの造語は、語り手ホールドがロルについて描写する次の場面で、はじめて登場する。「ロルが実生活の中で無口なのは、束の間の閃光の中で、その一言が存在すると信じたからだった。実際にそれが存在しないので、彼女は黙り込む。それは《mot-absence》（不在としての語）、その真ん中の穴が他のすべての語がそこに埋め込まれてしまうような《mot-trou》（穴としての語）とも言える」（46頁）。この造語は、デュラスの作品を語る際に引用されないことがないくらいに重要な（無）意味を担っている。この語の不可能性は、単に語が「無い」のではなく、「無いものとして有り続ける」ことを言っている。彼女の

小説のなかに穿たれた《mot-trou》は、今こそ書かれることを声なき声で不気味に要請してくるかのようである。これを受けてか、先行する論考のほとんどは、主人公のロルの狂気をめぐって展開している。読者はもちろん批評家もまた、ロルを中心に展開される物語の奇抜さに目を奪われ、語り手であり登場人物でもあるホールドが担う役割に触れているものは少ない。このように語り手の存在が不問にされると、みえない観察者であるところの〈他者〉の視点が抑圧され、デュラスの作品は一般受けするような恋愛小説に還元されることになる。本節では、このような解釈とは袂を別ち、静かな狂気の同伴者として描かれるに留まることが多かったホールドに対しても、個別的な考察の光を向ける。もちろん両者が物語の進行とともにそれぞれの境界を失っていくため、一方を追ったつもりが他方に行き着いてしまうというトポロジカルな罠にはまることは必至であろう。とはいえ、物語の現象面のみにとらわれるのでなく、この個別的でありかつ連鎖的でもある主体の身振りを、〈他者〉の眼差しを主旋律として浮かび上がらせてみる。こうした考察は、狂気を症状という「枠」にはめるのではなく、言語を担う人間に普遍的な思考の一形態として捉えることになるだろう。

　手続きとして、まずはラカンの考えに依拠しつつ、主体の概念を言語との関係で確認した後、小説の分析に入る。ところで『ロル・V・シュタインの歓喜』を読んだラカンは、いち早くしたためた小論のなかで「デュラスは私の教えなしに、私の教えを知っていることを証明した」[13]と述べている。小説家デュラスと精神分析家ラカンという領野を異にするふたりが交差するのは、言語と無意識と人間の存在への鋭い眼差しをおいて他にない。

存在の消去
　たしかにこの小説は、ひとつの事件をその嚆矢とする。しかし物語に基調を据え、読解の枠組みとなるはずの事件も、デュラスの手にかかればその事件性をぎりぎりまで剥ぎ取られ、冒頭に愛想なく書かれるに留まる。とはいえ、事件が結果の前に存在する原因ではなく、結果によって遡及的に「原因」となるものであるとすれば、このような書き方にも、ある意味での必然性をみることができる。わたしたちは小説の分析に入る前に、フロイトの言葉を借りれば「事後的」にし

か姿を現さないこのような「原因」を担わされた主体について、言語との関係からみておく必要があるだろう。それは、前進が同時に後退ともなるような時間性を生きることを強いられた主体である。

　主体が、言語を話す主体である以上、それは同時に、言語を話す主体である以前の「原初の存在」を想定させる。この言語以前の差異のない次元は、まだ対象が存在しない即自的状態である。とはいえ、わたしたちは誕生時より——厳密に言えば誕生を待たれているときから——言語の網目に捕らわれ、差異化された「意味の次元」に生きており、この原初的存在の次元からは疎外されている。存在の次元から意味の次元への移行に際して行われるのが、言語による分節化という象徴化の作業である。これにより、存在そのものは消去され、言語のなかに移しかえられることになる。言語による最初の分節化により、主体性が付与され、そこから広大な表象の次元が開かれる。このとき、意味の次元を成立させる要となる原初の存在は、意味の次元においては「無意味」としてしか規定しえないものとなる。もはや死んだとも、未だ生まれていないとも言える原初の存在は、意味の次元では実体的な場所を得られず、意味の次元においては、「穴」あるいは「空」としてしか姿を現せない。このことは、言語を担い意味世界に生きる主体とは、そもそものはじめから、自身の存在の起源を「空」としてしかもちえない、つまり存在欠如である限りの主体であることを意味する。主体はそのはじまりから、「不在の原因」をその生の根拠に据えざるをえない運命を言語から課せられている。

対象の出現

　わたしたちは言語に身を寄せることで、存在そのものと触れ合っている状態を手放した。こうして失われた原初の存在は、言語を担った主体によって新たに意味の次元から取り戻されることになる。もちろん、原初の存在は意味の次元にはそれとして場をもちえないため、ここで取り戻されるのは存在そのものではない。存在はその代理となる表象へと置き換えられる。これはもはや主体とは異質なもの、主体に対峙するもの、すなわち「対象」として認識されることになる。こうして、そもそもは自らの存在のトポスであったはずのところに生じた対象に

向かって、主体の欲望が形成されていく。このような対象を欲望することで、主体は失われた存在との間にある種のつながりを取り戻そうとする。ラカンはこれを幻想と呼んだが、ここで決定的な役割を果たしているのが、〈他者〉である。

　自ら、欲望すべき対象——自身の存在の意味——を見出しえない主体は、〈他者〉の眼差しを頼りに、そこから照らし出されたものを対象として把握する。そもそも意味というものは、何もないところから生じることはなく、そうした〈他者〉の光源があってはじめて浮上してくるものである。自らが欲望する対象を見出すには、まずそこに光をもたらす〈他者〉を前提としなければならない。「無意味」に留まり続けるはずの存在の謎は、「〈他者〉にどのように欲せられているのか?」という問いのかたちに変換されることで、欲望すべき対象として分節化される。こうして〈他者〉の眼差しの庇護のもとに、欠如した存在の意味は、意味の次元において肯定的なものとして把握され、ここに「〈他者〉の欲望」を欲望する主体が成立する。時に、主体自らが欲望すべき対象を見出したと感じることがあったとしても、そのとき主体は、何よりも先に〈他者〉にみられており、遅ればせながらその対象をみているにすぎない。主体はみるより前に、みられているのである。

　対象を欲望する際に前提となっているのは、こちらに向けられた〈他者〉の欲望の眼差しであった。しかし逆に言えば、欲望すべき対象も〈他者〉の眼差しを失えば、再び暗黒の沈黙へと消えていく。その意味で、対象はその純粋状態においては、存在欠如に由来する空であり、無意味である。とはいえその空も、欲望する主体にとっては、実際に欲望する対象を置くために、なくてはならない欠如のトポスである。この存在の欠如のトポスに現れた対象を欲望することによって、主体は存在欠如の事実を意識の外に追いやることができるからだ。つまり、対象そのものの欠如は、それが意識されない限りにおいて、欲望する主体の足場となる。このように対象は、常に二重性を帯びている。それは、存在欠如の空そのものであり、かつ、その空を埋めるものでもある。言い換えれば、対象とは、そのままではとても欲望しえないものとして通常の認識からは欠如しているものであり、かつ、欲望すべきものとして常に認識されているところのものである。

欲望の主体

　対象は、そのものとしては存在欠如に由来する無に他ならない。つまり普段欲望を向けうるような対象の裏面には、空の対象、すなわち、存在欠如の無が潜んでいる。この対象の本来の姿が隠されている限りにおいて、ある程度の安定性をもった日常が流れていく。しかしなめらかに流れるはずの日常生活にも、時に亀裂が生じる。欲望しうる対象の自明性を揺るがすような何らかのトラウマ的な出来事を契機に、隠されていた対象の本来の姿が露呈してしまうのだ。ここで言うトラウマ的な出来事には、欲望の対象を教えてくれていた〈他者〉の喪失はもちろんだが、逆に欲望が達成されてしまった状態も含まれる。いずれも、欲望の対象を見失い空虚感に襲われるという点で、共通してトラウマ的であると言える。いずれにせよこの時、それまでは〈他者〉によって意味付与されることにより隠蔽されていた、そもそもの対象の空――存在の無意味――が、意味の限界として現れてくるのである。

　主体は迫ってくる無意味と無時間に圧倒され、自らの主体としての地位を揺るがされる。意味の次元には場をもたないはずの原初の存在が、無意味の空として回帰してきたとき、それは差異のない次元において、主体がもはや主体として立つことができず人間ならざるものの側に還元されてしまうような体験となる。この意味で、原初への回帰とは生命との理想的な合一や融合ではなく、存在の欠如という無意味の謎に圧倒される不安の体験となる。つまり、今や言語を担う主体にとっては、言語により生じた差異の構造が耐え難いだけでなく、むしろ差異がもはや存在しないということが耐え難いのだ。ここで、存在の無意味を分節化し、欲望の対象を打ち立て無時間を時間化する作業が主体に要請される。この新たな「主体化」は、大きくふたつに分類される。

　まずは、言語による「主体化」である。これは存在を、それを代理して表象する対象に一致させる試みである。ここでは、言語による分節化により、存在そのものは消失されるが、代わりに意味付与された対象が獲得される。言い換えれば、存在の消失点が意味作用の出発点となり、そこから言語によって分節化された欲望しうる対象が次々に生成される。つまり、欲望しうる対象を欲望する主体が誕生する。これは後でみるホールドの戦略である。次に、言語による分節化以外の

方法での「主体化」がある。これは、先とは逆に、存在を、それを代理して表象するいかなる対象にも一致させない試みである。ここでは、言語化による存在そのもののとりこぼしがゆるされず、その代理ではなく、存在そのものを覆う対象が期待される。こうなると、意味作用の出発点となる消失点が定まらないため、無意味が反復し続けられる。つまり欲望しえない対象——存在そのもの——を欲望する主体が誕生する。これは後でみるロルの戦略である。

　表象による主体化の身ぶりによらない後者のあり方は、前者からすれば、それと同定できるような主体的地位が備わっていないため、不気味さを帯びる。とはいえ「欲望しうる対象を欲望する主体」にせよ「欲望しえない対象を欲望する主体」にせよ、統合があれば、そこには必ず統合されざるもの、残余が生じる。「表象という代理の対象」と「対象が覆うはずの存在そのもの」とを完全に貼り合わすことはできないのである。ゆえに主体化の試みは、人間が生きている限り、〈他者〉との間で何度も繰り返されることになる。言語を担う主体の「はじまり」である始原の存在は、どのような対象によっても取り戻されることはなく、永遠に繰り延べられるばかりである。それはデュラスが小説のなかで使う言葉を借りれば、まさに「終わりなきはじまり」(197頁)と言える。

眼差しの略奪、身体の剥奪

　愛する人から注がれる眼差しの心地良さは、誰もが経験的に知るところだろう。このような眼差しは、自分がたしかに「ここにいる」という存在証明を与えてくれるかのようだ。逆にそうした眼差しを失うと、自身の身体感覚さえもきわめて脆弱なものとなる。おそらく、この事実の一番の証言者は離人症を患う者たちである。彼らは、しばしば体の実感がないとか、透明人間になったようだと訴える。このように浮遊する身体に意味という錘(おもり)を与え、固定してくれるのが〈他者〉の眼差しである。おそらく事件前のロルは、リチャードソンの眼差しのもとに、愛される者として存在していた。ラカンは、このような愛を「〈他者〉が自己に纏わせるイメージ」[14]と表現しているが、まさにロルがパーティの夜に着用していた彼好みの白いドレスは、そもそも「そこにはいなかった」[15]ロルを、「ここにいる」者として現前させていた。しかし、事件は突然起こる。リチャードソン

の愛の眼差しはロルから離れ、別の女性アンヌ＝マリへと向かうのだ。ところが、

> そんな光景もロルにあっては苦悩をともなうようにはみえなかった（…）ロルは彼らをみつめていたが、まるで彼らを愛しているかにみえた。（14頁）

婚約者を略奪された（ravi）ロルは、通常予想されるような怒りや悲しみではなく、恍惚（ravi）の表情を浮かべる[16]。内容ではなく形式に注目しない限り、この事態の本質はみえてこない。ロルにとってのこの略奪事件は、喪失ではなく、置き換えである。つまり、これまでリチャードソンの眼差しによって刺し留められていた対象は「彼に愛される者としてのロル」であったが、ここからは「彼に愛される者としてのアンヌ＝マリ」がそれにとって代わったのだ。ロルは、リチャードソンの愛の眼差しを受けて輝きを放つアンヌ＝マリに同一化しつつ、本来そうあるべきであった自分が実現されているかのように、ある種の充足感に浸るのである。言い換えれば、ロルはここで、自己の存在の参照点である眼差しを失ってはいないのである。リチャードソンとアンヌ＝マリが互いに惹かれ合いながら踊る最中、ロルの欲望は、ある意味では、まさに実現されていたのである。

　このように、同一化の対象それ自体ではなく、この同一化の対象を背後で刺し留めている〈他者〉の眼差しこそが問われねばならない。人は、〈他者〉の眼差しを手がかりに、自らの同一化すべき対象を見出す。だからこそ、デュラスも指摘しているように、〈他者〉（リチャードソン）とその欲望の対象（アンヌ＝マリ）が目の前にいる間のロルは「もはや自分が愛されていないということを忘れている」[17]のである。しかし残酷にもパーティは閉じられねばならなかった。ふたりはダンスホールから、ロルを残して立ち去ろうとするとき、

> ロルは初めて叫び声をあげた。（18頁）

空っぽのホールにうめき声が響く。ロルはここではじめて、〈他者〉の眼差しを奪われ、存在の意味を剝がれる。ラカンが言うように、ロルが婚約者を奪われる（dérobé）ことは同時に、彼女の存在に意味を纏わせていたドレスを剝がれる

（dérobé）ことを意味する[*8]。こうして、裸身となった——シニフィエなき裸のシニフィアンと化した——ロルは虚脱状態に陥る。ロルにとって、Tビーチの事件は今や、恋人喪失の域を超え、現前する他者との間では埋めきれない存在欠如の無が回帰する体験となる。そしてここから、自らの生への問いが、存在の真理の次元で発露することになる。それゆえわたしたちは、「婚約者に捨てられた哀れなロル」というようなナイーヴすぎる解釈は捨て、愛の否認を契機に露呈した存在論的な問いの次元で考察を進めよう。

存在への期待、反復する光景

　空白の10年間の穏やかな結婚生活の後、生まれた町に再び戻ったロルは、女学校時代の友人タチアナを「偶然」みかける。タチアナのあとをつけたロルは、愛人ホールドとの逢引の場面に遭遇し、ホテルの窓に上演される男女の情事を、まるであの夏の夜の男女（リチャードソンとアンヌ＝マリ）に重ねるかのように、ホテルの背後に広がるライ麦畑からのぞきみる。後に、タチアナの家を訪れたロルは、そこに居合わせたホールドを紹介され、彼に自分の行為を告げる。ホールドは恐れと戸惑いのなかで、彼女に「何を望んでいるのか」と問う。彼女はこう応える。

　　「ただ望むの（Je veux.）」（116頁）

　ここで他動詞「vouloir（欲望する）」は、その目的語を欠いている。とまれ、欲望がないのではない。この発話のなかに、たしかに欲望する主体は生成している。しかしそれは欲望しうるような欲望ではなかった。分節化された対象ではなく、そもそもの純粋状態における対象へと欲望が傾斜するとき、「穴を穿たれた」フレーズが未完のまま投げ出される。目的語（objet）の位置、つまり、意味付与された対象（objet）のためのトポスは、中断符（……）で埋められることもなく、まさに謎そのものである《mot-trou》と化す。

　ロルを覆う不気味さは、払拭されるどころではない。虚脱状態にあるロルは、こうして目の前の現実を空虚なものとして骨抜きにし、不確定な領野を開く。つまり彼女は、事件の夜に「なされたこと」（婚約者を奪われたこと）に関わっている

のではない。そうではなく、彼女の眼差しは「なされえたこと」に向けられている。それは未だ現勢しておらず、むしろ潜勢態として留まるため、時間や場所に定位されるものではないが、彼女は現実を宙吊りにすることで、この不可能な領域を呼び出す。それは今ここにある世界に従属する領域でも、かつてそうであった世界に従属する領域でもない。これは、わたしたちが先に「始原の存在」と呼んできたものに他ならない。未だ生まれていないものを救済すべく、ロルは始原へと遡及を試みる。この不在、《mot-trou》を今ここに実現させようとする試みは、親友タチアナとその愛人ホールドの愛の光景を舞台に試みられる。

　ロルは、ライ麦畑のなかに身を横たえ、ふたりの愛の光景に外部から立ち会う。それは、彼女が始原への遡及を試みるうえで、設定せざるをえないものであった。始原の存在の言語による象徴化＝消失を受け入れないロルは、直に自分の誕生の場面をみる必要がある。自らの起源とは存在の真理性の根拠でもあるからだ。そのため、ロルは自分の誕生の瞬間に、真理を保証できる位置である外部から立ち会うことで、存在の真理を成立させようとする。こうした固有の論理に従って、男女の性交に排除されつつ立ち会うという行為は、ロルにとっては、起源の事実を証すために必然的に要請されるものとなる。《mot-trou》とはすなわち、起源の「わたし」と言える。

　しかしこうした男女の愛の光景のなかに、始原の存在は、もはや「そのものとして」到来することはない。先にみてきたように、人間が言語の領野に参入したときすでに、言語の網目から存在そのものはとりこぼされる。この存在消失のトポスに対象が根づくことになるが、こうして発生する言語に縁どられた表象世界には、主体の存在を示す一点が欠けることになる。この空に表象を導入することを拒み、不可能な対象を期待するロルは、その空を空のまま呼び出してしまう。この表象化されない一点は、突如、情事の最中にあるタチアナの裸身に立ち現れる。

「裸で黒い髪を垂らして、裸で、裸で、黒い髪を……」（120頁）

ありえない対象の襲来に、ロルは圧倒される。タチアナの白い肌にぶちまけられ

た黒い髪が、ちょうど白い紙に落とされたインクの「しみ」のように、ロルの目には映っている。「しみ」は、何ら意味を与えないにもかかわらず相手に不気味な視線を感じさせるという意味で、「眼差し」の機能をもつ。ここでは、失われたはずの存在が、対象の側であるタチアナの場を間借りしながら、視線とも言えない視線をロルに向けているのだ。ラカンも「ロルは眼差すものではない」[19]と指摘しているように、ここで眼差しはロルの側にあるのではなく、対象の側にある。ロルはそこで無意味の「空の眼差し」にさらされ続けている。この眼差しは、恋人たちの相補的な眼差しとは対照的に、非人間的で一方的な眼差しと言える。言い換えれば、意味を付与することにより存在欠如に蓋をしてくれるような眼差しではなく、欠如した存在の事実を白日のもとにさらし、それを向けられた者に苦悩を強いるような眼差しである。ライ麦畑において、ロルは決して眼差すことで快楽する者ではなく、このような不気味な眼差しを受苦する者である。

> 片割れを失った体全体でロルは叫ぶ。空しく待ち、空しく叫ぶ。(49頁)

ロルは、残された体全体で失われた存在の「片割れ」を叫び求めている。しかしながら、根源的に失われた存在を意味の次元に召還することが不可能な以上、この試みは常に失敗せざるをえない。到達不可能なものを無限に待ち続けるとき、そのような世界を支配するのは反復という時間構造であって、彼女は「苦悩=未決状態(souffrance)」から抜け出すことができない。ここで確認しておけば、この反復において同一なのは、その行為のみであって、主体自身は同一性を保つことはない。つまり同一なのは、絶対的不在の対象を現前させようとする純粋な行為の構造的側面であって、反復のなかにある主体は、安定を得ることはないのである。にもかかわらず、彼女は己の身を質種に、ライ麦畑に身を横たえ、叫び、不可能な対象への孤独な賭けをやめることはない。彼女は《mot-trou》の空虚に来るべきものへの尽きることのない欲望を響かせ続ける。

萌芽する享楽、脱意味の歓喜

ロルが待ち続けている対象は、ラカンの言葉を用いれば、表象世界の彼岸であ

第2章　女たちの余白に

る「現実界」に位置づけられるだろう。現実界は言語を担う主体にとって、それ自体不可能なものとしてあり、主体である限りにおいて、参入不可能な領域である。しかしライ麦畑のなかのロルは、失敗を運命づけられた絶望的な反復のなかで、始原の絶対的な瞬間が実現されることを期待する。この反復という純粋な構造的運動（ラカンの言うシニフィアン連鎖）のうちで、不可能な現実界との出会いは、「テュケー（偶然）」として、主体に触れにやってくる。こうした「現実界」における即自的体験を、ラカンは「享楽」と呼んだ。

> 生気に満ち、死んだようになり、彼女は深く息をつく。今宵空気の蜜の甘さ、精魂尽き果てるような甘美さだ。ライ麦畑に彼女を横たえさせたすばらしい脱力感がどこからきたのかを彼女は問おうとはしない。彼女はそれが働きかけ、息ができなくなるほど彼女を一杯にし、がむしゃらに、容赦なく、ロル・V・シュタインの眠りに陥るまでの彼女をあやしてくれるのに身をまかせる。(61-62頁)

　言語が差異の体系である以上、主語と目的語、他動と自動、能動と受動といったカテゴリーが失効してしまう享楽の次元においては、言語を担う主体そのものはかき消されていく。この「脱－意味（ab-sens）」のなかでロルは非反省的存在と化し、存在そのものに触れられている。この時ロルには「自分が何をしているかということは頭をよぎらない」（61頁）、彼女はライ麦畑にいるとも思わずそこにいるのである。もはや、眼差す主体ではなく、タチアナの裸身に現れた対象と一体化している。この知を完全に逃れた体験により、原初の存在と一致するような純然たる生が、瞬間的に、時間と時間のあわいにおいて実現されている。ロル・V・シュタインの「歓喜（ravissement）」とは、たとえそれが非人称的なあり方であったとしても、そうした全き存在への「恍惚（ravissement）」をいうのかもしれない。
　しかしこのような体験は、それがどれほど甘美なものであろうと、必然的に「出会い損ない」となる。始原の存在に触れられる瞬間に、主体は日常に目醒めるよう運命づけられている。生は常に持続のなかにあるのであって、瞬間を生きることは、許されてはいない。言語を担う人間であるためには、享楽が属する次元

ではなく、意味の次元に目醒めねばならないのである。自らの真理に触れられていた非知の体験を通り抜けた主体は、この目醒めによって、根源的な対象へと到達することの不可能性を思い知らされる。

このように存在欠如の空そのものである対象が「望まれる」とき、欲望は享楽へと傾斜する。ロルは、ライ麦畑で、自らの存在を不可能な対象と化す享楽から逃れることができない。生きて、もの言うはずの人間が、もはや死んだとも言える、もの言わぬ対象としての身分を引き受けようとするのである。このように、欲望しえない対象が欲望されるとき、死は生のうちに組み込まれることになる。ラカンが、デュラスの描く人物を「二つの死の間」にあると言うのは[†10]、まさにこの意味であろう。欲望は、死の次元である享楽として成就する。

不安の一撃、欠如せざる欠如

ホールドはいつものように、逢引の場所である森ホテルの一室で、愛人タチアナを待っていた。窓の向こうにふと目をやると、外に広がるライ麦畑に、ロルの姿がある。ホールドはそこで「ありえない眼差し」に出会ってしまう。名づけえぬ不安が彼を襲う。

> 「私は叫び声を押し殺し、神の助けを求め、走って部屋の外に出、あわてて逆もどりし、部屋の中をぐるぐる歩きまわったが、愛するにも愛することをやめるにもあまりにも孤独で、苦しみ、この出来事を認識しようにも私の存在の嘆かわしいほどの非力を痛感した。」(125頁)

ここまでみてきたように、対象の純粋状態は、存在欠如に由来する無意味の空であった。この空は、意味の次元から実在の対象を次々とさらってくることで、通常は蓋をされている。しかし不安においては逆に、そもそもの対象の無意味が、実在の対象のなかに間借りして、意味の切れ目に突如、顔をのぞかせる。つまり、不安が引き起こされるのは、意味の次元に「無い」はずの存在欠如が「ある」、言い換えれば、「欠如が欠如しない」ためである。不安は満たされないためではなく、満たされすぎていること、すなわち、対象が欠如していないことの現前であ

る。このありえない対象の突然の出現に、主体はその地位から失墜しかける。ここで、ロルを通して、ありえない眼差しに出会ってしまったホールドは、そこから完全に排除され孤立しているにもかかわらず、かといって、すぐさまそこから逃げ出すこともできない、そのような無抵抗な状態にある。

　ありえない対象としての眼差しとは、視覚が外界の知覚として機能しはじめるときに、みえるものの領域から抜け落ちてしまう眼差しであって、もともと視野と名指される領域にはないもの、視野に穿たれた「穴」と言える。ラカンはこのような眼差しの不気味さを「それはあなたを見ることなく、あなたを見ている（あなたに関係している）（Ça vous regarde sans vous regarder.）」と説明する[†11]。「それ（Ça）」は、みられている「あなた（vous）」の起源に位置づけられるべきものだから、「あなた」の内部である。しかし同時に、「それ」は、言語を担った「あなた」とはもはや連続性をもたないため、「あなた」の外部でもある。このように主体の「外部でもありかつ内部でもある」原初の存在が、今や不気味な対象となって、視線とも言えない視線で主体（ホールド）を眼差しているのである。主体はこのとき、もはや枠づけられることのない無限性のなかに突き落とされ、謎そのものと一致するような、完全な無時間に陥る。このおぞましい無時間から抜け出し、生きられる主体の時間を切り開くには、ひとつの確信が要請される。

> 「ロルもまたこちらを見ているはずだ」（125頁）

無意味の存在を意味の次元に接合すべく、ひとつの確信を打ち立てることで、時間の糸が通される。対象の側に還元される、容赦のない恐怖に急き立てられたホールドは、この言明をもって、消失しかける自己を確定させるための出口を見出すのだ。こうして不安を喚起する空の眼差しは、ロルの名のもとに回収されることによって克服される。ひとつの断言により、無意味の空に何らかの表象（＝意味）を貼りつけることで、先の苦悶の時間が取り消されたのである。不気味な眼差しに無抵抗にさらされていたホールドは、この断言により、みる主体としての地位を獲得する。存在欠如の空は、ロルの背後に押しやられ、代わって、意味を与えるべき有の眼差しがホールドによって導入される。つまり「欠如は欠如した」

のである。このことは同時に、「不安の対象」が「欲望の対象」へと転換されたことを意味する。ここから新たに、不安の出口が幻想の入口となって浮上することになる。

幻想の上演、宮廷愛の技法

ホールドは「彼女もまたこちらを見ているはずだ」という確信を打ち立てることで、非人称的な空の眼差しを、こちらに意味を与えてくれるような眼差しへと称揚した。ここから愛すべきロルへの、文字通り己を消失させるまでの愛が「でっちあげられる」。幻想において上演されるのは〈他者〉の欲望であるが、幻想の主体ホールドもまた、常軌を逸したロルの要求に忠実に応えてゆく。ロルが、ホールドに課した命令とは、愛人タチアナと別れず、これまで通りにタチアナとの逢引を続けることであった。

> ロルは愛している。タチアナを愛さねばならない男を愛しているのだ。それは誰でもない、私の中の誰もタチアナを愛してはいない。私はロルが感嘆するような執拗さで構築しつつある遠近法の中に組み入れられていて、抵抗はしない。(138-139頁)

先の不安状態における世界の無規定さは、ロルという「遠近法装置」に絡めとられることにより有限化されるからだ。ロルを絶対的な光源として取り込んだホールドは、ロルから望まれる対象——「タチアナを愛さねばならない男」——であることに「抵抗はしない」。ロルの「遠近法」に従って、ホールドは欲望すべき対象を捉える。ロルに美の讃辞を贈り、毎日のように会うことを望む、といったような「ほれ込み」の状態にあるホールドは、ロルの常軌を逸した命令にも服従するのである。ところでラカンは中世の宮廷愛を、これに類似した構造として描いている[†12]。

宮廷愛を詠う詩のなかで、貴婦人は抽象的な理想として崇められているが、実際の貴婦人は、無理難題を課してくる非人称的で、共感不可能な女である。それゆえ、宮廷愛を美しい貴婦人と忠実な騎士とのプラトニックな純愛として単純に

理解してしまうことには無理がある。また、貴婦人に想いを寄せる騎士は、何らかの障害によって、その愛の実現を阻まれるが、この障害の出現のタイミングのよさ（あるいはわるさ）は絶妙で、騎士自らがその障害を課しているのでない限り、ほとんど不可能である。つまり騎士は、障害を立てたのは自分であるとすることで、欲望の対象に接近できない——より厳密に言えば、対象に接近することに怯えている——ことを隠蔽するのである。この意味で、宮廷愛の技法とは、到達不可能な対象との緩やかな関係を保つための幻想の技法とも言える。

　これをロルとホールドとの関係に翻してみよう。ホールド（騎士）は、ロル（貴婦人）が課す無理難題を引き受ける。ホールドは、自らタチアナという障害を設定することで、この障害がなければ対象（ロル）にまっすぐ辿り着けるだろうという幻想を構築するのである。対象は、それと距離をとったときにはじめて、欲望しうる対象となる。それゆえ宮廷愛の技法を、欲望する対象の価値を高めることで自らの欲望を高ぶらせるといった単純な禁止と欲望の弁証法から理解することはできない。ホールドの幻想において、ロルの理想化はあくまで二次的なものであって、理想化されたロルの背後に、不安の対象を隠蔽し続けることこそが真の目的である。宮廷愛の技法とは、そのための手の込んだ筋書きのひとつである。この意味で、欲望は、まさにそれが充足されないことにおいて、充足されると言える。そもそも自己犠牲という愛の贈物には、常に宛先が必要であって、その宛先とは他ならぬ〈他者〉である。裏を返せば、受けとる者をあらかじめ想定した献身という身振り自体が、自身の存在欠如を隠蔽してくれるような〈他者〉の存在を捏造するものである。つまり自己犠牲の愛とは「〈他者〉は存在する」という触れ込みであり、この意味で多分に自己救済と接続しうる。先に挙げたホールドの確信——「彼女もまたこちらを見ているはずだ」——は、自身の存在の苦痛に満ちた現実性を宙吊りにしたのである。

幻想の横断、物語の停止

　みてきたように、ホールドは非人間的なロルの眼差しの「空」に「有」を注ぐ断定により、不安から抜け出し、幻想のなかに自らの主体性を獲得した。こうした幻想は、不安の迷宮からの出口であったのだが、それが同時に、迷宮への入り

口でもあることが、ここから明らかになる。たしかに幻想は、分裂を保護するように働くが、幻想が達成されるかのようにみえる瞬間に、逆説的にも、再分割を引き起こすのである。この亀裂をめがけて、不安の対象、つまり存在欠如の無が再び回帰する。ホールドが再び存在欠如の現実に出会うのは、事件のあったTビーチへロルを連れて行く場面においてである。ここでホールドはついに、真の対象であるロルに、タチアナという障害を立てずに、正面から出会う（出会い損なう）ことになる。

> 彼女は最初驚き、ついで一挙に老けこんだ顔をすこしあげるが、激しすぎる感動が面代わりさせていて、その顔の優美さ、繊細さを奪い、肉感的な顔にしている。私は不思議なことにはじめて、裸になった自分のそばに、すっかり裸になった彼女の身体を想像するが、その驚くべき短い瞬間に私は思い知る。そんな時がもし来たら私は耐えられないかもしれないと。はるかに遠くにあって、それでいて孤独に、解きがたくそれ自身と結ばれているロル・V・シュタインの体。（183頁）

これまで愛を差し向けるべき絶対的〈他者〉であったロルへの讃辞は中断され、ロルの身体は今や不気味な対象へと転じている。幻想のなかでホールドが出会っていたはずの理想化されたロルとは、タチアナという障害があってはじめて存在していたのだ。対象と関係をもつときは、対象との一定の距離が前提となる。しかしここで無媒介に現れるロルの裸身は、そのような想像的な身体像には収まらない、美の対象とはなりえない余剰である。それは、象徴化の過程を通過することなく、「解きがたくそれ自身と結ばれている」現実的な身体である。ラカンは、人は裸身になってさえも、まだ皮膚によってその肉を覆われており、その意味で本当に裸とは言えないと述べたが[113]、ホールドが媒介なしに出会う「すっかり裸になったロルの体」とは、まさにその生皮を剝がれたような身体と言えるだろう。これまではホールドに安定した視野を提供する「遠近法」的装置（appareil）であったロルが、今やその器官（appareil）を剝き出しにする。美の装飾を施された身体は退き、吐き気をもよおさせるほど生々しい肉が無媒介に現前するのである。

第2章　女たちの余白に

　この裸身に極限まで近づくと、安定した視野を保証されていた「遠近法」の主体であるホールドは眩暈をおこす。安全な距離を置きながら観察される現実と、幻想の外で極限まで接近される現実界との不調和が明らかとなり、ホールドはこれまでのナルシシズム的な視点を放棄せざるをえなくなる。Tビーチの夜、いよいよ幻想空間が、実際の現実との境界を越えるとき、裸にされたロルが狂ったように叫ぶ。

「あなたって誰なの？」（201頁）

ここでホールドは、「何を望んでいるのか」（116頁）と問う者から、「何者か」と問われる者へと変化している。これまでホールドは、ロルという謎を幻想により再構築しようと、身を捧げて尽くしてきたのだが、そのような作業の結果として、ロルの深遠の核、到達できない謎がホールド自身の謎でもあったことを知ることになる。〈他者〉の全能性に穿たれた「穴」、それは主体自身の存在の欠如でもあったのだ。「涙が出るほどの確信」以来、ロルによって蓋をされていたはずの存在にまつわる問いが、同じロルから回帰したのである。この先ホールドに課せられるのは、〈他者〉になすりつけた存在欠如の「しみ」をそこから拭きとり（faire partir）、自らの欠如として受け入れていくことである。そのとき、ホールドは新たな生を出発する（partir）ことになるだろう。幻想を横断し、今まさに主体の歴史の零度にあるホールドは、未だ生まれていない、来るべき原因を可能性として担っていると言える。そしてホールドが幻想を横断したこの時、物語は語り手を失い、そこで停止する。

「彼女はライ麦畑の中で眠っていた。」（205頁）

この小説を結ぶ最後の言葉である。ロルの眼差しのうちに、ホールドはもはや光をみない。

45

ロル・V・シュタインの余白に

　ロルによって繰り返される原初の存在の到来を期待した賭けは、常に失敗に伴われながらも、享楽へ向かう欲望によって支えられてきた。ロルは、まるで情事にある男女を「愛しているかのように」、繰り返しその光景のなかに没入していく。しかし、ペネロペの如き献身で編み上げられる無限の愛のタペストリーも、ホールドの介入により、その糸を断たれる。現実から遊離しまるで「そこにいなかった」ロルを「ここにいる」者へと変容させるために、ホールドは、あのトラウマ的な事件のあったTビーチへと彼女を連れて行く。しかしそうしたホールドの共感的な理解も、ロルのほうからすれば不十分なものであった。存在そのものの強度を備えた対象を期待するロルにとっては、もはやTビーチの事件それ自体が問題なのではない。彼女が切望するのは、共同性のうちに回収されうるような理解ではなく、むしろ未だ存在しない、来るべきものの到来であった。彼女がし損なっているのは、実生活への適応以前に、「現実界」との出会いであった。けれども幻想の虜と化したホールドは、不可能な対象を慈しむロルが自ら矜持し続ける空のトポスに、救済者として自身の名を貼りつけようとする。こうしたホールドの介入は、ロルが求める存在の次元に、逆に封をしようとするものであって、ここでふたつの愛のベクトルが互いに交わらないことが明らかになる。言うなれば、分析家を気どりながらも、長椅子で連想を紡いでいたのはむしろホールドのほうであったのだ。「意味の次元」と「存在の次元」とを隔てる深淵は、完全に埋められることはない。このズレを無視したホールドの介入により、ロルに激しい狂気が舞い戻る。

> 　彼女は叫ぶようにして、罵り、哀願し、もう一度抱いてほしい、そっとしておいてほしいと同時に懇願し、追い詰められて部屋からベッドから逃げ出そうとし、戻ってきて、巧妙に捕まえられようとし、もはやタチアナ・カルルとの違いがなくなっていて、彼女は自分をタチアナ・カルルとロル・V・シュタインという二つの名前で呼ぶのだった。(202頁)

　狂気とは、ある原因から時間軸に沿って結果する個人的事件ではない。狂気の

謎を探るべく、個人の深淵に踏み入るとき、そこで出会われるのは主体と〈他者〉との悲劇的関係である。ここまでみてきたように、リチャードソンの眼差しは、ロルにとって、自らの存在に意味を付与するものとして機能していた。しかし、その眼差しを受ける対象としての場を追われたロルは、はじめのうちはアンヌ=マリと同一化することで存在の意味を辛うじて保つものの、やがてふたりが去ると、存在欠如に対峙し、虚脱状態に陥る。その後、タチアナとの出会いを機に、ロルの欲望のベクトルは、欲望し・え・な・い・対象へと傾く。ロルは、タチアナの裸身に眼差しならぬ眼差しを、「しみ」のようなものとして幻覚的に見出し、「苦悩=未決状態（souffrance）」に陥る。

　一方、奇怪な試みを続けるロルの眼差しならぬ眼差しは、今度は無を象る形象として、ホールドを圧倒する。ホールドは、存在欠如を隠蔽する幻想を産出しながら、欲望し・う・る・対象としての場をロルに見出し、ロルへの自己犠牲的な愛を構築してしまう。これは「欲望しうる対象（＝理想化されたロル）」の裏面に「不安の対象（＝自己の存在欠如）」を封じ込めるための技法に他ならない。こうしてホールドは、真の欲望の対象に到達しないことによって、その欲望を満たそうとする。しかしその果てに、ロルの狂気が舞い戻り、彼自身もまたその存在を問われることになる。

　それぞれの試みはいずれも、〈他者〉の眼差しのもとに繰り広げられた行為である。ところが個人同士が、第三者としての〈他者〉なしに出会うとき、そこには自他の結合ではなく、自己構成・充足のために、ある種の相互排斥が繰り返される。ロルの狂気は、ロルとホールドの間で繰り広げられる相互排斥の無限運動を収束させるために、犠牲として捧げられたのである。もはやここに「一つの狂気がある（il y a une folie）」とは言えない。一つの狂気があるとき、そこには必ず「一つ以上の狂気がある（il y a plus d'une folie）」——あるいは、より厳密に言えば——「不確定な多として狂気がある（il y a de la folie）」と言えるだろう。

　以上、わたしたちはデュラスの小説を手がかりに、狂気を〈他者〉との問題として論じてきた。本論は、あくまでデュラスという類まれなる天才による小説の分析であったが、だからこそむしろ、実際の臨床の場面に寄与できるところがお

47

おい。最後に、ここまでの考察を心理療法の場面に翻して考えてみたい。

ロルの最初の「事件」を「原因」と見立て、その後の展開を必然的な「結果」とみるホールドは、心的因果性の構築を目論む治療者の欲望を表している。必然性を症状や狂気の説明原理として取り込もうとする試みは、必然性によって偶然性を囲い込むこと、すなわち不可解な〈他者〉性の排除に他ならない。このように治療者側の持ち前の理論に従う「治療」は、言語との出会いで生じた「疎外」の事実に立ち向かわせることはなく、治療者の知によって患者の起源の事実への書き込みを行うことになる。それは、意味に回収されえない領域を無きものとして「いまここでの」表象空間に人間の生を封じ込めることを意味する。そうした理解のうちにすべてを回収するそのような行為は、治療とは言えない。こうしたアプローチがいう「語り」とは、いわば余白を許さない社会的ディスクールであり、まさにこのような不寛容なディスクールの余白に、精神分析のディスクールは位置する。それは、共感的理解の逆接的不寛容によっては、もはや支えられない主体へ、いわば「到達せぬ苦悩」を抱く主体へと宛てられている。

「到達せぬ苦悩」とは、決して不可知論やイデアリスムに肩入れするための文句ではない。存在に必然性を与えてくれているように幻想させる言語との関係の残余として、言語を超えようとする欲望があり、失敗を繰り返しながらも、そのような欲望をあきらめない、そのような態度をいうものである。「到達する」と言うなら、言語を超えようという欲望が言語そのものに導かれていることになり、また本人にとって「苦悩」でないのなら、その時点ですでに幻想に荷担していると言えよう。意味が常に存在を構成するのではない。存在は、時に意味に先行し、時に意味に後続する。この意味で、わたしたちは、意味とは一致せず、むしろその不一致に留まる限りでの、言い換えれば、己のなかの〈他者〉へと無限にさらされている限りでの、存在であると言える。現前する他者との共有ではなく、己に内在する〈他者〉との分有のうちにある意味は、常に捉えきれない不確実性に留まる。この欠如は、否定的なものに聞こえるかもしれないが、人間の本質とも言えるだろう。

第2章　女たちの余白に

もうひとりのロル、アリサ

　わたしたちはロル・V・シュタインの物語から、欲望がありえない対象（存在の次元）へと傾斜するとき、欲望は享楽として成就することを読みとってきた。土地という要素に独特なこだわりをもつデュラスが、この享楽の舞台として森（「森ホテル」）を選んだのも訳あってのことだろう。そこは認識の場ではなく、享楽の場であり、文明が失効する地点、つまり分節化ではなく溶解の空間である。この正面からは描きえない場としての森を、デュラスは『ロル・V・シュタインの歓喜』から数年後の作品となる『破壊しに、と彼女は言う』（1969）[14]のなかで再び登場させている。

　さて、この作品が刊行されたのは1969年だが、実際の執筆は他とは同列に置くことはできない特別な年、五月革命が起こった1968年に書かれた。それもデュラスによれば11日間というきわめて短期間のうちに、である。デュラスの2人目の夫ディオニス・マスコロは左翼の闘士であったし、デュラス自身も作家として68年の運動に積極的に参加しており、ガリマール社の占拠まで企てたことが知られている。加えてデュラス自身は、この作品に政治的アレゴリーを読みとって欲しいとも述べている[15]。ところが、そうしたデュラスの意図とは裏腹に、この作品のなかには革命の影はどこにも見出すことができない。彼女は、革命的な用語を用いることはないし──まさに「破壊」という言葉を除けば──、ましてや政治的スローガンも提示しない。先にみた『ロル・V・シュタインの歓喜』でそうであった以上に、物語は余計な（むしろ必要でさえある）粉飾を排したスタイルで書かれている。またそれぞれのシークエンス＝場の初めには、まさに演劇のト書きのように「庭。昼間」とか「庭の夜」といったような指示がされており、テクスト全体がきわめて抽象的である。もっとも小説ともシナリオともとれる文体で書くことによって、デュラスはパフォーマティヴに革命的なものの痕跡を提示しているのかもしれない。いずれにせよ、正面から物語に隠されたアレゴリー的意味を解読しようという試みは、忠実ではあっても正解をみない[16]。というのは、物語の筋が追えないからというより、そもそも筋を欠いた物語であるからだ。数少ない批評を寄せたひとり、「革命の同志」でもあるブランショの批評も、物語を解したという手ごたえのないまま、自身の考えに引きつけたかたちで非アレゴリー的

読みを提示するに留まっている[†17]。一般にはあまり評価を受けることのなかったこの作品は、ちょうど『ロル・V・シュタインの歓喜』が産み落とされた後に出てきた胎盤のようなものと位置づけられる。そもそもデュラスにとっても、それはひとつの小説作品というよりも「上演のためのノート」であった。

　物語の舞台は、彼らが滞在するホテル（療養所）である。その食堂と窓からみえる庭のみで、それより外は描かれない。主な登場人物は4人、ドイツ系ユダヤ人男性マックス・トルとシュタイン、マックスの年若い妻アリサ、そしてあらゆる関心を惹きつける魅惑の女性エリザベートである。ではこの希薄化された空間で何が起こるのか。答えを先どりして言えば、そこでは何も起こらない。マックスはエリザベートに関心をもち、つかず離れずといった位置から彼女をみている。シュタインはそうしたマックスをみている。シュタインはマックスに近づくのだが、やがてはマックスの妻アリサに興味をもつようになる。アリサはエリザベートと自分を鏡のなかでみつめる。アリサはふたりで森に行こうとエリザベートを誘うのだが、しかし最後まで森に行くことはない。エリザベートの夫が到着し、彼女は夫に連れられてホテルを去っていく。

　ここでは、男女それぞれが、潜在的に同性愛的なカップルを形成している。男性カップルは、女を間に挟むことで、その近すぎる接触が巧妙に避けられている。呼ばずして呼び寄せる運命の女エリザベートは、デュラスが描き続ける女のひとりであり、『ロル・V・シュタインの歓喜』におけるアンヌ＝マリを彷彿とさせる。そして2年前からずっと18歳の狂女アリサは、Tビーチのダンスパーティのロルである。ロルの物語の鍵を握りながらも光のように消えていく魅惑の女アンヌ＝マリにロルが近づく足どりを、わたしたちはここでアリサとエリザベートというカップルのなかに聞きとることができる。

　Tビーチでの「思い出なき思い出」に苦悩するロルは「ただ望むの (Je veux.)」と、目的語を欠いた謎めいたフレーズを発していたが、アリサはより根源的＝基本的な文法で語る。一番顕著なのは、タイトルともなっている「破壊しに」とアリサが言う場面である。

「きみが来てくれて、ほんとによかった」

第2章　女たちの余白に

彼女は体の向きを変える。また彼女の視線が向けられる。ゆっくりと。
「破壊しにね」と彼女は言う。
彼は彼女に微笑する。
「うん。庭へ出る前に部屋へ上がろうか」
「ええ」[18]

これは原文では単に「Détruire」[19]となっている。直訳するならば、アリサは彼女が来てくれてよかったという夫（マックス）の言葉とは何の連関もなく「破壊すること」と言っていることになる。この発話には、目的語はもちろん主語さえ欠けている。もはや活用をなさない不定形で、ただ「破壊する（Détruire）」とだけある。夫はその言葉を受けとるともなく、「対話」は先に進む。「破壊する」という言葉は、まさに突然現れ、そのまま消えていく。彼らはこのように「対話」する。こうした対話は物語の流れのなかに組み込まれているとは言えず、むしろ物語を中断し、あるいは物語の向こうから突然浮き上がって物語を打ち消す。もはや地の文と、会話文の間を漂う声のようである。

　アンリ・ミッチョロは、破壊の対象は、エリザベート・アリオーヌであると看破し、「破壊のプロセスがめざすのは、エリザベート・アリオーヌの社会的な自我、すなわち彼女の始原的な自我の上に寄生虫のように増殖し、ついにはそれを窒息させてしまった自我を破壊することにある」と述べている[20]。もちろんその解釈にも正当性はある。しかし、知の秩序を混乱させながら書かれているこの作品において、「破壊」の対象をひとつの対象に限定してしまうことは必要だろうか。限定されない＝無限（infini）の不定形（infinitif）で発せられた「破壊する（Détruire）」が、対象や主語なしに、その語そのものによって成就されうる、指しえぬ出来事がデュラスの「破壊」であるだろう。それは一方からすれば限りのない喪失であり、他方からは創造でもあるのかもしれない。いずれにせよ、この言いえない出来事の舞台が「森」である。

　「森」は、物語のなかでしばしば語られるにもかかわらず、実際に登場することはない。森はこのように、人々を魅了するが、決して近づきえぬ場として描かれている。デュラスはこの場所に、通常の文法を破壊しつつ「女」を書くことで接

近しようとした。それはいかなる意味作用からも自由な場なき場であり、「破壊」のもつ真理が突然に実現されるような場である。永遠の18歳であるアリサはエリザベートを森へ連れて行こうと執拗に試みる。あの夏の夜のロルが、「そこにはなかった」前未来を救済しに、アンヌ゠マリを誘惑するのである。男性カップルは女性という異物を立てることによって秩序を回復し、互いに交わることを避けたが、「存在の片割れ」を求めて叫ぶロル゠アリサは、アンヌ゠マリと直接一致しようと試みる。ふたりは、鏡の前に並んでお互いを見比べる。

「あたしたち似てると思うわ」
とアリサはつぶやく……「そう思わない？ 背の高さも同じだし」
　彼女たちは微笑する。
「ええ、それはそうね」
　アリサはエリザベート・アリオーヌの袖をずり落とす。肩には何も着けていない。
「……肌も同じよ」とアリサは続ける、「肌の色もおんなじだし……」
「そうかもしれない……」
「よく見て……口の形も……髪の毛も……」[†21]

鏡のなかの似姿に恍惚とするふたりの女は、もはや鏡の外部が存在しないかのような充溢した世界にある。鏡のなかで融合しようするふたりの女、この限界の削除には、ある種のエロティスムを伝える。そして畏れを知らないアリサは、魅了されるままに、さらに鏡のなかのエリザベートに接近する。

「あなたが好きよ。あなたが欲しいわ」とアリサは言う。
　エリザベート・アリオーヌは動かない。彼女は目を閉じる。
「あなたは気狂いよ」と彼女はつぶやく。
「残念だわ」とアリサは言う。
　エリザベート・アリオーヌは急に離れる。アリサは窓のそばへ行く。[†22]

ここで鏡は森と同じトポスにある。それは差異を呑み込む=破壊する虚無である。そこで眼差しは交換され、剥奪されていく。反射像のなかで主体たちの喪失が生じるのだ。諸々の境界を消し去る溶融は、やがて鏡の外をも被うだろう。しかし魅惑的な鏡の世界から抜け出すために眼を閉じたエリザベートは、鏡=森から距離をとる。結局エリザベートは物語の最後まで森に入ることもなく、女たちにとっての第三者である夫に連れられ町に戻っていく。物語は、「森」からきこえてくる音楽で幕を閉じる。

　ラカンが現実界に位置づけられる性関係を指してそう言ったように、デュラスは「書かれないことをやめない」[23] ものを書き続けた。だからデュラスにとって「書くこと（écriture）」は同時に「破壊すること（détruire）」であった。ソレルスが指摘するように[24]、まさにこの題名（*Détruire, dit-elle*）は、作者名マルグリット・デュラスのエコーなのかもしれない。書かれないその地点に留まることは、言語の掟に内属する出来事であり、その限界を画することはない。「書かれないこと」の破壊、その純然たる消失の後はじめて、その「書かれないこと」に接近可能となる。デュラスは「書きえない」ものの限界を言語の外部、すなわち言語の掟に従って指示対象のほうに探求するのではなく、言語そのもののうちに求めた。そのようにして不可能性に印をつけられた超越的な概念を、言語活動のレヴェルのなかで捉え直そうとする彼女が出会うのが「穴の語=語の穴」であった。実際デュラスは『ロル・V・シュタインの歓喜』を書きながら境界を踏み越え、「気を狂わせるような恐怖」のなかで「叫んだ」という[25]。それは後から恐怖として理解できるような恐怖であった。そんなデュラスが描く狂気の女たちは、主語もなく、ある対象についてでもなく、ただ剥き出しの言葉を並べる。その時わたしたちが受けとるのは意味ではなく、むしろ戦慄であるだろう。

第2節　ラカンの性別の論理

「女」は存在しない

　ラカンは、女性に関して非常に独特で、ともすれば問題視されかねない考えを提示している。なかでも「女なるものは存在しない」というテーゼはファルス中

心主義としてフェミニストたちの批判にさらされてきた。たしかに想像界・象徴界に重きを置く前期ラカンの主張には、一部そのように理解しうる部分があるだろう[126]。しかし象徴界そのものが実は完全ではないことが重要視され、同時に現実界の重みがさらに増してくる後期ラカンの理論に至っては、ラカンの思想はそうした批判で退けてしまえるほど素朴なものではない。この節では主に、件のテーゼが分節化されるセミネールを取り上げ、ラカンが「女」について語ったことをみていく。

ラカンの主体は、刻みを入れられた主体、欠如の主体である。通常、人は生物学的特徴によって、つまりペニスの有無で、男性と女性とに区別される。しかしラカン的な性差は、欠如との関わり方によって決定される。ペニスが有るにせよ無いにせよ、そもそもすべての主体は欠如を抱えているわけだから、欠如との関わり方が性差を決定すると言ってもいい。ラカンは欠如により親密性をもつ存在のほうを、「女」とみなした。ではラカンが1972-73年の「アンコール」と題されたセミネールのなかで提示した論理式およびマテームによって男女がそれぞれどのように示されているのかをみていこう。下に示す表[127]の左側が男性、右側が女性である。

性別化の論理式において、主体の性はファルス関数によって決定されている。ここにあるファルスは、大文字のΦで記されるが、これは小文字のφつまり身体から取り除いたり取りつけたりできるようなものとして幼児に想像される想像的ペニスとは厳密に区別しなければならない[128]。ラカンはΦを「ひとつのシニフィアン」というが、このシニフィアンの導入によって、主体はφであることから、Φをもつことへと、欲望のモードをシフトさせることになる。所有に花をもたせてやることで、遅ればせながらわたしたちの存在はそれとして確認される。もちろんこのシニフィアンは、生物学的な所与にかかわらず、男女ともに機能するシニフィアンである。象徴的ファルスΦの導入による想像的ペニスφの抑圧が、去勢と呼ばれるところのものである。

では、この去勢の執行者は誰か。それは、自らはファルス関数の支配の外にある一者、フロイトの神話で言えば自らは去勢を被ることのない「原父」にあたる。公式①は、まさにこの例外者が存在していることを示している。ラカンによれば、

第2章　女たちの余白に

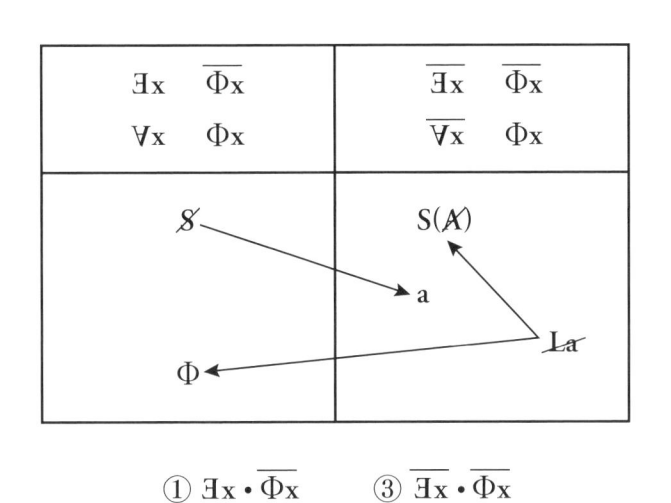

$$\begin{array}{c|c} \exists x \ \overline{\Phi x} & \overline{\exists x} \ \overline{\Phi x} \\ \forall x \ \Phi x & \overline{\forall x} \ \Phi x \end{array}$$

① $\exists x \cdot \overline{\Phi x}$　　③ $\overline{\exists x} \cdot \overline{\Phi x}$
② $\forall x \cdot \Phi x$　　④ $\overline{\forall x} \cdot \Phi x$

論理式①　ファルス関数に従わない要素が少なくともひとつある。
論理式②　すべての要素がファルス関数に従う。
論理式③　ファルス関数に従わない要素があるわけではない。
論理式④　すべての要素がファルス関数に従うわけではない。

　複数の要素がひとつの閉集合を形成するには、少なくともひとつの例外が必要である。つまり、すべての要素にファルス関数が成り立つ（公式②）ためには、ファルス関数が失効する1点（公式①）が必要なのである。たとえば、法それ自体にはその法が及ばないように、例外があることで、法はそのもとに「すべて」を統べる普遍的なものとなる。この例外によって、「すべて」としてまとめあげられた集合が、「男」と呼ばれる。つまり「父の機能」[†29]によって、個々の男性はひとつの全体を形成する集合の構成要素として数えることができる。よって男は存在する。ここにあるのは自己充足としての体系の完全性であって、こう言ってよけれ

ば存在の完全性ではない。したがって、たとえラカンの言う男が、それ自体でひとつのまとまりをもったものとして考えられているとしても、それは男の優位性をいささかも示しはしない。

　対する右側、女の側には、そうした例外的要素をみつけることができない（公式③）。父は女にとって去勢者ではない。そうなると、ファルス関数がその「すべて」に成立するとは言えない（公式④）。つまり、女性にファルス関数がまったく成立しないわけではないが、すべてがそれに従うわけでもない。ここでは先の男性とは違って、ファルス関数によって規定されるような閉集合が存在しないということが示されている。というわけで、ラカンは、普遍性を示す定冠詞 La をつけて書き表すことができるような「女は存在しない」[130]と言った。

男の享楽、女の享楽

　以上みてきた4つの論理式（①〜④）から、例外者（Φ）によって普遍的な宇宙に住まう男性的主体（S）と、その宇宙に亀裂を入れる無限性の化身とも言える「すべてではない」女のポジション（La）が確認された。次に検討すべきは、それぞれの享楽のあり方である。ラカンが言う享楽とは、快楽などというものとはほど遠く、むしろ耐え難い受難であり、それ自体は何の役にも立たないものであり、通常わたしたちがそこから隔てられているところのものである。

　ラカンは、男性の側に主体SとΦを書き込み、このΦに支えられた男性の享楽を、「ファルス享楽」と名づけた[131]。それは、ファルスの関数に従う限りにおいて手に入れることのできる制限つきの享楽である。よく誤解されているが、去勢は享楽の禁止ではない。むしろ去勢は享楽を許す（ただし父の法に従うという条件つきで）。父の調律によって生まれる法と欲望の絶妙なハーモニーのなかに生きる男性的主体ファルス享楽は、ラカンの有名な三つ組のなかで象徴界と現実界の交わるところに書き込まれる[132]。

　またラカンは、こうしたファルス享楽を「障害物」であるとも言う。なぜなら、女性の身体を享楽するより先に「器官の享楽」[133]となってしまうからだ。もちろん「ファルス享楽はそれ自身としてはペニス享楽ではない」[134]が、ラカン自身がマスターベーションをその例にとるような、この「愚か者の享楽」[135]こそ、男性

56

にとって「すべて」である。

　ところで、Φというシニフィアンに支えられた男性的主体 $\cancel{S}$ は、ラカンが女性の側に置いた対象aに向かっている（$\cancel{S}$→a）。これはまさにラカンが「幻想」としてあらわしたものである。対象aは男性的主体が到達しようと試みる「欲望の原因」であり、それはかつて自分に属していたもののように感じられ、彼にとっては重大な価値を帯びることになる。対象aを狙う以上、男性的主体は不完全であると言えるが、それと何らかの関係をもつことで、自分が去勢を免れているかのようにみせかけることができる。

　こうした「みせかけ（semblant）」あるいは幻影こそ、女性が「La→Φ」の矢印によって獲得しようと試みるものだ。男性的主体は、この大きなファルスに支えられているようにみえる。女性自身もあの男性的主体のように支えられたい、象徴の法のなかで享楽を手にしたいと望むとき、欲望のベクトルは男性の側にあるファルスへと向かう。これは、すでにフロイトが「ペニス羨望」と呼んだところのものだ。このとき女性は、男性そのものでなく、彼を支える大文字の原理を欲望する。先にみた男性的主体と同様に、〈他者〉の庇護のもとにあることで、その主体的構造に安定を得る。社会に代表される〈他者〉が欲望しているであろう「女性的なもの」を、女性から剥ぎ取ろうとするフェミニストが、しばしば男性からだけでなく女性からも支持を得ないのはこのためだ。女性的であろうとする主体の身振りは、ファルスの原理で支えられているという点で、ファルス享楽を享受しうる男性的主体のものである。しかし、論理式④「すべての要素がファルス関数に従うわけではない」でみてきたように、もちろんすべての女性がこのΦと関係をもつわけではない。

　では、ファルス関数に還元されない性のポジションを選ぶ主体、つまり女性の享楽とはどんなものか。図の右側、女性の側にある、斜線を入れられた女性的主体から男性の側に越境することなく上方に伸びるマテーム「La→S($\cancel{A}$)」に注目しよう。先にみた身体の享楽の出来損ないの享楽、男性がそれでしかないようなファルス享楽に対して「すべてではない」女性の享楽は、「〈他者〉の享楽」と呼ばれる[†36]。この享楽は、ラカンが何人かの聖人を（もちろん生物学的な男女を問わずに）例に挙げているように、宗教的恍惚と親和的である。ラカンはベルニーニの

彫像、聖テレサを挙げこのように言う。一目みれば彼女が享楽していることは明らかだが、彼女はそれについて「感じる」のみで「何も知らない」[†37]と。女を震撼させるこの享楽について語ることはできない。身体と解きがたく密着し、象徴界の外部に位置する〈他者〉の享楽は、想像界と現実界の交わる部分に書き込まれることになる。

さらにラカンは、この享楽を、男の享楽に「さらに加わる（en plus）」[†38]ものとして、「追補享楽（jouissance supplémentaire）」[†39]と呼んだ。ラカンがそう言った後に慌ててそれが「補完的（complémentaire）」ではないと──おそらくは多少なりともユングを意識して[†40]──注をふるのは、女性の享楽である追補享楽が不完全な男の享楽（ファルス享楽）を完全なものにするということはない、と強調するためである。ラカンにおいては、女性と男性が愛し合ってひとつになるといったユートピア的な考えはない。彼は、ふたつに分かたれたものが新たな一となる「止揚のプロセスは、哲学者の夢」[†41]だと切り捨てる。女性の享楽が男性の享楽と混じり合ってひとつの全体を形成することはない、享楽は「愛の記号」[†42]ではない。だからこそラディカルな意味で「性関係はない」。

男性の場合、父なる一者の禁止は、去勢の効果として無秩序な享楽を整備し、ファルス享楽へと制限した。しかし去勢の効果が完全ではない、あるいはそこにさほど頼ることのない女性の場合、ファルス享楽にプラスして、追補享楽を小脇に抱えることになる。

しかしこの女性の享楽は、「ある」ということさえできない。というのも女性の享楽の場を表すS（$\bar{A}$）は、「〈他者〉の欠如のシニフィアン」と呼ばれるが、これは「〈他者〉は〈他者〉なし」ということを示している。つまり「女の享楽」がないというのは、神がいないというのと同じレヴェルでそうなのだ。〈他者〉は、私の存在についても欲望についても、何も知らない[†43]。〈他者〉は場として何ものも有しないし、そこには欠落があるのみなのである。それゆえ「〈他者〉の享楽は存在しない」[†44]し、存在することが許されていない。幻想という媒介なしに、存在しないものとしての〈他者〉のほうへ向かう女性の享楽は、「無限性によってのみ自らを推し進める」[†45]。この作用は具体的な意味を欠いたものであり、むしろそれによって意味それ自体が可能となるような何ものかを創り出している。

以上、男と女のそれぞれのポジション、およびそのふたつの享楽のモードをみてきた。

　とはいえ、とりわけ女性の側は、未だ不透明であると言わざるをえない。というのも、先ほどから繰り返し述べているようにラカンは「女は存在しない」、その女性の享楽である「〈他者〉の享楽は存在しない」と言うことで語らいの糸を断つことはなく、むしろ「女というものが存在するとしたならばそれでありえたであろう〈他者〉の享楽」[146]について語ることをやめないからだ。おそらくそれは、ラカンはこの空虚な場に既存の言語構造のなかでは出会うことのできない新たな「知」の可能性をみていたからではないだろうか。このような展望のもとでさらに「存在しない女性」のほうに切り込んでいこう。

第3節　存在しない「女」の審級：メデアとマダム・ジッド

エウリピデスの『王女メデア』

> コロスの長：
> (…) 人の履むべき道をも考えて、そんなことはなさらぬよう、お止めいたします
> メデア：
> いいえ、ほかに途はないのです[147]
>
> 　　　　　　　　　　　　　　　　　　　　　　　　　　　（第三幕）

　エウリピデスの『メデア』は紀元前431年にアテネの大ディオニソス祭で初演され、競演のなかでは最下位という評価ながらも、今なおオペラ・舞台・映画等で繰り返し上演され、さまざまな研究領域にも影響を与え続けている。冒頭の引用は、主人公メデアが子殺しの計画をコロスたちに告げる場面でのやりとりである。コロスの忠告も、もはやメデアの耳には届かない。そこにあるのは情愛深い母親ではなく、「掟」の及ばない領域へと突き進む「女」の姿である。本節ではこの際限のない女、メデアに注目したい。というのもこの物語は、先の節でみてき

たラカンによる「存在しない」という問題含みの審級に位置する「女」をめぐる考察に、新たな途を拓くように思われるからだ。まずは『メデア』のあらすじを確認しておこう。

　イオルコスの王子イアソンは、王位奪還をかけた難業を課せられていた。アルゴー号を率い黒海の奥に位置するコルキスに向かうイアソン一行は、コルキスの王に行く手を阻まれ為す術を失うが、王の娘メデアの魔術的な力に助けられ、目的の金羊毛獲得に成功する。一方イアソンに恋をしたメデアは、祖国を捨てイアソンについていく。
　一躍英雄となってイオルコスに戻ったイアソンは、またもやメデアの助力により、先王に代わって王の座につくのだが、それも束の間、先王殺しの咎で追放にあう。こうしてコリントスへと逃れたふたりであったが、ふたりの子どもにも恵まれ、幸せな生活を送っていた。しかしコリントスの王クレオンが、イアソンに目をとめ、自身の娘と結婚させたことから、この平穏は音を立てて崩れていく。『メデア』の物語は、正確にはここからはじまる。
　若く美しい娘に、そして何よりコリントスの王の座に惹かれたイアソンは、メデアを捨て、この結婚を承諾してしまう。母国を捨ててまで尽くしてきた男から突然の裏切りをうけ、怒りに悶えるメデアであったが、すでに執り行われた婚姻によって、メデアの国外追放は免れえない状況となっていた。そこでメデアは、王クレオンに一日の猶予を請う。そしてこのわずかな間に、王クレオンとその娘（イアソンの妻となる娘）を毒殺してしまう。
　土地を追われるメデアはどうしたことか、誰より愛情を注いできた自身の子どもを自らの手で殺害する。息子たちを失い、怒りと悲しみの極地に突き落とされるイアソン、その様子を見下ろすかのようにメデアは太陽の竜車で去っていく。

　子殺しというスキャンダラスな事件を含む『メデア』の物語は、しばしば愛欲劇と解されている。そもそもイアソンに恋焦がれ、国を捨ててまで（この際メデアは実の弟をも殺している）その男についていったのが悲劇のはじまりであり、メデア

はその激しい愛欲のあまり復讐によって人を傷つけ、結局は自分も苦しむことになる。つまり愛欲が制御されないまま突き進めば、最終的には破滅に至らざるをえない、という解釈である。こうした説明に従えば、この作品は「結局、物事は中庸がよい」という訓話として読めるだろう。しかし注意しなければならないのは、この物語は度を超えた行為に及んだメデアに災いが起こるというような結末を用意してはいないということだ。子殺しを終えたメデアは、それまでの鬱屈した状態を抜け出し、むしろ意気揚々と空飛ぶ竜車で去っていくのである。

　また、メデアという人物に関しては、非ギリシア的、つまりは野蛮な（barbare）女であるとの解釈も一般的である。メデアの祖国コルキスは、ギリシア世界からみれば東の果て（現在のグルジア西部）にあたることから、メデアとはまさに訳の分からぬ言葉を話すアジアの女の形象であるとも言われる。実際、自身の子を殺めたメデアに対してイアソンは「かかる所行をあえてしたものは、ギリシアの女にはかつてない」[48]（終幕）というような言い方をしている。要するに、この劇のなかにはギリシア世界に君臨するアテナイ文化の優越性を透かしみることができるというわけである。この解釈でいくとメデアは、白痴な女の別名ということになる。しかしながら、メデアは決して知を欠いた人物として描かれてはいない。たとえば、クレオンはメデアに追放を言い渡す際、メデアが備える「知」への恐れを、このように告白している。

> クレオン：
> 心配なのだ、（…）心配というには、いろいろ、わけもある——、そなたは怜悧な生まれつき、さまざまの凶事にも長けた身[49]
>
> （第一幕）

ギリシアの一国の王をしてこう言わしめるメデアを、野蛮で無知な女と解することはできないだろう。むしろ愚行というものがあるとすれば、メデアの知に鑑み一刻も早い追放を決意していたにもかかわらず、結局はメデアの巧妙な手口にかかり決して与えてはならなかった猶予を与えてしまった王の行為にこそ、その言葉はふさわしい。またこれに加えて、同じやりとりのなかでメデアがクレオンを

前にこぼす小さな告白を挙げておいてもよいだろう。

> メデア：
> 新しい知識を持ち出せば、もののわからぬ人たちには、役にもたたぬ愚か者と思われましょうし、物識りと名のある人よりも、いっそう賢いなどとは思われては町でも嫌われ者となりましょう[150]
>
> （第一幕）

　ちなみにこの台詞は、ラカンがアンドレ・ジッドについて書いた論文「ジッドの青春あるいは文字と欲望」のエピグラフとした箇所でもある[151]。ラカンもメデアという女性を、むしろ「知を想定された主体」の側に位置づけるような引用の仕方をしていることが分かる。『メデア』を男性性の優位を逆照射する理性を欠いた女の物語と解することはとうてい許されない。
　『メデア』には、既存の解釈の枠組みにはきちんと収まりきらない何かがある。メデア、この「あまりに女性的な」と形容したくなる女の物語のなかで一体何が生じているのだろうか。この問いに踏み込むために、わたしたちはまず、今言及した「ジッドの青春あるいは文字と欲望」というラカンの論文の後半に記された、ジッド夫婦間に起こったあるひとつのエピソードに注目したい。というのもこの迂回は、男と女、そしてそのふたつが互いにどういう関係にあるのかを明確にすることで、前節でみてきた性別の論理を肉づけしてくれると同時に、『メデア』の謎を解く鍵を与えてくれるからだ。では、まずはジッドの『日記』[152]を紐解きながら件の事件の前夜を辿ってみよう。

手紙、あるいは子ども

　ジッドと後に彼の妻となる従姉マドレーヌの間には、出会いのときより、何通もの手紙が取り交わされていた。ジッドが後に、「これ以上美しい書簡はなかった」[153]と語るその手紙は、壮麗な愛の言葉で満ちていたのだろう。その冴えは疑うまでもない。しかしある日、ジッドの長い留守中──それは愛人男性との旅行であるのだが──、広い家にひとり残されたマドレーヌはジッドに宛てられた一

第2章　女たちの余白に

通の手紙を読んでしまう。これによって彼の性的傾向のすべてが明らかになる。その後、マドレーヌは30年間にわたって自分が受けとってきた愛の手紙のひとつひとつを読み返し、そのすべてを燃やしてしまう。ジッドの同性愛、夫婦間の性交渉の不在など、マドレーヌをそうした行為に駆り立てた理由は、いくつでも挙げられるかもしれない。しかし、なぜと問われたマドレーヌはこう応えるのみである――「何かをせずにはいられなかった」[154]と。

「自分のなかの最高のもの」を入れ込んだ手紙が、妻の手によって焼かれてしまったことを知らされたジッドは、悲しみに打ちひしがれる。それは彼にとって「あたかも彼女が私たちの子どもを殺してしまったかのような」、そんな出来事であった。これに対してマドレーヌは「気高さに欠ける」と述べただけで、彼の嘆きをほぼ無視したような態度をとり続けたという[155]。

ラカンが論文「ジッドの青春あるいは文字と欲望」のなかで注目するのは、この燃やされた手紙はマドレーヌ自身にとっても「大切なもの」だったという点である[156]。そのうえで、これを燃やしたマドレーヌの行為をラカンは「女性の行為、真の女性の行為」[157]であると形容する。恋人から受けとった手紙を焼却する。このようなことは、たしかに突飛ではあるが、色恋沙汰の末に安易に想定しうる（ある意味では平凡すぎる）行為のひとつとも言える。それでも、マドレーヌの行為――表面上は今述べたようによくある行為と変わらない行為――が「真の女性の行為」を印しづけているとするならば、それはいかにしてか。幾分唐突に書かれた『エクリ』のなかのこの一文を、セミネール20巻を下敷きにして以下のように読み解くことができる。

再び、先に示した表に戻ろう。$\$$の位置に男性的主体＝ジッドを置くと、その欲望の原因である対象aは女性＝マドレーヌの側に位置する（$\$→a$）。しかし注意しなければならないのは、ジッドが愛するのは、女性＝マドレーヌ夫人そのものではないということだ。みてきたように「女性は存在しない」。しかしそれは女性という場が存在しないという意味ではなく、その場が本質的に空位であることを示している。この欠如を隠すため、そして同時に女性を創り出すために、男性的主体はこの虚無にヴェールをかけ、そこに自身の幻想を映し出す。表面は表面であるがゆえに、いつまでたっても深層に辿り着くことがない。ジッドは宮廷愛に

63

も比すやり方で、この表面に麗しき愛の詩を綴る。このとき対象aは「存在の似姿（semblant d'être）」[58]として、あたかも完全ではない自分の存在（$)の詰め物となってくれるように感じられる。これにより欠如は否認され、自らを英雄的主体のようにみせかけることもできよう。

　このように、ジッドは夫人そのものではなく、ジッド自身が惚れ惚れするような愛の言葉で飾られるべき「女」を愛しているにすぎない。しかしそれでも女が、その位置で「愛される」ことを望むとき、つまり自分自身ではないところで愛されることに譲歩するとき、彼女は彼の幻想の内に取り込まれることになる。男性の幻想とのこの癒着部分にあるのが「手紙＝子ども」である。

　マドレーヌにとって「手紙」は、「あなたはわたしの妻である」という自身の存在証明となる。こうして「存在しない」という不安定なポジションは保留され、そのときまさに彼女は「母として」実在することになると言えよう[59]。だからこそマドレーヌにおいて手紙は大切な所有物であった。この意味で、女性の側から男性の宇宙を支えるΦへと向かう矢印（La→Φ）は、男性の幻想構築との隠微な共犯関係を示していると言える。

　しかしこの捻れた平衡状態は続かない。彼女は手紙を焼いてしまう。「手紙＝子ども」を破壊するということは、ジッド自身の「分身（redoublement）」を遺棄すると同時に、彼女にとってのジッドに愛されているところの自分自身の存在証明を放棄することを意味する。このとき何が生じるのだろうか。

マドレーヌ、あるいはメデア

　わたしたちは「手紙（文字）＝子ども」をaに位置づけた。先の表のなかでは、aはS(A̸)のちょうど真下に書かれているが、ラカンはこのふたつにしばしば混同が生じることを指摘している[60]。この混同によって、S(A̸)つまり女性の享楽への途は封じられている。しかしマドレーヌが、愛の手紙が文学作品の断片でしかないことに気づき、「子どもというこのaという栓」[61]をS(A̸)から引き剥がすとき、それまで不在にしていたところの「〈他者〉の享楽」への途が拓かれる[62]。目の前にいる他者の幻想との癒着部分を引き裂くことは、自身の身を切断することであると同時に、それを可能にしていた〈他者〉のディスクールの外に出

64

ることでもある。このとき彼女は、言語的秩序の外部、現実界という不可能な領野へと進む。こうして存在しない〈他者〉の享楽に接近するとき、「真の女性」が現れるのである。もはや彼女は、妻ではなく、母でもなく、彼の同性愛の（逆説的）保証人でもない[163]。

　男性の側へと越境することなく女性の側だけで生じうるこの惨劇に、男性主体の理解は及ばない。それどころか、ファルスが支える普遍性の宇宙のなかでまどろむ男たちにとって、この破壊的行為は脅威でしかないだろう[164]。ラカンは、マドレーヌの行為を見抜けないジッドの様子を記述したすぐ後に「（…）哀れなイアソンは、メデアに気づかない！」[165]という一文を、前文に反響させるかのように挿入している。この幾分唐突な記述が示唆するのは、マドレーヌとジッドの間に取り交わされた「手紙」が焼かれたこと、メデアとイアソンの間に生まれた「子ども」が殺されたこと、このふたつの出来事の相同性である。

メデア、真の女性の行為

　メデアに戻ろう。彼女はこれまで殺人を反復してきた。まずイアソンに恋焦がれて、家族と祖国を捨てイアソンとともにコルキスを逃亡する際、父王の追っ手が遺体収集に手間どるように、自分の弟を八つ裂きにし、その肉片をまき散らした（第一の殺人）。また、イアソンの母国イオルコスに着いてからも、王の座をなかなか譲らないペリアデス（イアソンの叔父）を、その娘たちを騙し煮えたぎる鍋のなかに放り込ませた（第二の殺人）。これによって、イアソンは王になるのだが、それも束の間、王殺しの罪で彼らはコリントスに亡命する。見知らぬ地で、それでもメデアはイアソンとともに平穏な十年を過ごした。

　しかし殺人は終わらない。イアソンの裏切りにあい、怒れるメデアは、毒を仕込んだ贈物によってイアソンの新妻（クレオンの娘）を殺害し、同時に娘の亡骸を介してクレオンをも殺してしまう（第三の殺人）。そしてメデアの物語においては最後の殺人となる、子殺しがある。最初の3つの殺人は、何らかの政治的な動機を想定できるのに対し、わたしたちが注目する最後の子殺しには、そうした類の理由をみつけることができない。たしかに殺人は反復されているが、最後の子殺しには、明らかに先の3つとは区別される断絶がある。これがわたしたちの抱いた

65

謎であった。しかし今や次のように言うことができるだろう。

　この不可解な殺人が意味するのは、マドレーヌの手紙とおなじく、幻想の癒着部分の切断である。ここでメデアは、欠如を穴埋めするものとしての子どもを所有する欲望、そしてこれまでのファルスレヴェルにおけるあらゆる欲望を最もラディカルなやり方で破壊したと言える。幻想を引き裂く行為のなかで、これまでの欠如を補うような所有というあり方「$La→Φ$」から、欠如そのものに同一化する途「$La→S(\slashed{A})$」を行うとき、メデアは真の女となったのだ。

　実際、この行為によってメデアは存在を窒息させるほどの苦悩から解放される。もはやメデアはみせかけでしかないファルスを追い求めることはない。今やわたしたちはこう結論することができる。メデアの行為は、あらゆる可能な同一化（「王の娘」「英雄の妻」「息子の母」であること）が失敗した後、名を欠いた主体が、狂気の淵において駆り立てられる最後の同一化であったのだ。まさに「ほかに途はない」、その限界点において。

象徴的自殺行為

　こうした単独＝特異な女性の行為の性質を、イタリアの鬼才パゾリーニは、映画『メデア』（1969）において、厳密に描きだしている。物語のクライマックス、つまり子殺しのシーンでは、おおよそこの世とは思えない不気味な辺境が広がる。轟々と吹き荒れる風で、カメラの焦点は定まらない。薄暗い荒野、耳障りなほどのノイズのなか、20世紀最高のソプラノ歌手マリア・カラス演じるメデアはただ黙々と作業する。ふたりの息子の亡骸を木に吊すのである。今や彼女は人を惹きつけるもの＝声をまったく備えてはいない。それどころかその表情のなかに、怒り、恐怖、そして同情あるいは後悔の跡を微塵も伺うことができず、観ている者はメデアへのいかなる同一化も挫かれてしまう。月並みの映画であれば同一化の焦点となるべきところが、まったくのゼロ地点になっているのである。このゼロ地点を通過するとは、一切の想像的・象徴的束縛を放棄し現実から撤退すること、つまり象徴的自殺行為である。

　イアソンがメデアを捨てた（他動詞abandonner）のは、イデオロギーの象徴である王の娘を娶るという計算のもとでなされている。しかし女の放棄は、その結果自

分自身を遺棄（再帰動詞s'abandonner）してしまう徹底的な破壊である。このゼロ地点において、行為は起こったが、行動はまだ起こってはいない[166]。しかしこの破壊の瞬間こそ、最も解放された（abandonné）時間であると言える。

　行為は純粋な断絶であり、実際に現実の象徴空間をどのように変化させていくのか予測することはできない。行為のなかで主体は消失する。そこにアファニシスを含んでいるため、行為を完遂するというような言い方はそもそも正確ではないのかもしれない。その後の変化、効果について想定することはできない断絶としての行為、これはラカンがセミネールXV「精神分析的行為」（1967-1968、未刊）で展開した精神分析における行為と同じ位相にある。医療行為と対比して、精神分析的行為は効果とは無縁である、なぜなら効果は事後的に得られるものだからだ[167]。つまり精神分析的行為は、まさにそれ自体が失錯行為（acte manqué）であるとも言える。その行為は全面的破壊、新たな行為のための場所を開くための撤退であり、ある意味では自殺行為である。

第4節　燃やされた手紙、アンドレ・ジッドの同性愛

　わたしたちはここまで、メデアの子殺しとマドレーヌの手紙を燃やす行為の相同性を、男性的ポジション、女性的ポジション、およびそれぞれの享楽のモードと関連させつつ描き出した[168]。しかし当然、メデアとマドレーヌの相同性があるとすれば、イアソンとジッドの間のそれについても少しは触れておく必要があるかもしれない。たしかにある構造的レヴェルにおいて、ラカンとともに、ふたりの男の間に相同性はあると簡潔に答えられるかもしれない。しかしここでは改めて、妻マドレーヌの側からではなく、ジッドの側から例の事件を眺め直してみたい。もちろんこの作業はマドレーヌの行為の射程を別の角度から描くことにもなる。この場合ジッドの同性愛の問題も避けることはできない。

手紙＝文学

　ジッドがマドレーヌの行為を知るのは、1918年11月21日のことである。当時書きつつあった作品のために昔の記録を探そうと、手紙を入れた引き出しの鍵を

求めたジッドに、マドレーヌは自分の行為を告白する。するとジッドは「私の最上のものが」失われたと嘆き、1週間泣き続けた。一方マドレーヌはそんなジッドを慰めるどころか、彼から目を逸らしたまま日々の仕事を続けた。

このときのことをジッドはこう綴っている。

> 私が泣けば泣くほど、私たちはお互いに見知らぬ者同士になっていった。私はそのことをつらい気持ちとともに感じていた。やがて私は、失われた手紙のことよりも、むしろ私たちのこと、彼女のこと、私たちの愛のことを泣いていた。愛が終わってしまったことを私は感じていた。私のうちのすべてが崩れ落ちていった、過去、現在、そして私たちの未来が。[69]

まず認識しておくべきことは、ジッドという作家にとって文学行為がどのような特質をもっていたかということである。19世紀末のフランスにおいて文学的な洗礼のなかで自己を形成した多くの若者たちと同様に、ジッドもまたマラルメを頂点とした象徴主義の運動に大きな影響を受けている。ただジッドの場合、詩という形式ではなく、散文による文学行為がとりわけ主題的なものとなる。徹底した自己観察、自らの心理の動きの洞察という切り口から紡ぎ出される文章が主体形成の媒体となる。そうしたジッドの文学的資質にとって、手紙というものは文学作品の制作上きわめて重要な意味をもっていた。手紙において高い文学的価値をもった文章を書くということは、フランスにおいてジッド以前にもフロベールの例があり、さらに18世紀・19世紀のフランスに作家を経てキケロをはじめとした古代ローマの作家にまで遡るヨーロッパ文学のひとつの大きな伝統でもあると言える。しかしジッドの場合、それまでの書簡文学の作家たちと大きく異なっていたのは、手紙のなかで自らが書いた文章（場合によっては自分が受けとった手紙のなかの文章）が、ほとんどそのままのかたちで小説などの虚構作品を構成する要素として使われたという点である。彼にとって、手紙は日記と同様に、自己観察を書きつける媒体であると同時に、創作のための最も有効な道具でもあった。『狭き門』等の初期の小説に、書簡が重要なファクターとして使われているのは故無きことではない。現実世界で書かれる手紙は、すでに虚構の世界で書かれる作品の

一部でもあったのである。

マドレーヌ＝アリサ

さてそうした手紙を書くジッド、あるいは自己観察するジッドの最も近い位置にいたのが、マドレーヌであった。マドレーヌは、ジッドにとっては1歳年上の母方の従姉にあたる。ふたりは幼い頃からの知り合いであり、多くの時間を共有しながら共に成長していった。ジッドの伝記作者たちは、そうした若きジッドにとってのマドレーヌは、ほぼ『狭き門』のアリサ・ビュコランとして描き出されていると考えている[70]。

> アリサ・ビュコランが美しかったこと、わたしはまだそれに気がついていなかった。わたしが彼女のほうへ引きつけられ、縛られていたのは、単なる美というよりも、もっとほかの魅力によってだった。もちろん彼女は、とても母親似だった。しかし彼女の眼差しは、わたしがよほどたってからやっとその似通っていることに気がついたほど、まったくちがった表情をたたえていた。(…)わたしは彼女の、すでにそのころからうれいを含んでいるようだった微笑の表情と、大きな輪を描いて、目もとからおどろくほど遠くはなれている眉毛の線とを思い出すばかりだ。(…)この眉毛は、彼女の眼差しに、また体全体に、おぼつかなげな、それでいて頼りきっているような物問いたげな表情──そうだ、熱情的な問いかけてくるといったような表情をあたえていた。彼女にあっては、すべてが問いかけの気持と、待ちもうけの気持だった……[71]

マドレーヌは、幼少期よりジッドの性の歴史に強烈な影響を与えた。「マドレーヌ」という一個人よりも彼女の「細部」が、それが属しているはずのマドレーヌ自身をもみえなくしてしまうくらいに、ジッドを引きつけてやまなかった。部分的であるからこそむしろ、それが母親の眼差し、ひいては問いとなった。この細部に宿った、触れえぬ女にジッド自身は解きがたく結ばれていた。

事実上の最初の作品と言える『アンドレ・ワルテルの手記』を、ジッドはマド

レーヌに捧げている。というよりも伝記的事実からすれば、彼はマドレーヌに求婚するためにこの作品を書いた。結婚という次元へとなかなか進み出ないマドレーヌを、この作品を書くことでそこへ連れ出し、もはや後には引けぬようにすることを願っていた。しかしこの本の出版は実際には結婚にはつながらなかった。ふたりがようやく結婚という社会的契約関係に入るのは、それからしばらく後、ふたりの間の愛は男女間のものではなく兄弟間のものだとしてふたりの結婚に反対していたジッドの母が亡くなってからである。ジッドにとって現前しうる女性はマドレーヌただひとりとなったそのときである。

> 宿命が僕を導いていた。ともすればそこには、自分の天性に挑戦しようとする僕の隠れた欲望があったかもしれない。なぜかというに、エンマニュエル［マドレーヌのこと］のうちに僕が愛したのは、美徳それ自身ではなかったか？ 僕の貪欲な地獄が娶ろうとしたのは、天国だったのだ。（［ ］内は引用者）[172]

同性愛の「地獄」に溺れかかるジッドは、マドレーヌの「天国」に救いを求めた。それは同時に自身の天性すなわち自らの同性愛傾向への挑戦であった。なぜなら、もちろんマドレーヌは純愛と憧憬の対象であったが、同時にジッドの苦しみの根源にも位置していたからだ。アリサさながらに信仰の人であるマドレーヌにとって、同性愛は端的に許されざる悪であった[173]。ジッド自身は青年時代からすでに自らの同性愛的傾向を認識していたが、カトリックとプロテスタントというふたつの異なった宗教的傾向の家系を引き継ぐことですでに宗教的感情の内部で引き裂かれていた彼にとって、結婚はさらに彼の内面を複雑に引き裂くことになる。マドレーヌと結ばれることで、ジッドは精神的葛藤が静まることを期待したが、期待とは裏腹にそうした性向はむしろさらに高まった。

燃やされた手紙 (Lettres brûlées)

ジッドがはじめての同性愛「体験」をもつのは、マドレーヌによる結婚の拒絶（1891年）と母の死≒マドレーヌとの結婚（いずれも1895年）の間に位置する1893年

のチュニジア・アルジェリア旅行の際であった。この体験は『一粒の麦もし死なずば』第二部において十分すぎるほど詳細に書かれているが、まさにこの本の執筆のために手紙を参照しようとしたとき、ジッドはそれがすでに焼却されていたことを知ることになる。

手紙が焼却された1918年前後は、ヨーロッパ全体が第一次世界大戦というかつてない衝撃のなかにあったが、ジッド自身の人生もまた大きな変化と対面していた時期であった。文学者としての彼は、すでに『背徳者』『狭き門』などの著者として名を馳せ、また権威ある『新フランス評論（NRF）』の中枢にいる作家として安定した地位を得ていた。ところが彼個人の内での葛藤はまさにその頂点を迎えようとしていた。福音書の再読による神への接近と改宗への疑惑が大きく彼の内面を引き裂いていた一方、自らの悪癖であり本性である同性愛を社会的に隠蔽することについての不満とそれを暴露することへの不安と緊張の極限状態にあったのだ。そしてそんなとき、悪癖の側の友人であるゲオン医師との遊興がついにはマドレーヌの知るところになる。

彼がマルク・アレグレという美しい少年と出会うのは、このような緊張感に満ちた1916年のことである[74]。この少年との出会い、この少年にほどこす「教育」によってジッドは、生の歓びとも言えるようなものを取り戻す。ジッド研究家クロード・マルタンはそれをこのように書いている——「はじめてジッドは精神と官能との分離を免れる。彼は完全なかたちで愛する。あるいは少なくとも、彼の場合に愛欲のとる特殊なかたちが初めて魂の情熱が向かうのと同じ対象に向かう」[75]。

1917年のスイス滞在に続き、1918年6月ジッドはこのマルク少年を連れ立ってイギリスに旅立ち、4か月の蜜の時間を過ごす。旅立つ際、ジッドはマドレーヌに、こう言い残している。「君のそばでは僕は腐っていた」と。これに対してマドレーヌはこう書いている。

行きなさい。あなたは自由です。鳥かごに扉はありません。あなたは閉じ込められてはいない（tu n'es pas retenu）のです。[76]

マドレーヌがジッドからの手紙を焼却するのは、この4か月の間である。ここで「何かをするために（pour faire quelque chose）」手紙を焼いたというマドレーヌの言葉の意味深さは真に解されねばならない。それまでジッドを引き留めていた（retenir）、つまり裏面として同性愛を保たせていた（retenir）唯一の糸こそ、マドレーヌその人、事件以前には決して何も行為しなかった女、だったからである。これを契機にしてか、ジッドは自身の同性愛を自分の本性として引き受け、世間の目をはばからず赤裸々にその体験を綴ることになる。つまり、マドレーヌの行為は、一方でジッドの側に自身のなかにある分裂したものを本性として自己に組み込みこむ契機ともなったのである。ラカンは女は男の「症状」であるといったが[177]、同性愛をカモフラージュするマドレーヌの存在は、まさにジッドにとってひとつの症状であった。だからこそ男（ジッド）が同性愛を引き受けるとき、つまり象徴的アイデンティティをはっきりとさせるとき、症状としての女（マドレーヌ）は消え去っていく。

第2章のおわりに
　晩年のフロイトは「終わりある分析と終わりのない分析」（1937）のなかで、分析治療がぶつかる困難を治療がもうそれ以上先に進まない「頑として揺るがない岩盤」と表現した[178]。去勢に由来するこの障害は、男性における「去勢不安」、女性における「ペニス羨望」にあたる。すでにみてきた表に照らせば、それぞれのコンプレックスは、ファルスに極性化された「$S \rightarrow a$」および「$La \rightarrow \Phi$」に対応する。では、女性の側にもうひとつ残る矢印「$La \rightarrow S(A)$」、メデアを取り上げる際にわたしたちがとりわけ注目した女性の享楽、すなわち真の女性の行為は何を示唆しているのだろうか。そこに解かれえない主体の苦しみとしての去勢とはまた別の、治療の出口をみることはできないだろうか。だからこそ、女性を問うことは、精神分析の限界としてのエディプスの本質を問うことであり、ラカンはこの作業のなかで享楽という概念を深化させた。とはいえこのことは、言語の問題が問われる必要がなくなったということを少しも意味しない。限界づけていくものとしての言語はいつもこの作業にはりついており、議論の俎上から外れることはない。女性においては去勢が不完全であり、それゆえ女性はより真理に近い、

とラカンが考えるとき、注意しなければならないことは、この真理はファルスに保証されるようないわゆる括弧つきの「真理」とは別であるということだ。去勢の圏外に余剰な空を抱える女性は、去勢の効果を挫き、むしろファルスに依存しない「空」を開示するのである。みてきたように「すべてではない」女性は、自らを示す印をもたない。自らの礎を欠いているというある種の否定性をもって、女性は真理の可能性を開示する。このとき女性が親和性をもちうるとラカンが想定している真理とは、ファルスの意味作用の次元ではなく、まさに存在の次元における真理なのである。

　臨床においては「何かが欠けている」といった漠とした訴えに出会うことがある。それが、自分に欠けた対象に関わるのではなく、欠如そのものを指すとき、わたしたちは存在の次元にまで戻らなければならない。なぜならここで問題となっている欠如とは、存在の欠如に他ならないからだ。所有は根本的な存在の欠如を埋めるどころか、欺瞞を増幅させてしまうのみである。「ほどよい母親」というウィニコットの概念をそのまま治療関係に応用するセラピストは、クライエントの欠如を前にして「十分満たしてやればよい」というアプローチをとるかもしれない。しかし、その欠如が存在の深淵に起因する欠如であるとしたら、「十分に満たされる」ということは永遠に望めない。この構造を見抜かぬまま、欠如を訴えるクライエントの要求に「満たす」というかたちで応えようとするセラピストは、いずれセラピスト自身のほうが枯渇してしまうだろう。そうした貪欲の凄まじさを見抜いたのは、妄想分裂態勢を発見したメラニー・クラインである。クライン派の臨床的プロセスの重要なポイントのひとつは、外部からの脅かしと思われていたものが、実はクライエント自身の貪欲さが投射されたものであることへの気づきである。それは妄想分裂態勢から抑鬱態勢への移行と言い換えることができる。なるほど妄想分裂態勢の生々しさを捉える感性においてクラインは天才だが、最後に抑鬱の出口として「感謝」で閉じる部分には、キリスト教的な予定調和の色合いが否めず、無意識という個人の個別的な部分に対する視点が最後の最後で削がれていると言わざるをえないだろう。もし欠如を前に、「所有する」「満たす」という以外の途があるとすれば、それは欠如そのものへ向かうことである。このとき逆説的にも、欠如は欠如でなくなる。もちろん急いで注をつけてお

けば、これは全き存在者になるということではまったくない。穴はネガティヴなかたちでしか存在しない。そして所有者でも存在者でもないこのポジションを、ラカンは「真の女」の行為として示したのではないだろうか。

ラカンにおいて分析の終わりは、60年代には「幻想の横断」というかたちで提示されていた。しかし晩年になると「症状」という概念の再考から、これとは別の可能性として「症状への同一化」が提案される[179]。象徴界から現実界への強調のシフト、言い換えれば、すべてを統べるようにみえる〈他者〉が実は構造的な不完全さを抱えた穴の空いた〈他者〉であったという点への強調の移動が、前期ラカンから後期ラカンのなかに認められるとすれば、その強調をさらに推し進めたかたちで提出されたのが「症状への同一化」という概念である。分析の終わりが「同一化」というのは、奇妙に聞こえるかもしれない。しかしここで言う同一化とは、自我心理学においてみられるような、分析家への同一化とは明確に区別される。分析家が理想として崇められ、同一化の対象となるような過程は、もはや分析とは言えない。また症状に同一化すると言っても、それは、もともとあった自身を苦しめる症状をそのまま受け入れる、「現実をありのまま受け入れる」というようなある種の諦念に基づくようなアプローチとも厳密に区別される。そこには、メデアやマドレーヌの行為を通してみてきたように、むしろひとつの切断がある。

また普段わたしたちが臨床で出会う症状とはしばしば複数である（また分析過程のなかで必然的に生じてくる転移による症状がそれに合わされば、その数は無限に増幅しうる）にもかかわらず、「症状への同一化」という概念のなかで言われている症状は単数形である。つまりそれは、諸々の症状ではなく、分析を終える主体がその出口において獲得する唯一のものである。そうした症状はもはや解読されうるものではない。それは浮遊する世界を新たにつなぎとめ、主体の崩壊を食い止める語ることの不可能な補填である。欠如の欺瞞的補充とは厳密に完全に区別されるこの補填は、去勢に対するその個人特有の答えとも言えるだろう。

存在しない女性が、幻想空間から離脱し、存在しない〈他者〉の空虚に対峙する「真の女性の行為」の瞬間は、新たな主体化の時間であると同時に脱-主体化の時間でもある。なぜなら症状のなかで自らを「私は私の症状である」と認識す

る主体とは、もはや欠如の主体ではなく享楽の主体であるからだ。これとは反対に、ラカンによれば「心理学は、S（$\cancel{A}$）とaとの分離の未遂」[†80]であって、それに基づく実践は「現実はこんなもの、結局は幻想にすぎない」という結論に至る。ここが精神分析と心理学が区別される点である。精神分析はそうしたシニシズムに浸ることはなく、そうした現実よりもより現実的な〈現実〉のほうへと向かう。たしかにそれは狂気に接するような途でもある[†81]、しかし享楽は沈黙を守らない。「何かをしなければならなかった」というマドレーヌの言葉にあるように、存在の崩壊の手前で、女は何かに駆り立てられるかのごとく行為へと移行する。そして精神分析は、主体が症状の享楽に開かれる場を提供しうるものだ。〈他者〉の庇護のもとにない、狂気めいた享楽、だからこそラカンはこうした女性の享楽を「最も孤独な＝特異な（singulière）享楽」と呼んだのではないだろうか[†82]。

第3章　行動の条件としての行為

> La poésie ne rhythmera plus l'action; elle *sera en avant*.
> 「詞はアクションを韻律化して詠うものではなく、
> 　　　　　　　　先駆けるものとなるでしょう」
>
> Arthur Rimbaud

第1節　ハムレットの劇中劇

　世界中で演じられることを、そして論じられることをやめないシェイクスピアの『ハムレット』[†1]。精神分析の分野に限ってもハムレットについての論考は枚挙にいとまがない。本章では、こうした大きな流れを総ざらいしたうえでハムレットの物語全体を論じるという大業に乗り出すようなことはしない。まずは、物語の中でも主人公ハムレットが仕掛ける劇中劇の場面に焦点を絞ってみていく。逆説的に聞こえるかもしれないが、舞台のなかの舞台という「虚構性」が極度に高められたこの場面こそ、真の行為をめぐるわたしたちの考察にうってつけの素材と言えるのだ。

　では、件の場面までの物語の流れをおおまかにおさらいしておこう。第一幕、今や亡霊の姿となった父（先王）が息子ハムレットの前に現れる。自らの死の真相について語り聞かせるのである。

亡霊：
聞いてくれ、ハムレット。父の死因につき言いふらされし故意の流言、デンマーク中がそれに騙され、誰ひとりうたがうものもない。庭で午後の夢を楽

しみおりしそのとき、毒蛇に嚙まれて死んだと。そのとおり、そして父を嚙み殺した毒蛇が、現在、頭に王冠をいだいておるわ。

ハムレット：
う、思ったとおりか！　やはりあの叔父が！

(第一幕5場)

亡き父は、不慮の事故ではなく、実の弟クローディアスの陰謀によりその命を奪われたのであった。そして今や、誇り高い王の座も、そしてかつては忠誠を誓った妻も、このクローディアスが我が物顔に享受しているというわけである。ここからエリザベス朝の流儀にふさわしく、佯狂ハムレットの復讐劇がはじまる。とはいえ、あの亡霊の正体は本当に死んだ父なのだろうか、悪魔による幻覚だという疑いは拭いされない。

ハムレット：
もっと確かな証拠がほしい――それには芝居こそもってこいだ。きっとあいつの本性をえぐりだしてみせるぞ。

(第二幕2場)

そこで亡霊の語りの真を問うための試金石として選ばれるのが「劇」（劇中劇）である。こうして『ハムレット』劇のなかにもうひとつの劇、劇中劇が構成される。ハムレットは現王クローディアスらを招き、折よく城を訪れた旅役者たちを使って、亡霊が語る件の事件を摸した「暗殺劇」を上演することを思いつく。早速ハムレット自らが台本に筆を入れ、役者の台詞回しを細かに指導する。

ハムレット：
要するに、せりふにうごきを合わせ、うごきに即してせりふを言う、ただそれだけのことだが、そのさい心すべきは、自然の節度を超えぬということ。何事につけ、誇張は劇の本質に反するからな。もともと、いや、今日でも変わりはないが、劇というものは、いわば、自然に向かって鏡をかかげ、善は

善なるままに、悪は悪なるままに、その真の姿を抉りだし、時代の様相を浮かびあがらせる……

(第三幕第2場)

　こうしてハムレットが念入りに台詞を吹き込んだ役者たちによる暗殺劇の幕が上がる。まず芝居本編の前には「黙劇」が演じられる。これはエリザベス朝初期における演劇上演の際の慣行であり、芝居の筋を（台詞を用いずに）身振りでみせるもので、いわば芝居のダイジェスト版にあたるものである。もちろん、これは先王殺しのダイジェストでもある。

黙劇
王と妃が睦まじくはいってくる。たがいに相抱く。妃は跪いて、王に向かい、変わらぬ愛を誓う。王は妃を抱き起こし、その首に頭をもたせかけ、そのあとで花咲く堤に身を横たえる。妃は王の眠ったのをみて、その場を去る。間もなく、別の男が現れ、王の頭より王冠をとり、それに接吻し、王の耳に毒液を流しこんで去る。妃が戻ってくる。王が死んでいるのを発見し、激しく悶える。ふたたび毒害者が三、四人の従者を連れて現れ、妃を慰める。そのあいだに、死骸は片付けられる。毒害者は贈物を手に妃を口説く。妃はしばらくこれを拒む。が、ついに男の愛を受け入れる。幕。

(第三幕2場)

　さて劇中劇に注目する論者の多くが指摘していることだが、奇妙なことに、王を毒殺する劇中の登場人物ルシアーナスは「王の弟」ではなく「王の甥」である。つまり殺人者ルシアーナスは、実際の殺人犯たる「王の弟＝クローディアス」の位置にはない。そうではなく、王の甥、つまり現在のハムレットの位置にある。ここから、事件の有り様を劇という鏡にありのままに映し出そうというハムレットの意図が、はじめから決定的に逸脱してしまっていることが分かる。さらにもうひとつ不可解な逸脱がある。そもそも劇中劇の目的は、殺人劇をみせつけることによって、何食わぬ顔で王の座に鎮座するクローディアスを困惑に陥れ、その

化けの皮を剝ぐことであった。しかし劇中劇が展開していくにつれ、先に興奮状態に陥るのは、クローディアスではなく、なんとあらかじめ筋を知っているはずのハムレットのほうなのである。王クローディアスは、黙劇では何の反応も示さず、同じことが芝居で繰り返されてはじめて、顔面蒼白で劇半ばに席を立つ。

たしかに、劇を催すという行為そのものは、復讐のための確実な証拠を得ようとするハムレットの欲望の論理に従うものであったとしても、そこにはそうした論理を超える「何か」が作用しているようだ。劇中劇の舞台のなかで、あるいは舞台の外で、何が生じていたのだろうか。

この問いを出発点として、わたしたちは行為の問題に分け入る。手順としては、まず、ラカンの鏡像段階論を下敷きとして〈身体〉とわたしの原初の関係を確認した後、この関係が軸となって旋回することになる他者との抗争の内実を〈身体〉の側から考察する。これによって、身体イマージュをめぐる「闘争劇」が同時に〈身体〉からの「逃走劇」であることが明らかになるだろう。議論を肉づけしていくために、フロイトの若い同性愛者の一事例を参照しつつ、終わりのない闘争＝逃走劇から脱出するためのひとつの可能性として、〈身体〉の側への落下を取り上げる。この作業は同時に、これまで明確に区別されてこなかったラカンの「行動化」と「行為への移行」というふたつの概念を分節化する作業ともなるだろう。

身体の側から

「わたしはこの身体を所有している」——この表現には、ある種のぎこちなさがつきまとう。もちろん気づいたときには、わたしはすでにこの身体で存在している。この身体があってはじめてそうした気づきは生じたのだから、まずは身体があったと考えるのがおそらくは正しい。とはいえ厄介なのは、この気づきよりも先に身体が所有されてしまっている、ということである。意識の側からすれば、未だ所有していないものをすでに所有してしまっている、むしろ所有させられている、と言ってよいかもしれない。このように、わたしの意志選択によらない原初の〈身体〉の所有は、所有という言葉が通常含みうるはずの能動性を著しく欠いている。それでも「わたしがこの身体を所有している」とあえて言いきろうとするならば、おそらくそれは、原初の能動性なき所有、所有以前の所有をうち棄

てた後にやってくる2番目の所有になってしまうことだろう。しかしこの2番目の所有、この再所有こそが意識にとっては最初の所有である。厳密な意味での1番目の所有がアポリアであり、所有としては成り立っていない以上、この所有はいわば「所有なき再所有」と言える。

　このように身体とわたしの関係には、所有という言葉できれいに割りきることのできない暗い部分があるようだ。気づきという精神の働きのひとつ手前で生じたであろう、わたしと身体とのはじめての出会いは、もちろんこのわたしにどこまでも関わっていると同時に、そこからわたしが完全に排除されてしまっているような、そんな出来事である。意識の光が届かぬこの暗点は、わたしの生にどのような影を落とすことになるのだろうか。

　みてきたように、わたしと身体とのあいだを、所有という言葉で切り結ぶことは自明ではない。とはいえ実際の日常生活においては、身体は所有され、そして利用される。たとえば今もこの手を道具的に使用し、頁を繰ることで、わたしは能動的に何らかの作業を進めることができる。身体の所有は、通常は意識されないほどに、あるいはむしろ意識されない限りにおいて、自明なものとみなされている。何らかの行為が可能になるためには、身体がまず所有されていなければならない。では、この時所有されている身体とは、どのようなものだろう。

　ラカンは、自身の理論的出発点とも言える鏡像段階論[12]のなかで、この問いにすでにひとつの解を提示している。生まれたばかりの乳児は、その神経系の未熟さゆえに、いわば「寸断された身体」の地獄を生きている。それは、自己固有の場として環境世界を構成できないという環界との絶対的な不調和のなか、断片化する欲動（ラカンにとって欲動はすべて部分欲動である）の絶え間ない喧嘩のなかに為す術もなく放り込まれたような不安定極まりない状態である。クラインに言わせれば、こうした幼児の身体とはまさに不完全でバラバラな部分の寄せ集めにすぎない。部分へと寸断される身体の不安に怯える幼児が、まとまりをもった全体としての自己を摑むのは、ひとえに鏡の作用によるとラカンは説明する。幼児は神経系の統合を先どるかたちで、鏡のなかに形式的ゲシュタルトという自己の全体像を一挙に獲得する。時期にして6か月から18か月に起こる基本事項としてのこの鏡像の獲得は、幼児の発達心理学や動物の認知を扱う分野において、ひさしく

注目されてきたところのものである。

　とはいえ鏡像段階で先どり的に獲得されるのは、厳密に言えば、身体そのものではなく、身体イマージュである。イマージュである限りは、それを映し出してくれるわたしならざるもの、すなわち〈他者〉の場が必要となる。わたしはこの〈他者〉が差し出す身体イマージュを受けとることによって、遅ればせながらこの身体を所有していると認識することができる。こうして身体との把握不可能な暗い原初的関係にヴェールがかけられ、身体との明るい関係が築かれることになる。そうした出来事は、わたしにとって歓びの体験であったにちがいない。寄る辺なく遠い身体がわたしへと差し出され、圧倒的な近さで迎えられたのである。

　しかしそれだけではない。この出来事は歓喜と同時にあるひとつの緊張関係を呼び醒ますことになる。ラカンの鏡像段階論が他の理論と明確に区別されるのはここからである。与えうるものは、奪われうる。ひとたび〈他者〉が差し出す身体イマージュに手を伸ばしたところから、そうした〈他者〉なくしては、この身体すら奪われかねない危うい状態に自らを置くことにもなるのだ。こうして〈他者〉のなかに自らの反映を求め続ける、実に切迫した欲望が萌芽する。身体イマージュをめぐって他者との命がけの闘争がはじまるのは、それを失えば、再びもとの〈身体〉との暗い関係に落とし込まれてしまうからだ。そこでわたしは、もはや行為のエージェントの位置に留まることはできない。だからこそ他の誰でもなくこのわたしこそが、そのイマージュを獲得しなければならない。こうしてわたしの振る舞いは、それがどれほど穏やかな外観を呈していたとしても、攻撃性の色彩に染めあげられていく。

　このようにわたしは、時にわたしを掠めとってしまうような〈他者〉をそれでも必要としてしまう、構築的かつ劇的な苦悩のなかを生きている。〈他者〉の承認を得るためには、わたしはこの身体を病むことさえ辞さない。とはいえ〈他者〉のなかに自身の反映を見出したところで、それはもとのわたしではないのだから、厳密な意味での自己の回復とはならない。それならばいっそ、「我か汝か」の闘争が繰り広げられる平面を超えたところで、もうひとつ別の緊張関係に立ち返ることもできるのではないか。それは、2番目の所有（実はそれは〈身体〉の所有ではなく、身体イマージュの獲得にすぎないのだが）から、1番目の所有へと、つまり主体も

対象も不在であるような次元へと立ち戻ることと言えるだろう。そうしたわたしの歴史の零度への遡及の道はあまりに暗く危険な道かもしれない。またそれは新たなものの到来や生産をあらかじめ約束してくれるものでもないだろう。それでもわたしは人生のいずれかの局面で、この道を行くことを引き受けざるをえないのではないだろうか。光を可能にした闇のほうへ。

行為の側から:逃げる身体、堕ちる身体

　先にみてきたように、わたしたちは身体イメージをめぐって他者たちとの終わりなき闘争の舞台に放り込まれている。それは、気づいたときすでに幕が上がってしまっている「〈他者〉の舞台」である。では〈他者〉の舞台が登場するより以前の、はじめにあった世界はどんなものだろう。〈他者〉の舞台は、はじめの〈身体〉のとりこぼしが軸となって浮上したのだから、舞台が現れる前の世界とは、未だ所有されざる〈身体〉がうごめくような領野と言えるだろう。ラカンはそうした世界を「〈現実的なもの〉がひしめく場」[13]であると言う。つまり、わたしたちは皆、この生きるにたえない野生の世界から抜け出し、言語という象徴の糸で紡がれた舞台へと知らぬ間にあげられている役者というわけだ。わたしたちが素朴に世界として認識されているところのものは、実はもはや世界そのものではなく、この舞台の延長なのである。端的に世界はもうそこにない。この世界の無を覆い隠すように据えつけられた「舞台で自らを示すこと」こそ、ラカンが「行動化（acting out）」として定義しているものである[14]。

　「世界」と呼ばれる舞台の上で示される行為はすべて、そこがすでに〈他者〉の場であることによって、〈他者〉に向けられた行為となる。それゆえ、どれほど隠微な行為であっても、常に〈他者〉という宛先に回付され、結果的には「示す」行為となる。何らかの欠如が問題となるときでさえ、その欠如が舞台の上にのせられている限り、真の欠如とはならない。舞台の上で「欠いている」ということは、「無い」はずの欠如をみせびらかす行為となり、逆説的にも「あるはずの何か」を創出してしまうからだ。それは「無」を〈他者〉に与えることで、逆に「有」を承認させてしまうような行為となりうる。そうした触れ込みに身をやつす限りにおいて、わたしは原初の暗い〈現実〉から逃れることができる。〈他者〉と

第3章　行動の条件としての行為

の闘争が時にどれだけ辛いものであったとしても、終わりをみないのは、それによって不問にされている〈現実〉のほうがわたしにとっていっそう耐えがたいものであるからだ。その意味で、舞台の上での「闘争」は、原初のおぞましい〈現実〉からの「逃走」でもあったのだ。行為の側からみれば、それは身体イマージュをめぐる「闘争」であり、〈身体〉の側からみれば、それは〈もの〉の次元に想定しうるバラバラの身体からの「逃走」である。

　しかし舞台が、時に夢の世界にまで続くとしたら、この逃走劇にはほとんど終わりがない。誰もが経験的に知るように、何かに追いかけられ水平方向に逃げ続ける夢は、いつ醒めるのかと思わせるほどに長い。それは、わたしを捕まえてくれる〈他者〉をどこかで期待しながら、しかし必死で逃げ続けるという巧妙な「追いかけっこ」だからである。逃げる者にとって何より恐ろしいのは、追われることよりもむしろこのゲームが終わってしまうことのほうなのだ。

　とはいえわたしは、この闘争＝逃走の舞台に決して安住し続けているわけではない。では、わたしが舞台の上に留まれなくなったとき、何が起こるのだろうか。わたしは舞台に留まるための何かを〈他者〉のなかに必死に読みとろうとするだろう。しかしそこにみつけるのは欠如のみである。〈他者〉は、その時もはやわたしをみる者でも、闘争に加わる者でもない。ここでの〈他者〉は、わたしの欲望を見失っており、わたしの欲望について何ひとつ知らないのである。この時わたしに唯一可能なのは、〈他者〉が見失っている対象に同一化することだけである。この「対象」は、端的に「欠如」であって、対象という言葉に通常期待されるような性質を一切備えていない。それはこれまで一度も「舞台にのらなかった対象」である。ここにはラカンの言う対象aが常にはらむ両義性がある。対象aは、決して鏡像をもたない。それは、わたしを映し出すはずの鏡に欠けた一点、現前するはずのない穴である。〈他者〉のなかにとりこまれたわたしと、決して完全ではない〈他者〉との間で生じる、この知られざる残余、「欠如」の穴に身を投げること、つまり「舞台から堕ちること」こそ、ラカンが「行為への移行（passage à l'acte）」と定義しているものである[45]。

　舞台の外によろめいていくこと（行為への移行）は、舞台にのらなかったもの、すなわち闘争＝逃走の弁証法自体を可能にしていた原初の〈身体〉への回帰でもあ

83

る。わたしの歴史が紡がれる舞台の外において、つまりわたしの歴史が失神するその瞬間に、舞台があらかじめ排除してきた〈身体〉の側への到達が実現化される。実現といえども、〈他者〉の舞台から堕ちることは象徴界からの逸脱であり、意味作用としては失敗している。舞台で自らを示すこと（行動化）が常に〈他者〉に宛てられた行為であるのに対し、舞台から堕ちること（行為への移行）は、誰に宛てられた行為でもない。それは身体のイマージュの向こう側、つまり原初の〈身体〉への接近である。

　行為の前提であった身体イマージュを欠いた、行為への移行は、その言葉の響きとは裏腹に、素朴な意味での行為が蹟く瞬間である。舞台から堕ちること、それは垂直方向に落下したとたんに消え去っていく夢の儚さにも似て、ほんのわずかな持続も許さない出来事であろう。しかしこうした瞬間こそ、わたしの生のうちで最も劇しい瞬間ではないだろうか。

終わらない行動化、復讐劇再び

　なるほど、虚構性に満ちた舞台からの脱出を声高に訴求するような行動化もありうるだろう。しかしどれほど真摯な訴えも、舞台の上で示している限りは、かえって舞台の秩序を補完してしまう行為となる。もし本当の意味で舞台からの脱出を狙うなら、「舞台の上から舞台の外へ」逃げようとしても無駄である。真に舞台の「外」に出るためには、むしろ舞台の「内」へと突き進んでいかねばならない。このときはじめて、表面上は逆方向に向かうふたつのベクトルが奇妙な接続をみせるのである。ところで「舞台の内へ内へ」と向かう者を、わたしたちはすでに知っている。劇中劇の場面におけるハムレットである。

　劇中劇という虚構の舞台の上で、すべてを明らかにしたいと望むハムレットは、それを実行するまさにその過程において、逆説的にも舞台の限界を超えてしまう。劇中劇の人物に台詞を吹き込んでいたハムレットの同じ息が、不意に舞台の枠組みまでも吹き飛ばしてしまうのである。つまりハムレットは、ルシアーナスという自らの「似姿を舞台にのせる」[16]（これはラカンにおける行動化の定義でもある！）のだが、そうして上演された劇のなかの象徴的構造に組み込まれていない欠如の穴に出逢ってしまう。虚構の舞台の外側に隠された真理への通路があるの

ではない。むしろ真理は、舞台のなかの舞台、虚構性をとことんまで突き詰めたその先にぱっくりとその口を開けていたのだ。

　時に欲望は、限界であると同時にそれ以上還元不可能な縁において、わたしをそうした手に負えない領域へと投げ出すのだ。劇中劇が展開するにつれて、ルシアーナスに成り代わったハムレットは、劇中劇という舞台の上で自らを示す（行動化）うちに、逆説的にも舞台の外へと放り出される（行為への移行）。この点においてこそ、行動化と行為への移行が奇妙な接続をみせる。

　劇中劇という舞台のなかの舞台へ進んだハムレットが舞台からの逸脱へと導かれるのは、そもそも彼自身がこの幻想劇の書かれざる部分に、生の根拠を置いていたからである。このときハムレットがそれまでのような演技をやめ、「この先は沈黙」というあの台詞とともに『ハムレット』劇が閉じられていたならば、わたしたちはハムレットを行為への移行の側に位置づけることもできただろう。それは父の復讐劇ではなく、佯狂ハムレットへの哀悼劇となったかもしれない。しかしハムレットに遅れて王位簒奪者たるクローディアスが困惑に襲われると、ハムレットは舞台に再び復帰する。『ハムレット』は終わらない。たしかにハムレットはひとつの扉から舞台を降りたのだが、しかしまた別の扉から再び舞台に戻ってしまうのだ。欠如の穴は、遅れて動揺をみせた現王の蒼白色に塗り固められる。こうして燃えつく先を見出した欲望によって復讐劇は再開する。舞台に復帰したハムレットは、あくまで行動化の主体なのである。身体はここで、所有という志向性の擦り切れることのない横糸に再び巻き込まれる（この志向性においてこそ、主体の歴史は縫い合わされるのではあるが）。

　周知の通り、この後もさまざまな要素を絡ませながら進行していく物語のなかで、肝心のハムレットによる復讐は先送りされるばかりである。ハムレットは、舞台の上で亡霊の言葉から逃げ続ける。とはいえ決して逃げきれるというわけもなく、亡霊（revenant）は繰り返し到来する（re-venir）。ハムレットに執拗に憑きまとう身体をもたないこの亡霊の正体を、ここまで重ねてきた考察によって、わたしたちは今やこう結論していいだろう。それは、所有し損なわれた原初の〈身体〉、つまりハムレット彼自身なのである。

　「世界」にあるはずの原初の〈身体〉が、時に亡霊というかたちをとって〈他

者〉の舞台を徘徊するのは、その〈身体〉が排除されてはいるが、否定されておらず、その意味で、死んでいるわけでもなく、むしろ不死であるからだ。冒頭に挙げた謎は次のように答えることで、解消するのではないだろうか。つまり、ハムレットが現王に宛てて、そして同時に先王に宛てて仕組んだ劇中劇、それはカフカの掟の門のように、ハムレットただひとりのためだけのものだったのである。欲望のなかに潜む欲望を超える何か、それは表象のヴェールが覆わない、はじめの身体の〈現実〉へと向かうことではないだろうか。

　たしかに、舞台の上から降りること（行為への移行）は、象徴界からの逸脱であり、意味作用としては失敗している。しかしそれは一方で、どこまでも続く逃走＝闘争劇の舞台から降りる可能性を宿している。この可能性の条件が虚構性である。行為への移行の前夜にあるハムレットにもう一度注目しよう。ハムレットは舞台に自らの姿をあげながら、その劇に注釈をつけていた。まさにこれと同じようなことが、精神分析のセッションでも生じることがある。クライエントは、いわば透明のスクリーンに夢や幻想、過去の出来事を回想しながら語る。しかしそのような作業を続けるなかで、そこには映らない部分、表象のヴェールによって覆われない穴が、時に出現する。欠如は本来イマージュをもたないのだ。なめらかな映像が突然に途切れる瞬間は、クライエントの語りが途切れる最大の困惑のときである。語りの限界において、この排除された対象、欠如でしかない対象に自らを差し出すとき、舞台からの飛び降り＝行為への移行が生じる。たしかに、行為への移行は悲劇的な結末をむかえる危険性をはらんでいる。しかし舞台というものがそもそもひとつの残余を残しており、ある意味でその残余が舞台のあり方を構成していることに気づくとき、「舞台の額縁」＝「幻想の窓」を飛び越え、「主体を創設するものとして行為への移行」[17]への道が開かれうる。時に精神分析の実践では、根本的に歴史化された主体が、その主体の身分において維持される舞台の場から飛び出し舞台の外によろめいていくような息をのむ瞬間がやってくる。わたしの歴史が失神するこの「外－歴史的（extra-historique）」[18]瞬間こそ、行為への移行の時間である[19]。所与の状態においてすべてが崩壊していたとすれば、行為への移行が開く地平は、あまりに暗すぎると言える。たとえそれが誰ひとりその後を追うことのできない深い闇であろうとも、その向こう側で、主体が更新

された者としての現前を再びみつけ出すような「啓蒙された行為への移行」[†10]が現れることに、分析家は賭けている。行動化が、あくまで誰かに宛てられた行為であり、臨床の現場において解釈を必要とするのに対し、行為への移行のほうは、意味作用としては失敗しており、誰に宛てられたものでもない。しかしこの読まれない行為の残滓がうち捨てられる屑籠には名前があって、それは分析家と呼ばれている。

第2節　行動化と行為への移行：
　　　　フロイトの「女性同性愛の一事例」再考

「行為への移行 (passage à l'acte)」と「行動化 (acting out)」という語は、特に区別されないで用いられることもあるが、ラカン自身は随所でこのふたつを厳密に区別すると言いきっており[†11]、セミネールの初期から後期に至るまでこの立場は変わっていない。とはいえ、そもそも「行為への移行」という概念自体は、ラカン独自のものではなく、精神医学の分野で自殺や倒錯的行為、犯罪などの衝動的行為を言うのに、かねてより用いられていた。しかしラカンは、この概念に独特の分節化を施しており、それは特にフロイトの「女性同性愛の一事例の心的成因について」[†12]を行動化と行為への移行の両側面から読み解く1963年の1月23日の不安のセミネールに詳しい。フロイトは数少ない女性同性愛の心的成立史を描くことをその論文の眼目としているが、ここではその事例をこれまでみてきた行動化と行為への移行という補助線を引きながら、ラカンとともに再検討してみたい。まずは症例をみておく。

　ウィーンの良家の、18歳の美しく聡明な娘が、父親によってフロイトのもとに連れてこられた。この娘は10歳ほど歳の離れた婦人（高級娼婦と思われる）を崇拝しており、愛する婦人と一緒にいるためなら、何時間も婦人を待ち伏せするほどであった。年頃の娘らしいことには一切興味を示さず、この婦人への関心が彼女の生活のすべてを占めていた。しかし娘の態度には対立するふたつの側面があった。一方で彼女は行き来の激しい通りであろうと、愛人と一緒にいるところを目撃されることになんの躊躇も示さず、他方で愛人との逢瀬を可能にするために

は、いかなる口実も嘘もはばからなかった。

　ある日、事件は起こる。娘と件の婦人が一緒にいたところに、偶然にも父親が通りかかる。この直後、娘は囲いを越え、電車の線路跡に身を投げたのである。幸いにも怪我は大事には至らないが、それは疑いなく本気で試みられた自殺未遂であった。

　しかし怪我から回復すると、事態は彼女にとって好都合なものとなっていた。両親はそれまでのように彼女の同性愛に対し断固たる反対の態度をとることができなくなっていたし、件の婦人もそれまでのつれない態度から、より好意的に彼女に接するようになった。娘は、両親をごまかすためになら治療にも通うが、婦人への愛を失ったわけではないとフロイトに明言していた。

同性愛女性の行為への移行とフロイトの行動化

　フロイトの記述によれば、弟の誕生以前は彼女に際だった問題はみられなかった。13、14歳の頃は、両親の友人夫婦の幼い男の子の世話を熱心にしていた。彼女はこの「想像的な子ども」の所有に夢中であった。しかし彼女が15歳になった頃、父が、彼女とではなく、母と子どもをもうけたことから、事態は大きく変化する。自分を愛するべきこの男（父）の不義を境にして、このとき彼女は持ち場を変更したのである。父から絶対的に寵愛される対象のポジション（父－娘は、想像的子どもまでもつカップルを形成していた）を失った彼女は、今度はこの父の愛の不実をその身をもって証明する役割を引き受けんとする。

　父をめぐってライヴァル関係にあったはずの母親は、娘にとって重要人物であるにもかかわらず、セッションのなかではあまり語られていない。フロイトによれば、父親の一人娘への態度は、娘の母親（彼の妻）への気兼ねに配慮するきらいがあった。母親の態度はいまだ若々しい女性であり、男性に気に入られたいという思いをあきらめたくないようであった。そして娘の心酔状態にも父親ほどには関心を示していなかったという。娘を同性愛へと向かわせる引力は、母娘関係、そこにはまり込めばたちまち荒廃（ravage）へと至るこの女同士のライヴァル関係を回避する斥力によってもさらに強化されることになる。

　娘は昼夜を問わず婦人にその愛のすべてを捧げる。その態度は中世の騎士にも

比すものであった。ただし彼女の愛の忠誠は、婦人にだけではなく、同時に父親にも宛てられていた。秘密裏に、しかし同時に父の目にもふれるように仕組まれた逢瀬に注目しなければならない。お目当ての女性との秘密の逢引の場所は、決まって父の職場のすぐ側であった。「いいですか、お父さん。女を愛するとはこういうことです、よくご覧ください」とでも言わんばかりの父へのみせつけの愛が、娘の忠誠を構築している。彼女は明らかに父に攻撃的・挑発的であっただけではなく、「自分が父を欺いている」ということを父に示そうとしていた。このように演出されたみせびらかし的なアヴァンチュールは、「行動化」とみなすことができる。

彼女はつれない婦人の態度にひるむことなく、宮廷愛よろしく、献身的に愛を捧げることをやめない。むしろこうした態度を期待できるからこそ、この婦人が選ばれたということは十分に考えられる。高級娼婦とは古代ギリシアからいつもそうした存在であった。あるいはこの婦人に、美しき無関心を装う母、母というよりも先に女である人物が影を落としていたのかもしれない。

そしてとうとう娘が婦人とふたりでいるところに、父と出くわすという「偶然」の事件が生じる。この瞬間こそ、娘の隠微な欲望（「父の愛の不甲斐なさをみせつける」）を満たす絶好のチャンスであったはずだ。しかし父はというと、特に取り乱す様子もない。娘に「一瞥」を投げかけると、黙ってそのまま立ち去っていく。動揺はむしろ、娘のほうを襲う。娘は自分でこしらえた行動化の舞台（婦人とのみせびらかし的な逢瀬）において、まったく予期せぬ緊張状態へ陥るのである。恋愛劇のクライマックスは、まったく恋愛的でないところに潜んでいる。一瞥を食らったこのとき、彼女はもはや誰かに何かを示すというアクションをとり続けることができない。行動化の主体のポーズをとる猶予はもはや一寸もなく、彼女は線路跡に身を投げてしまう。彼女自身もどうしてその行為に至ったか、分からない。この身投げは、舞台から降りること、すなわち「行為への移行」とみることができる。

自身の恋愛劇を父の目にさらすことは、そもそも彼女の望むところであったはずだ。しかし、なぜその瞬間に、舞台からの落下、行為への移行が生じたのか。彼女の子ども時代を振り返ってみよう。この少女の欲望の問い（何を望むの?）は常

に父に向かって発せられていた。子どもを世話するのに夢中であった少女は、父のあたたかな（つまりは欲望を帯びた、そして自らを欲せられたものと感じさせてくれる）眼差しが照らしだす世界の内で欲望の対象を見出していた。もちろんその対象は、ときどきに変化（移動）する。父の眼差しの庇護のもと、正確に言えば私の欲望の問いに答えてくれるような父の眼差しのもと、彼女の欲望はその行き着く先を見出していた。こうした父の眼差しこそ、彼女の欲望が繰り広げられる舞台の要、そして彼女自身の支えであったはずだ。しかし今彼女が浴びせられた父の一瞥は、彼女に何の答えも与えない。それどころか、存在をほとんど危うくさせる。このように見慣れたはずの同じものが、突然これまでとは異なる仕方で知覚されている。この特別な知覚については、晩年のドゥルーズによる行為についての考察が参考になる。

　ドゥルーズは、『シネマ2＊時間イメージ』[†13]で、行為から主体性を再定義しようとした。ここで主体は、大きくふたつに分けて提示されている。まずドゥルーズの言う「第一の主体性」とは、知覚から行動への移行ないし延長としての主体である。言い換えればこれは、知覚と行動の隔たりを埋める主体性である。このとき知覚から移行すべき行動はあらかじめ決まっている。なぜなら物事を既存の知覚体系にそって再認するにすぎないからだ。したがって、この主体性がもたらすのは決まりきった延長にすぎない。延長の仕方が決まっているため、この第一の主体性においては、何ら新しいものはもたらされない。わたしたちは、この第一の主体のなかに、舞台の秩序を保持する行動化の主体をみることができる。

　これとは対照的に、既存の知覚体系を破壊するような知覚との出会いが、第二の主体性をもたらす。行為への移行にある主体はこちらの第二の主体と比較することができる。主体はここでシーニュ（signe）の暴力的な衝撃を受ける。積極的意志によっては、こうした出会いは訪れない。それは常に「偶然の出会い」の対象である。第一の主体性からすれば、こうしたシーニュとの出会いは至福の世界から見放された災難であり、端的に事件である。さらにドゥルーズはこうした第二の主体性を、「物質につけ加わる主体性（s'ajoute à la matière）」[†14]と説明する。客体に付け加わるのではない。第二の主体性は、わたしたちが主体を論じる際のデフォルトとも言える「主体／客体」という図式をもはや備えていない。曰く、世界と

いう物質の要請に合致するように主体性が発動するのである。この認識は、わたしたちがこの章のはじめに展開してきた、主／客の「舞台」という軸と、それとはまったく別の物がうごめく「世界」という軸と対比して考えることができる。もちろん第二の主体性で問題になっているのは、行動化の「舞台」のほうではなく、ものが闊歩する「世界」のほうである。つまりドゥルーズの言うシーニュは、この「世界」のほうから現れる。

　症例に戻ろう。父の裏切りを受けながらも婦人と逢瀬を重ねる娘は、それ以前とはまったく異なる態度に出ているにしても、いまだ父の欲望の関数として行為している限りにおいて、第一の主体性に基づいている。こうした知覚の延長としての行動を挫く「シーニュ」との出会いは、父が婦人に寄り添う娘に一瞥を与えたあの瞬間に訪れる。ここで彼女が出会っているのは、自分の行動をスポットライトで照らし出すような「父の眼」ではない。たしかにそれまでの彼女にとって父の眼差しは、特別な対象の位置に置かれていた。それは意味をピン留めしてくれる表象世界（舞台）の要であった。そもそも表象世界の要とは、抽象的な概念であり身体をもたないものだ。この中身ゼロの空位に、具体的な身体を与える者としての置かれていたのが父であった[15]。空位に具体的な身体が座することで、表象世界は一定の秩序をもって主体に語りかけることになる。しかし表象世界の固定点であるはずの位から、この具体的な身体が撤退したとき、表象世界はこれまでとまったく異なる仕方で、物質性を剥き出しにして主体に触れてくることになる。それは、舞台を外側から可能にしていたはずのもの（これは現実的なものの次元であった）の、予期せぬ回帰とも言える。これに応答するように、ドゥルーズの言葉を借りれば「つけ加わる」ように、彼女は突然飛び降りる。この身投げは、舞台から降りることすなわち「行為への移行」である。

　ラカンがさらに注目するのは、「行為への移行」とされる娘の身投げ（laisser tomber, niederkommen）に反応するようなかたちで、今度はフロイトがこの娘の治療から早々に身を引いてしまった（laisser tomber）ということである。フロイトはこの娘の治療を女性の同僚に委任することになる。ラカンはこのフロイトの放棄（laisser tomber）を、行為への移行の相関物であると指摘している[16]。フロイト自身は、この治療の中断に関して、他人（この事例の場合は父親）によって連れてこられ

る際の事例の困難や、さらにそもそも彼女（の同性愛）は病ではないことなどを長々と説明しているが、何よりもまず、治療場面において今や父の座にいたフロイトが幻滅に対して警戒していたことは明白である。幻滅に警戒することは、すでにゲームのなかに入っていたことを示している。娘は女性的な欲望の萌芽を思わせる夢を報告したが、フロイトはこの夢を、彼を喜ばせるための虚偽の夢だと解釈する。フロイトは逆転移に身を置き、あまりに性急に解釈しすぎることでこの娘の欲望に、つまり騙そうという欲望に身体を与えてしまう。分析家のほうが事態に象徴的資格を与えてしまったのだ。ここに読みとることができるのは、フロイトの症状である。

　分析の内外を問わず、行為への移行が撹乱分子であり続けたのは、行為が現実的なものというきわめて不安定な次元と関わっているからに他ならない。もちろん不安定な要素は、安定した指示記号に転化されねばならない。しかし早々に分析家が意味を与えることで、そうした不安定要素を除去するようなやり方は、分析と呼ぶことはできないだろう。なぜならそこにおいてクライエントは「分析主体（analysant）」になることができないからだ。

第3節　行為の時間、事件の時間性

　わたしたちはここまで、行為への移行（passage à l'acte）を「舞台から降りる」と定義し、それを主に「空間的」な表象のなかで捉えてきた。繰り返せば、それは絶え間なきシニフィアン連鎖の舞台のなかに（しかもその真ん中、虚構のなかの虚構のなかに）突如現れた穴＝不完全性への志向性なき投棄であり、表象の主体としての足場を失うという意味で、行為ならぬ行為として定義されていたのであった。また身体との関連で、行動化を、身体像をめぐる闘争劇＝原初的な身体からの逃走と定義したうえで、行為への移行を、そうした闘争＝逃走劇の舞台から降りること、つまり、原初的身体の回帰としても捉えたのであった。この時間的捻れ、すなわち時間というきわめて壮大なテーマについては、ここまで随所で触れながらも十分に考察できていなかった。ここでは、行為への移行の「時間的」な表象のなかで捉えてみたい。描き出すべきは、主体の「外－歴史的」時間であり、いう

なれば〈事件〉の時間性である。

　あらゆる現在は、体験されなかった過去を含んでいる。それどころか、現在は、体験されないままのものでもあり、トラウマ的性格ないしは過剰な近さのために、あらゆる経験において作用しないままに留まるものであるとも言える。過去の経験が今を形づけるという素朴な言説とはまったく逆に、体験されたものだけでなく、むしろとりわけ体験されなかったものこそ、現在にその連続性と根拠を保証する。体験されなかったものに再接近し、ある意味で主体にとって本当にはまだ起こっていない出来事に立ち戻ることが、ここまでみてきた行為への移行である。この行為の析出の瞬間、その歴史から抜け落ちていく行為の時間性をわたしたちは問うていく。

　十分予測されるように、この問いは幾分複雑な時間性に触れようとしている。わたしたちは行為への移行を舞台から降りることとすでに確認してきたが、たとえばこの「降りる」という行為は、その行為が完了した際には、すでに主体の変容が起きている種類の動詞、すなわち時間性を意味の本質のなかに含み込んだ動詞によって表現される行為である。フランス語はこの事実を明確に文法体系に反映させており、「tomber（落ちる、こける）」という動詞は複合過去において存在を示す動詞「être」を助動詞としてとる。落ちたとき、つまり落ちるという行為が完了したとき、わたしたちはすでにこの場にはいない、どこかへまさに落ちてしまっているという「別の状態」へと移行しているからである。

　以下、ドゥルーズとアガンベンというふたりの思想家を導き手として、行為への移行と時間の問題を探求してみたい。主体の内的な構築要素として時間性を捉えることは、現象学のなかでさまざまに追求されたことであるが、時間性を主体が世界と関わる〈場〉として捉える可能性を示唆してくれるのは、このふたりの思想家であるように思われるからである。

ストア派-ドゥルーズ

　ドゥルーズの重要作のひとつ『意味の論理学』は、ある意味で出来事についての著作と言ってもいいぐらいに、この概念は著作のさまざまな箇所で言及され、さらにさまざまな概念的基盤を提供している。第一セリーにおいて、ルイス・

キャロルとプラトンという意表を突いた対立関係を提示した後、第二セリーでドゥルーズは本格的に著作の主題へと導く（ドゥルーズは必ずしもセリーを番号順に読むようには指定していないが）。すなわち重い充実した中身によって支えられた実体という存在、あるいはより正確に言うならば、存在の真実についての見解が、必ずしも存在についての唯一の見方ではないということである。そしてドゥルーズがここでまず参照するのが、古代ギリシアから古代ローマへと引き継がれたストア派の哲学、とりわけその〈非物体的なもの〉という概念である。

ドゥルーズは、エミール・ブレイエに従いながら、ストア派の思考をこうまとめていく。「メスが肉を切るとき、前者の物体は、後者の物体での上で、新しい特性を生産するのではなく、新しい属性を、切り分けられることという属性を生産するのである。」[17] そして属性は、存在者ではなく、存在の様式であり、「存在者の本性を変えるわけではない」と言われる。「ストア派は、物体の厚みに対して、草原の霧（霧も物体であるからには、霧以下のもの）のように、表面だけで上演される非物体的な出来事を対立させる」[18] のである。ストア派によれば、〈非物体的なもの〉の種類はそう多くはない。時間・空間・空虚・表現されるもの（レクトン）の4つだけであり、出来事が発生するのは、この最後のレクトンと呼ばれる次元、すなわち言葉によって表現されるものの次元においてである。ドゥルーズはこの次元を「表面の効果」という言葉と結びつける。

> あらゆる物体は、別の物体との関係では別の物体に対する原因であるが、何の原因なのか。（…）別の本性のものの原因である。効果は、物体ではなく、正確に言うなら「非物体的」なものである。効果は、物理的形質・特性ではなく、論理的ないし弁証論的な属性である。効果は、事物や事物の状態ではなく、出来事である。[19]

こうしていったん事物の重みから解き放たれると、哲学の伝統を支配してきたさまざまな思考の枠組みが瓦解していく。イデアとシミュラクル、魂と身体（魂もまた物体とされる）などの対立関係の根拠が消失していく。とりわけ因果関係すなわち原因と結果に対してストア派の思考によって加えられる衝撃は大きい。なぜ

なら物体的なものは物体的なものに影響を与えることはできるが、非物体的なものに影響を与えることはできないからであり、またその逆も真だからである。ドゥルーズはこのことをこう言い当てる。

> ストア派が行っている操作は、因果関係にまったく新しい割れ目を入れることである。ストア派は、因果関係の成因を分割し、各成因の側で統一性を作り直してしまう。[†20]

　運命とは物体が物体に及ぼす影響であるとするなら、非物体的なものの次元は、たとえそれに従属していようが、それとは〈無関係〉なのである。ドゥルーズ自身は「自由は、二つの相補的な仕方で救い出される」と言うが、むしろ自由ということ自体が、何の現実的意味もないことになってしまうのではないだろうか。ストア派の思考からすれば、わたしたちは運命から解き放たれるのではなく、むしろ「自由の束縛から逃れる」のである。ブレイエが、メスによって肉が切られるという例を挙げていることに注目しよう。なるほどメスは物体としての肉に影響を及ぼし、そこに変化を生じさせるが、肉が「切られた肉」になることに対しては、メスは原因なのではありえない。効果の次元、レクトンの次元においては、能動も受動もなく、肉はある意味で自ら「切られた肉」になるのである。「木が緑になる」のと同じように。

　「ストア派的」であるという意味の「ストイック」という言葉は、通俗的な意味において、「苦難に耐える」というような意味をもつ。たとえば、ナチスの拷問に耐えた飛行士がストイックであったと言われるのは、そうした意味においてである。しかし、ヨーロッパの長い歴史のなかで、ストア派に関わる言葉が被ったこうした意味の層は、ストア派の思考の哲学的な意味とまったく無関係なわけではない。肉を切られて平気でいることが美徳であるのかどうかは問わないとして、たしかにストア派の思考を真に体得した人間ならば、自らの肉が切られ、血が流れ出すことさえ、そしてそこに凄まじい痛みが伴っていることさえ、一方ではそこに「非物体的な出来事」が生じているにすぎないとみることができるはずなのである。ドゥルーズがスピノザとともにストア派を評価するとき、そこに行動の

次元、エチカの次元が常に考えあわされていることを忘れてはならない。では、出来事は時間性とどのように関わるのだろうか。

出来事としての「行為への移行」

　素朴な解説にしたがって、クロノスとアイオーンというふたつの時間性を、過去から現在そして未来へと流れる時間と一瞬のうちに生起する充実した現在というように理解するならば、まったくもってそのふたつの時間性に対してドゥルーズが込めた意味を理解しないことになる。両者の対立は、先にわたしたちがストア派についてみた物体と非物体的なものとの対立に沿っているのである。「クロノスの現在は、何らかの仕方で物体的である」[21]が、一方「アイオーンは、非物体的な出来事の場所であり、形質と区別される属性の場所である」[22]。

　クロノスもまた時間である限り本来は非物体的であるはずであるが、なぜ物体的であると言われるのか。それは、クロノス的時間は「原因と質量としてクロノスを満たす物体と切り離せない」からである。しかもクロノス的時間はその秩序を逃れる（あるいはそこから排斥される）ことによって、常に深層の狂気としてその秩序を脅かす物体を必然的に作り出してしまっている。しかしアイオーンは、そうしたクロノスにおける現在の秩序と深層の狂気の循環運動とは、無関係である。

> アイオーンによると、過去と未来だけが、時間において存立し存続する。過去と未来を吸収する現在に代わって、未来と過去が、各瞬間に現在を分割し、過去と未来へ、一回で二つの方向に、現在を無限に下位分割する。[23]

　出来事が表現されたものにおける変化として生起するときの時間がアイオーンであるならば、出来事は現在という時間の内部を充溢させるべきものとして現れるのではない。物体の因果関係は、原因から結果へと一方向にしか成立しないし、また時間の流れも物体においては原因から結果へと一方向にしか流れない。ところが、出来事の時間は常に過去と未来へと開かれている。あたかも流れさえもないかのように。「アイオーンは常にすでに過ぎ去り永遠に未だ来たるべきもので

あり、時間の永遠真理である。」[124] スピノザの永遠に新しい出来事、自明性を覆し切断する出来事もまた、永遠の現在であるとすれば、それがアイオーンの時間において生起すると考える理由は十分にあるだろう。

　行為への移行は、舞台から降り、時間的に前後するとされる原因と結果の連結からいったん離れる行為でもある。第三者は言うだろう、そのようなことが現実に可能なのか、人はいつまでも何らかの要素を過去から引き連れ、何らかの不安を未来へと投影しているのではないだろうか、と。しかし出来事の次元へ入ってみよう。時間は流れず、過去も未来もともにまっすぐに伸びる無限の直線である。未来はすでにあり、過去はこれからやってくる。そこに立ち現れているのは、（クロノス的）時間なきひとつの世界である。行為への移行が成立するとき、わたしたちはおそらくはそんな世界に、たとえ一瞬であったとしても、すでに足を踏み入れているのである。

アガンベンの例外状態

　ジョルジョ・アガンベンは、ドゥルーズ、フーコー、デリダといったフランスの偉大な思想家がこの世を去った後、彼らの問題系を引き継ぎながら、彼らに比肩できる深みと拡がりをもった思考を展開している注目すべき思想家のひとりである。また一方で彼の思想は、フランスのどの思想家にもない固有の問題系をもっている。たとえば、フーコーによる生政治という概念は、例外状態というシュミット、ベンヤミンから引き継いだ概念に接続され、またデリダのアーカイヴは、証人という概念へと結びつけられる。古代ローマの土地の上にあるイタリアの思想家らしく、アガンベンは常にヨーロッパ文化やキリスト教の起点へと立ち戻りながら思考する。イタリア性とユダヤ性の独特の出会いが彼の思想に、きわめて特異かつ正統的な様相を与えていると言えるだろう。

　そうしたアガンベンが昨今、最も持続的に取り組んでいるのが、〈ホモ・サケル〉という概念をめぐる一連の著作である。〈ホモ・サケル〉とは、古代ローマに存在した人間のカテゴリーのひとつである。具体的には、その者を殺害しても罪を問われることはなく、また一方でその者を生け贄に捧げることが禁止されている者と定義できる。こうした人間の範疇から、アガンベンは思考を紡ぐ。

> 我々がここで前にしているのは、古代ローマの社会秩序の限界概念だと考えざるをえない。限界概念である以上、神の法や人間の法の内部ではこれに満足のいく説明を与えることは困難である。(…) この聖化は、聖と俗の区別や宗教的なものと法的なものの区別に先行する地帯に場を占める、原初的な政治的構造に光を当てることを可能にするものなのではないか、と問うてみようと思う。[†25]

アガンベンにとっての問題は、国家や法や宗教の外にあって、まさにその外にあるということによって、それらの制度を根源において成り立たせているものである。

〈例外状態〉という概念もまた、彼にとってこの意味において重要な価値をもつ。「法に特有の『効力』とは、外部性との関係を自分で維持する」ということ、言い換えれば、規則は「例外との関係を保つことによってはじめて、規則として自らを構成する」ということにアガンベンは注目する。とはいえ、アガンベンがそうした関心をもつのは、法学者としてでも、歴史学者としてでもない。シュミットをはじめとする例外状態についての考察が、両大戦間に進行した民主主義体制の変容と、やがて来たるナチス政権下における非常事態即通常状態という事態とに随伴して行われたということ、これがアガンベンにとっては避けがたい問いとなる。

> 現代の全体主義は例外状態をつうじて、政治的反対派のみならず、なんらかの理由によって政治システムに統合不可能であることが明らかとなったさまざまなカテゴリーの市民全体の物理的除去をも可能にするような、合法的内戦を確立しようとしたものと定義することができる。[†26]

例外状態は例外であることによってアガンベンにとって問題なのではない。例外状態は、歴史のある瞬間に規則となり、通常状態になる可能性を秘めているのであり、またそうなった事実があるからこそ、それを思考することが必須なのである。いかにして現代の思想家は、20世紀に起きた戦争や大量殺人の歴史を引き

受けながら思考することができるのか。さらに言うならば、強制収容所の事実をどう受け止めつつ思考するかということがアガンベンの思想家としての根幹にある。なぜなら、まさしく収容所こそ例外状態が通常状態になったために起こった最も極限的な事件だからだ。『ホモ・サケル』『アウシュヴィッツの残りのもの』『例外状態』という著作を貫いているのは、こうしたアガンベンの確信である。では、わたしたちの当面の関心である時間性は、例外状態や収容所といった問題系とどう関わっているのだろうか。

メシア的時間、証人の時間

　『思考の潜勢力』に収められた1992年イェルサレム・ヘブライ大学での講演「メシアと主権者」のなかで、アガンベンは例外状態という概念が重要な役割を担っているベンヤミンのふたつのテクストを引用しながら、こう述べる。

> ベンヤミンはこの二つのくだりにおいて、「歴史概念について」の理論的中核をなすメシア的時間という概念と、公法の圏域に属する法的カテゴリー、この両者間の関係を打ち立てている。メシア的時間が「例外状態」や「即決法」（厳戒状態で下される判決）という形を取っている。[†27]

　ふたつのテクストとは、被抑圧者にとっては「例外状態」は規則であるという事実を指摘する「歴史概念について」の第8テーゼと「審判の日は即決法である」というカフカの言葉を想起する「歴史概念について」のための覚え書きである。後者の文章を引用しておこう。

> 「わたしはどこで人間に出会おうとも、その者に審判を下すだろう」という福音外典の言葉が、最後の審判の日に特別な光を投げかける。この文句は「審判の日は即決法である」というフランツ・カフカの断片のことを思い起こさせる。だが、ここにはさらに何かが付け加わっている。それは、この外典の言葉によれば審判の日が他の日と区別できないということである。[†28]

最後の審判の時、すなわちメシア的時間と例外状態は、同じ構造をもっていると言える。つまり、ひとつの全体（人の生と通常の社会状態）に対して外にあるもの（最後の審判と例外状態）が、その全体にとって通常状態となるという点においてだ。さらに重要なのは、もし審判というものがあるとして、それは日々いつでも起こりうるものであり、わたしたちは常に最後の審判にさらされているというのである。しかしそもそも最後の審判の時には何が起こるのか。それは単に判決が下されるということではない。『残りの時──パウロ講義』のなかでアガンベンは、「総括帰一（アナケファライオウマイ）」という概念を説明するために、メシアによる救済についての次のようなパウロの言葉を引いている。

> ［その計画というのは］時が満ちるに及んで、あらゆるものが、天にあるものも地にあるものも、救世主の元に一つにまとめられるというものなのです。[129]

過去に起こったことの総体が、メシアによる救済の計画のなかでひとつにまとめられること、それが最後の審判の意味であるというのだ。しかもその時（日）は、他の時（日）と区別できないとも言われていた。メシアによる救済という例外こそが信仰の日常を支える根拠でもあるとするならば、そこに含まれている意味はまったくもって自らの人生のすべての過去に自ら責任を負い、そのすべての時間について審判を受けるきわめて深刻な決意を日々新たにしなければならないということになる。ところが、わたしたちはアガンベンのもうひとつの著作を読むことによって、例外状態やメシア的時間と同様の構造をもつ、もうひとつの論点があることに気づく。

　先にわたしたちは、メシア的救済の時間と最後の審判の時間を同義語であるかのように扱ったが、両者は必ずしもすべての人にとって同義語であるわけではない。なぜなら最後の日に救済の対象となるのは、すべての人ではなく、神によって〈選ばれた〉人々だからである。しかしこれは、必ずしもイスラエルの民の一部のみが救済されるという意味ではない。

> 預言者たちの諸文書を注意深く読むならば、残りの者とは、むしろイスラエ

第3章　行動の条件としての行為

> ルがメシア的な選びないしは出来事との関係において引き受ける内容あるいは形姿にほかならないことが判明する。(…) 決定的瞬間においては、選ばれた民――あらゆる民――は、必然的に残りの者として、すべてではないものとして、自らを立てるのである。[†30]

残りの者となることを引き受けること。実はこの言葉は、アガンベンが証人という概念に与える定義でもある。『アウシュヴィッツの残りのもの――アルシーヴと証人』の議論は、誰が強制収容所の証人となりうるのかという問いと回教徒という言葉が指した人たちをめぐってなされている。強制収容所において非人間的な扱いを受けた末に、人間らしい表情をもはや失ってしまって鉛色の無表情な顔しかもたなくなった人々のことである。回教徒こそ証言する資格を備えた者だが、彼らは語る能力をすでに失った者である。証言という行為がもつこうしたパラドックスを解きほどきながらアガンベンが至るのは、次のような結論である。

> 残りの者の概念において、証言のアポリアはメシア到来のアポリアと一致する。イスラエルの残りの者は、民全体ではなく、その一部でもなく、全体にとっても部分にとっても、自分自身と一致することの不可能性、また相互のあいだでも一致することの不可能性をまさに意味しているように、そしてメシア到来の時は、歴史上の時でもなければ、永遠でもなく、両者を分割するへだたりであるように、アウシュヴィッツの残りの者――証人たち――は、死者でもなければ、生き残った者でもなく、沈んでしまった者でもなければ、すくい上げられた者でもなく、かれらのあいだにあって残っているものである。[†31]

すなわち、救済された人々として残るということが、時間の流れや全体と一部という局所論を超え出て、ただひとつメシア到来と共にある自らを立てる行為であるのと同じように、アウシュヴィッツから生き残るということは、時間の流れや全体と一部という局所論を超え出て、ただひとつ証言と共にある自らを立てる行為なのである。こうしてメシア的時間の構造も証人の時間の構造も、日常のひと

101

つひとつの時間に過去のすべての時間を集約させる決意の構造であることが明らかになってくる。

　先にわたしたちは、行為への移行を舞台から降りる行為であると定義し、その行為は時間の流れのなかで、原因と結果の連結から退却する行為でもあると述べた。以上のようなアガンベンにおけるメシア的時間＝証人の時間の構造の観点からすれば、この降りる行為の意味深さがはっきりとみえてくる。舞台の上で自らを名乗り、自らの真情を吐露する者は、自らが舞台の一部、劇の一部であることを引き受けてしまっている限りにおいて、舞台＝劇について証言することはできない。舞台を降りるということは、一見それまでの時間の帳消しのようにもみえるかもしれないが、メシア的時間のごとく、それまでの時間を一挙に引き受ける可能性を宿している。なるほど行為への移行には、証言という要素は表だってみえてこない。しかしアガンベンの証言がそれまでの時間を一挙に引き受けることで世界の意味そのものを覆す力をもつものであるとすれば、まさしく行為への移行は、こうした転覆の力をもっている。

第4節　ハムレット、行為へ

　第1節では、劇中劇のハムレットに焦点を絞って、行動化と行為への移行とをそれぞれ定義してきた。そこには、行為を先送りにする優男ハムレットがいたが、ここからはいよいよ最後の行為遂行の瞬間に至るハムレットの軌跡を追っていくことになる。

　ところでフロイトは『夢解釈』の第5章「夢の素材と夢の源泉」において、エディプスを慰めるイオカステの言葉（彼女はやはり知っていたのだろうか?）を引用しつつ、エディプス伝説の起源をはじめての性のうごめきによって両親への関係が損なわれるという夢のなかにみることができるのではないかと思弁している。

> 世にはこれまで、夢のなかで母親と枕を交わした人々も、たくさんございます。けれども、そうしたことを何ひとつ、気にもとめない人こそが、この世の生をいちばん安らかに、送る人だと申さねばなりませぬ。[†32]

幼児の空想がそれを中心に全方向的に迫り上がってできるようなモチーフが、近親相姦である。それが実現された夢が夢見手に残していくのは、充足感ではなく、むしろ不安である。ここでフロイトはさらに『ハムレット』を引き合いに出し、素材の扱い方に変化はあれ、『エディプス王』と『ハムレット』は禍根を一にした悲劇であると考察を進める。

　まずフロイトは、ゲーテに代表されるロマン主義的ハムレット観に遡ることのできるひとつの定説（それは今日まで続くものであるが）を棄却する。すなわち復讐の大業にはおおよそ似つかわしくないハムレット、行動力を欠いたメランコリックな文学青年という定説となったハムレット像に対して、むしろハムレットのアクティヴ（かつアグレッシヴ）な面をいくつか指摘する。そのうえでフロイトは、ハムレットは何事でもやれるが、ただひとつ父の亡霊によって課せられたことのみを成就できないという点を強調する。最終的にフロイトは、すでにエディプスの物語を知る読者にはハムレットに課せられている債務の特殊性は容易に理解できるだろうと言わんばかりに、それほど頁を割くこともなくこの物語を以下のように腑分けする。物語のなかで、父を殺し母の傍らにいるあの男（クローディアス）へのハムレットの嫌悪は、ハムレットの自身の自己非難、良心の呵責にそのまま反転する。つまりハムレットの無意識をフロイトに翻訳させればこうなる——実のところ自分も同様に、あるいはそれ以上にこの罰すべきこの罪人（クローディアス）よりも罪深いのではないだろうか！　若干の違いを求めるとすれば、『エディプス』においては子どもの欲望空想が先に挙げた夢のように明るみに出され実現されているのに対し、『ハムレット』においてはそれが抑圧されたままになっているという点である。

　こうしたエディプス－ハムレット解釈は、アクセントの置き方に多少の違いはあれ、後続する膨大な精神分析学的ハムレット論の軸となっている[†33]。たしかに、このような読みは、ハムレットの復讐の遅延、つまり行為しないハムレットを説明する。しかし行為するハムレットを説明するには何かが足りない。先の夢にみたような抑圧された欲望では、この三十路男の苦悩を説明するのは可能ではあっても十分ではない。ハムレットが苦悩するのは、そして出会わなければならないのは、それとはまた別のものだからである。それはエディプスの神話が節をつけ

てくれる以前の、むしろそれによってエディプスが要請されることになるような次元と関わっているのではないだろうか。

　さて、ラカンも特に1958年から59年にかけてのセミネールⅥにおいて、『ハムレット』に言及している[134]。もっともラカンは『ハムレット』に関してまとまったかたちで書くことは最後までなかったが、このセミネールでの注釈からだけでも、ラカンは少なくともフロイトの解釈の上澄みを掬って反復するには留まらなかったことが分かる。「欲望とその解釈」と題されたこのセミネールは、タイトルに掲げられてはいないものの、『ハムレット』についてのセミネールとして読まれるべきものであり、またこれは行為を欲望の水準で位置づけようとするわたしたちの問題意識とも符合する。以下、ラカンの注釈を吟味しつつ、ハムレットの物語の後半、すなわち行為の先延ばしから完遂へと至る道行きを追う。

母の欲望

　しばしば「復讐（行為）の遅延」と形容される『ハムレット』であるが、ハムレットには復讐とは別に、なかなか果たせないことがもうひとつある。喪である。

> ハムレット：
> 倹約だ、ホレイショー。諸事御倹約、葬式の温かい焼肉が、冷めればすぐそのまま婚礼の冷肉に役立つというわけさ。
>
> （第一幕2場）

　母は、父の喪も明けぬうちに、その弟にして今やデンマークの王、クローディアスの妻となる。喪の儀は、早急に婚姻の儀へとその衣を替え、短縮されてしまっている。こうして喪失によって開かれた裂け目は象徴化される機会を奪われる。そしてここでハムレットの心を搔き乱すのが、「母の欲望」である。父亡き今、そこには「母の欲望」というひとつの問いを改めてつきつけられたハムレットがいる。改めてというのは、この問題が、はじめに主体が立つその契機となる出来事の隠された因子でもあるからだ。

　原初の母子一体の状態においては、母親はこちらの望むものをすべて与えてく

れるかのような万能の存在とみなされている。打てば響くような、母子の渾然一体の状態においては「母の欲望」など問題にはならない。しかしこうした満たされた状態が長く続くことはない。やがてはこちらに応えてはくれない母を、つまりは欠如のある母を発見することになる。欠如があるということは、何かを必要としているということである。時に子どもは、この欠如の母を受け入れることを否認するために、自らの存在をこの欠如に差し出す（母の想像的ファルスになる）という倒錯的な手段にでることもある。「母は何を欲望するのか」という問いは、子どもの存在そのものを揺さぶるほどの強度を備えたものなのである。この答えが到底みえない、つまり底なしの問いに歯止めをかけるのが父である。手続きとしては、問いそのものを禁止するという裏技的な方法をとる。ラカンはこの禁止を「父の否（non）＝父の名（nom）」と呼んだ。それは、一方で最悪の事態を免れるために母の欲望にヴェールをかけるのであるが、同時に（来るべき）欲望の目印となる。というのも父の名は、母の欲望を消去することによって、そこで欲望の対象がいくつでもそのとっかかりを得ることができるような空間を可能にしてくれるからだ。つまり父性隠喩によって、母の欲望というあの危険な問いはかき消され、（少なくともある程度は）安定した意味世界が開かれるのだ。ラカンの父性隠喩の公式[135]を、簡略化して示すと、以下のようになる。

$$\frac{父の名}{\cancel{母の欲望}} \cdot \frac{\cancel{母の欲望}}{主体にとってのシニフィエ} \longrightarrow ファルスの意味作用$$

　父の名は、母の欲望に対する隠喩として介入する。こうして「ファルスの意味作用」が喚起される。隠喩によってかき消されたのは、母の欲望である。そうした欲望に直接さらされることは、他者の享楽に窒息しかかることに、死の欲動のなかに生きることにも等しい。ひとたびそこに留まれば、ひとりの主体として立つ契機を完全に奪われてしまうような状況であるからだ。だからこそ父の名＝禁止によって、母の欲望を支えている想像的ファルスであることをやめ（−φ）、父なる一者（Φ）に同意しなければならない。こうして世界は父の名のもとに縁どられ

ていくことになる。

　さてラカンにおいて「父の名」は、神経症の主体と精神病の主体を隔てる標識でもあった[36]。そこで幸福を感じるにせよ不幸を感じるにせよ、父の名が介入しファルスの意味作用を受ける主体が神経症の主体である。神経症の主体においては、象徴界の篩にかけられた対象が次々と主体を魅惑し、意味を産出する。一方、精神病の主体においては、通常なら父の名を媒介して得られたはずの意味作用が機能せず、世界が何の縁どりも与えられないまま、ひとつの謎あるいは無意味として立ち現れることになる。とはいえ父の名が排除された状態にある精神病者に限らず、神経症の主体においてでさえ、父性隠喩が機能不全に陥ることがありうる。そうした契機のひとつが、喪である。この言うなれば小さな精神病状態において再び、あの恐ろしい問い「母は何を欲するのか?」が回帰する。

　物語に戻ろう。ハムレットにおいてもまた、喪が問題になっていた。父の喪も明けぬうちに、母はかつての婚姻の誓いもむなしく、すぐさまクローディアスの妃となる。このクローディアスがまた、兄弟とはいえ亡き父とは大違いの人物なのである。父兄弟の肖像画を前に、ハムレットは母にこう訴える。

ハムレット:
(壁の肖像画のところへ妃をひきずって行き) これをごらんなさい。この二つの絵を、血を分け合った二人の兄弟の肖像を。この面にただよう気品——波打つ髪型はアポロンそのまま。神々の長ジュピターにも見まがう秀でた額、眼の鋭さは三軍を叱咤する軍神マルス、それにこの凛々しい立ち姿。天を摩する山頂にいま降り立つ人間の鑑、ありとあらゆる美を一身に兼ね備えた男と認めずにはおれない。母上、母上はこういう人を夫にしておいでだった——それが、さあ、こちらをごらんなさい。これが今の夫、虫のついた麦の穂同然、すこやかに伸びた兄穂を枯らしてこんな荒れ地に餌をあさるなどとは! ふむ、それでもお目があるのか? まさか恋ゆえにとは言えますまい。そのお年では、情念の焔も鎮まり、分別のまえにおとなしく席をゆずるのが当然。それを、どうして、これからこれへ? そう、感覚はおもちのはずだ。さもなければ、欲望も起こらぬはず。が、その感覚が麻痺しておいでなのだ。

気ちがいにしてもこのような間違いはしますまい。いかに狂気に憑かれた感覚にも多少のわきまえはあるはず、かほどの差が見わけられぬわけがない。一体どのような悪魔に魅入られて、こうしためくらにもひとしい所行を？　感情がなくても目があれば、目は見えずとも、感情があれば、手や目がなくても、耳があれば、いえ、何もなくとも真偽をかぎ分ける鼻さえあれば、たとえ狂っていようと、この五感のひとかけらでも残っていれば、こうしたばかなまねが出来るはずわけがないのだ。(…)

(第三幕4場)

　ハムレットには、母が「これからこれへ」、つまり誉れ高い父からうす汚い叔父を区別せず、兄から弟へと欲望の対象を移動させてしまうことが許容できない。ハムレットの口からは、母親への責めの言葉が堰を切ったように次々と溢れ出す。物語のなかのどの場面にも、これほど長台詞が続く箇所は他にない。
　しかしこの罵りの言葉を受ける母のほうはどうかというと、まったく罪の意識はないように描かれている。それどころか、父の死以降≒母の再婚以降、ハムレットがなぜそこまで興奮しているのか、劇中劇を前にしても、罵倒を浴びせられても、その訳をさっぱり解せないという様子である。ハムレットが「どす黒い欲望にまみれた母」と罵ろうが、当の母のほうは、どこまでも「無垢」である。

妃：
私が何をしたとお言いか？　母に向かってそのようなたわごとを大声でわめきたてたりして。

(第三幕4場)

妃：
私が、一体何を？　大仰な思わせぶりはたくさん。そのように大騒ぎするほどのことは何も。

(第三幕4場)

　頁をまたぐ感情に満ちたハムレットの言葉の迸りとは対照的に、母は冷静な、あ

るいは冷淡な態度である。彼女は感情を押し殺しているふうでも、無知を装っているふうでもない。このハムレットの罵りの場面だけではなく、すべての場面において言えることだが、母はまさに美しい無関心に囲われているかのようであり、その発言には、対話が成立しうるような厚みのようなものが感じられない。そのため彼女はいつも捉えどころのない人物として、非人間的に描かれている。

　こうした無関心と貪欲さ（in-différence 関わり合いのなさ＝区別のなさ）を兼ね備えた母親像は、オスカー・ワイルドの『サロメ』[137]のなかにも見出すことができる。物語のなかで、夜空にかかる青白い月に不吉さを読みとり怖れおののくエロド王を横目に、エロディア妃（サロメの母）が放つ一言は、こうした彼女の特徴をよく表している[138]。

> エロド：
> 不思議な月だな、今宵の月は。さうであろう、不思議な月ではないか？　どう見ても、狂女だな、行くさきざき男を探し求めて歩く狂った女のやうな。それも、素肌のまゝ。一糸もまとうてはをらぬ。さきほどから雲が衣をかけようとしてゐるのだが、月はそれを避けてゐる。（われから中空に素肌をさらして。）酔うた女のように雲間を縫うてよろめいて行く……きっと男を探し求めてゐるのであろう……酔うた女の足どりのやうではないか？　まるで狂女のやうではないか？
> エロディア：
> いゝえ。月は月のやう、たゞそれだけのことでございます。

ハムレットの母が劇中劇の暗喩に気づかないように、サロメの母にも物憂げな月という比喩は通じない。たしかに月は月である。しかしものが意味をもつためには、そのものからのズレが必要だ[139]。こうした広い意味での隠喩が、この母においては機能していない。「共感」というものとはおおよそ無縁なところに、こうした母親は描かれている。他にも『サロメ』と『ハムレット』には、物語の背景にいくつかの共通項を見出すことができる。エロド王もやはり、クローディアスと同様、兄の妻を妃にした近親婚である。さらに、妻たちの全き「イノセンス」に

対し、夫たちは常に自らの罪に怯えている。ふたりの女は、父の名が機能しない無法状態において、母の欲望の突出を強調するようなかたちで描かれているようである。

さて問題になっているのは、そうした「母の欲望」であった。しかしこれは正確に言えば、欲望という次元ではない。どういうことか。欲望は、少なくとも何らかの選別の上に成立している。しかし先のハムレットの言葉にもあるように、ここで母の欲望は、輝かしき対象（父に代表象される理想化され高揚された対象）と誹謗され軽蔑されたおぞましい対象（犯罪者にして姦通者であるクローディアス）との間で選択しないものとして現れている。母は秩序ないし命令というものに従って選択をせず、本能的貪り、貪欲さに従っている。ラカンはだからこそハムレットの母を「性器的対象が享楽の対象以外の何ものでもないもの」という。ここでいう享楽とは、まさに要求（besoin）の直接的満足である。父の名のもとにかき消されたはずの母の欲望の次元が、安定した宇宙にヒビを入れ、今再び溢れ出ようとする。だからこそ、ハムレットは母に「慎め、懺悔せよ」と訴える。

> ハムレット：
> （…）けっして、叔父上の部屋にいらしてはなりませぬ。操はなくとも、せめてあるようにおふるまいになることです。習慣という怪物は、どのような悪事にもたちまち人を無感覚にさせてしまうが、反面それは天使の役割もする。終始、良い行いをなさるようにお心がけになれば、はじめはなれぬ借着も、いつかは普段着同様、おいおい肌になれてくるものです。今宵一夜おつつみなさい。あすの夜はもっと楽になりましょう（…）（行きかけて、戻ってくる）母上、もう一言。
> 妃：
> なにをどうしろと？

しかしこの慎みへの呼びかけは、突然に踵を返す。ハムレットは母にクローディアスの寝床に行けと仕向けるのである。

ハムレット：
なんでもなさるがいい、今申し上げたことは、一切忘れて。脂肪ぶとりの王様の言いなりになりに、今宵もお床入りなさるがよろしい。頬をうつつかせ「ういやつ」とでもなんとでも言わせておけばいい。臭い口でなめまわされ、いやらしい指さきで項をくすぐられて、それで有頂天になって、何もかもぶちまけてしまえばいいのだ。(…)

(第三幕4場)

　ひとつ前の場面でもそうであった。劇中劇の後、ハムレットはクローディアスを殺す絶好の機会に出会い、「やるなら今だ」と剣を抜きながらも行為に出なかった。ハムレットの欲望はいつも途中で萎えてしまう。「慎め」という秩序を課すメッセージが亡き父親のメッセージであるとすれば、もう一方の極で糸を引くのが、母親の欲望である。父の名＝禁止とは本体、無秩序な性の貪りを制限するものであった。しかしここでは、生きているのか死んでいるのか分からない父の秩序は、もはや防波堤とはならない。父の秩序をなし崩しにするようなアナーキーな母の欲望が主体を呑み込む。現前するはずのない母、〈他者〉と言い換えられるような母の現前は、ハムレットが主体として行為することの障害となる。父の死によって生じた象徴界の穴をふさぐ喪の作業が等閑にされたままである今、ラカンが指摘するように、ハムレットの欲望は「母の欲望」なのである[†40]。
　ここで父性隠喩を裏面から、つまり父の側からではなく母の側から読むこともできるだろう。つまりファルスの意味作用を受け男性的主体が飛躍の契機を得て、弁証法的に欲望を担い生きていくことができるのは、母がその全身体に、決して止揚の契機をもつことのない徹底した無秩序を囲い込んでくれているからだと。母の欲望は、だからこそ主体の失効を内包＝隠蔽している。それが母という形象に押し込まれることによって、男性的主体は（それが欠如の印をつけられたものであっても）主体であることを自認することができる。しかしハムレットの母のように、無秩序をその内にしまっておくことをやめた「母」、無秩序そのものと化した「母」（シェイクスピアの筆は、それを「女」と描き分ける）の出現は、主体が主体として立つための守りを失うという意味でトラウマ的である。そうした「女」はもはや

オイディプスが欲望しうるような対象の審級にはない。

　ここから主体として息を吹きかえすためには、喪が必要である。それは欲望のなかの対象を摑みとるための喪でもある。フロイトが『喪とメランコリー』で示したように、近しい人の喪失は、単に外的対象の喪失に留まらない[41]。それは同一化によって内的対象の喪失、つまり親しい自己の一部を失うという喪の作業を伴う。喪失の体験は主体の喪失を反復することになるが、主体の消失が対象aを出現させたように、それは同時に欠如の主体を支える欲望の原因としての対象aの産出でもある。喪において同一化すべき対象が、欲望のなかに置かれる対象となる。

父の裏面

　喪の儀式が等閑にされたのは、はたしてハムレットが「節約だ」と揶揄したように、続けざまに行われた母の婚姻の儀式のためだけであったのか。喪が完全ではないのは、何よりもまず、父がまだ完全に死んでいないからだとは言えないだろうか。あの父＝亡霊の言葉にもう一度耳を傾けてみよう。

> 亡霊：
> 父ハムレットの亡霊。夜はあてどなく地上をさまよい、昼は地獄の業火にとりまかれ、生前この世でおかした罪の数々の焼き浄められる苦言に耐えねばならぬ定め。その恐ろしい責苦の模様は語れぬ。語れば、その一言で、お前の魂は震えおののき、若き血潮も凍りつこう。両眼は流星のように眼窩を飛びさり、その束ねた髪も猛り狂った山荒しの針毛のように一筋一筋さかだつであろう。そのはてしなき冥界の秘密を、現身の人間に伝えることは許されぬのだ。聞け、聞いてくれ！　お前が本当に父を想っているのなら──
>
> 　　　　　　　　　　　　　　　　　　　　　　　　（第一幕第5場）

　先ほど母を罵っていたハムレットは、父の肖像を前に、その高貴な容姿と完璧な人格を称えていた。しかし彼がアポロン、ジュピター、マルスの名を出しつつ讃辞を宛てた父はその実、「生前この世でおかした罪の数々」によって地獄の災禍

のただなかにある。「人間の鑑」であるはずの美しき父は、天国から息子に希望の声をかけたのではない。

亡霊：
……こうして、仮寝のひまに、実の弟の手にかかり、命ばかりか、王位も妃も、ともどもに奪い去られ、聖礼もすませず、臨終の油も塗られず、懺悔のいとまもなく、生きてある罪のさなかに身も心も汚れたまま、裁きの庭に追いやられたのだ。なんという恐ろしさ！

(第一幕第5場)

「罪のさなかに身も心も汚れたまま」死んでいった父は、今も恐怖に震えている。先に高貴な父を褒め称え、母の悪戯を非難したのだが、貪欲な母への罵りは、そのまま完璧であるはずの父の不完全さを明らかにしてしまう。なぜなら、そうした女に相応しい夫こそ、父の本当の姿ということになるからだ。

さらに亡霊＝父が最初に（そして最後にもう一度）告白するのは、悪党クローディアスがしでかした諸々の罪に関してではなく、それによってデンマークの土地を呪われたものとした、己が犯してきた数々の罪である。息子にとっては何の罪もない、どうしようもないこの父の負債がハムレットを苦しめる。このことは次のことを示唆する。ハムレットを苦しませ、行為から退却させるのは、義父クローディアスの殺害ではなく、むしろ父の死によって明らかにされている死の真実である。しかも、それは希望のない真実である。

ファルスというシニフィアン

父が殺害された今、ファルスはそこにある。クローディアスはファルスを肉化している。しかし打ちのめすべきファルスがそこにあるにもかかわらず、ハムレットは躊躇する。

ハムレット：
やるなら今だ。(…)が、これが復讐になるか。やつが祈りのうちに、心の

汚れを洗い落とし、永遠の旅路につく備えが出来ている今、やつを殺して？ そんな、ばかな。（剣を鞘におさめる）いいか、その中で、じっと身を屈して時を待つのだ、殺気の呼ぶ時を。

(第三幕3場)

ラカンは、ハムレットがファルスを打ちのめすことができないのは、たとえ目の前に現実のものとしてファルスがそこにあるとしても、それはひとつの陰にすぎないからだと指摘する[†42]。犯罪者であり簒奪者であるクローディアスに躊躇してしまうのは、ハムレットが彼を怖れているからではなく、自分が打ちのめすべきものが目の前にあるこのものではないことを知っているからだ。

　一方、ハムレットは母に対する罵りをはじめる前に、物音がするタペストリー目がけて躊躇なく刺す。

ポローニアス：
(壁掛のかげで) おお、大変だ！　誰かおらぬか、誰か、早う！
ハムレット：
(剣を抜き) おお、さては！　鼠か？　くそっ！　くたばれ。くそっ、くたばってしまえ。（壁掛のうえからぐさりと突きさす）
ポローニアス：
(崩れ倒れる音) ああ！
妃：
ああ。お前はなんということを？
ハムレット：
知りますものか。王では？（壁掛を引きポローニアスの死体を発見する）

(第三幕4場)

ハムレットがクローディアスを刺そうとしたと思われるかもしれないが、ハムレットはクローディアスが居た部屋から出てきたばかりである。ラカンは、ここでハムレットがタペストリーの裏にあると勘違いしたものこそ、ファルスである

という[†43]。ラカンはさらに、ハムレットの謎めいた告白「体は王と共にあるが、王は体と共にはいない（The body is with the king, but the king is not with the body.）」（第四幕第2場）をこう言い換える──「体はファルスと共にあるが、ファルスは体と共にはいない」[†44]。

王に代入されたのは、ファルスである。王＝ファルスは母の欠如を満たす理想的形象である。しかし、ファルスそのものに実体があるのではない。つまり王＝ファルスとは、ハムレットが言うように「取るに足らぬもの（a thing of nothing）」[†45]である。それは、正面から見すえようとするといつも捉えられず、常に影としてしか現れない。つまり目の前のファルスは、ファルスではない。

そもそも主体が言語により斜線を引かれた主体として、〈他者〉の領域に参入するとき常に欠如することになるシニフィアンをラカンはファルスと呼んだ。このシニフィアンは、主体を他のシニフィアンに結びつける機能を帯びている以上、主体は自分自身の生そのものに関わる何かを奪われていることになる。〈他者〉のなかに、私が存在していることを請け負ってくれるようなシニフィアンは何もない。〈他者〉がもちあわせていないシニフィアンはどこかに存在しているとすれば、それこそファルスである。しかし完全な犠牲を払うまでは、それに達することはできない。自分の死に際と行為の遂行の間で、両者が近づくときに訪れる。ハムレットにこのことを教えるのが、次のノルウェイ王の甥、すなわちハムレット自身の似姿である。

大義＝原因 (cause) のために

ハムレットは、ポーランドへ侵入するノルウェイ王の甥フォーティンブラスが率いる軍隊が、デンマークの土地を通過する様子を目にする。彼らの狙いはポーランド本土でも国境近くの土地でもない。何の利益もあがらないちっぽけな土地を争いに出向くのである。

ハムレット：
（…）あの兵士たちを見ろ。あの兵力、膨大な費用。それを率いる王子の水際だった若々しさ。穢れのない大望に胸をふくらませ、歯を食いしばって未知

の世界に飛びこんで行き、頼りない命を、自らの死と危険にさらす。それも卵の殻ほどのくだらぬことに……いや、立派な行為というものには、もちろんそれだけ立派な名分がなければならぬはずだが、一身の面目にかかわるとなれば、たとえ藁しべ一本のためにも、あえて武器をとって立ってこそ、真に立派といえよう。そういうおれはどうだ？ 父を殺され、母を穢され、理性も感情も堪え難い苦痛をしいられ、しかもそれをそっと眠らせてしまおうというのか？ 恥を知れ、あれが見えないのか。二万ものつわものが、幻同然の名誉のためにまるで自分のねぐらにでも急ぐかのように、墓場に向かって行進をつづけている。その、やつらの狙うちっぽけな土地は、あれだけの大軍を動かす余地もあるまい。戦死者を埋める墓地にもなるまい。ああ、今からは、どんな残忍なことも恐れぬぞ。それが出来ぬぐらいなら、どうにでもなれ！

(第四幕4場)

軍隊は、「藁しべ一本」の価値もない土地のために命を捨てる覚悟で戦に向かう。ある意味では馬鹿げたこの行為がハムレットの琴線に触れるのは、それが大義＝原因（cause）のもとに発動しているからである。とはいえ偉大な大義に感銘を受けているのではない、むしろハムレット自身はそれが取るに足りないものであることを十分に理解している。しかし、だからこそむしろ空の大義を背負って自らの墓穴に急ぐつわものの姿が、むしろハムレットに己の行くべき道を照らすことになる。

　大義に身を捧げるべく行為してはじめて、そこに欲望があったと言える。高貴な大義のために血を流すというのは、いかにも名誉な行為であるように聞こえるかもしれないが、重要なのは自分の言葉によって拘束（engagé）されていることである。ラカンはこの言葉による拘束を「贈与」と表現する[†46]。なぜならそれは無と引き替えに自分を捧げる行為であるからだ[†47]。

　自己を拘束する言葉それ自体は、意義深く、正義に満ちていなければならない、というわけではない。そうした言葉はむしろ、ハムレットの言葉を借りれば「幻同然」であり、言語の究極的な次元においては「空虚なパロール」でしかない。

それは合い言葉と同様に、内容それ自体は問題にならず、むしろ何であってもいい。重要なのは、その空虚な言葉を引き受けることであり、この言葉への自己拘束だけが、そこにおいて語る主体の位置を分節化することのできる「満ちたパロール」の場所を用意することになる。これは最初のシニフィアンS_1は後続するシニフィアンS_2に対して主体と代表象する無意味な痕跡であらねばならないのと同じである。『ハムレット』の物語の全体のなかでは間奏部にあたるようなノルウェイ王の甥の「墓場への行進」の場面の後、物語は再び喪の問題に突き当たる。

墓穴に跳びこむ

「恋人」ハムレットの変貌、そして父ポローニアスの死を受け、とうとう気がふれたオフィーリアは、川に身を投じる。しかし自害ということで然るべき埋葬は行われない。ここでもまた喪の儀式が不完全である。（思い返せば、ポローニアスの亡骸も「どさくさ紛れに片付け」られていた[148]。）この短縮された喪の儀式を嘆き、オフィーリアの墓穴に跳びこむのは、オフィーリアの兄（にしてポローニアスの息子）レイアーティーズである。そしてこのレイアーティーズのこれみよがしの喪を前に、感化され声を荒らげる人物がいる。ハムレットである。

何も知らずに「偶然」でくわした葬式が、かつての「恋人」オフィーリアのものだと知らされたハムレットは、オフィーリアの亡骸を前に、彼女の死を嘆くわけではない。驚くべきことに、彼はそこで唐突に自身のアイデンティティを表明するのである。

レイアーティーズ：
ああ、この何層倍もの禍が、あいつの頭上にふりかかるがいい。呪っても呪いきれぬ畜生！　あいつのおかげで、お前は気が狂ってしまった！　待て、もう一度この胸に抱きしめたい。（墓穴に跳びこむ）さあ、生者もろとも埋めてくれ。どんどん土を投げ込め。あのピーリオンの峰にも、雲のうえにそびえたつオリンパスの山頂にも劣らぬほど。堆高く積みあげるがいい。

ハムレット：
（姿を現し）何事だ、その仰々しい歎きようは？　その泣きごとには、空をめぐ

る星も呆れて立ち止まろう。おお、デンマークの王、ハムレットだ。(墓穴に跳びこむ)

(第五幕1場)

「墓穴に跳びこむ」というのは、象徴的である。ここで墓穴を、ひとつの喪失によって引き起こされた現実界のなかの穴とラカンは仮定する。現実界の穴＝墓穴は、まさしく欠如するシニフィアンが投影される場所を与えられることになる[149]。この欠如するシニフィアンは、〈他者〉の構造にとって本質的なものである。〈他者〉の〈他者〉はいない。この欠如によって〈他者〉はわたしに応えることができない。そしてわたしはというと、このシニフィアンに対してはその存在によってしか支払いをすることしかできないのである。まさに『ベニスの商人』にある「1ポンドの肉」が必要だ。ラカンはこうしたシニフィアンを「ファルス」と呼んだ。この墓穴＝現実界の穴に跳びこむ場面は、まさに存在の消失の再演であり、同時にそれは来るべき行為を予告するものである。

主体の消失（$\mathcal{S}$）と同時に、それを補うように誕生するaとの関係を、ラカンは幻想の公式として「$\mathcal{S} \lozenge a$」と表したが、この対称性のない補完関係において、対象aは欠如の主体を支える条件となる。存在の欠如を去勢というパースペクティヴから捉えるとき、幻想において欲望の絶対的条件である対象aがファルス的な対象となる。この対象は、一方で喪において主体がそこに同一化する対象でもある。ハムレットの欲望のドラマと喪の要請があまりにうまく符合しているのはこのためだ。

ラカンは、オフィーリア（Ophélie）を臍（omphalos）と変形しているが[150]、この場面は物語の凹んだ中心である。墓穴に跳びこんだハムレットのアイデンティティの表明（「デンマークの王、ハムレットだ」）は、「誰何」ではじまるこの物語に目が入るような瞬間と言える。それは同時にいよいよ彼が決定的な行為に移行する旗印となる。

ハムレットにおいて演じられている＝賭けられている (joué) こと

ここで『ハムレット』の最後の場面を振り返っておこう。よくみると、この場

面は先にみてきた劇中劇の場面のパロディとも言えるような構成をとっていることが分かるだろう。ただ今回の演出家はハムレットではなく、クローディアスである。王クローディアスは、ハムレットに剣の名手レイアーティーズ（ポローニアスの息子でオフィーリアの兄）との剣の腕比べをもちかける。しかしこの仕合はその実、ハムレットの命を奪おうとクローディアスによって仕組まれた罠であった。クローディアスは、ハムレットのせいで父を失ったレイアーティーズを口説き、この陰謀に加担させる。レイアーティーズの剣の切先には、毒が仕込まれる。さらに二重の仕掛けとして、ハムレットの勝利に賭けるクローディアスは、真珠を浸した杯に毒を仕込む。格下のハムレットにはいくつかのハンディがつけられ、ここに見世物としての賭け仕合の幕が上がる。

　一方、仕合前のハムレットはというと、対戦相手となるレイアーティーズを「掛け値なしに」讃えている。

> ハムレット：
> （…）しかし掛け値なしに言って、かの人物こそは、稀代の天分の持ち主、正直、あの男に似たものを探し求めるとすれば、その鏡にうつる影をおいて、他にはあるまい？　誰にもあのまねは出来ぬな。
> 　　　　　　　　　　　　　　　　　　　　　　　　　　（第五幕2場）

ここにハムレットとレイアーティーズとの鏡像関係をみることができる。つまりこの虚構の仕合＝罠は、ハムレットにとっては、自分自身の分身との決闘という構図をとっている。迎える相手は、もはやせこく薄汚い男クローディアスではなく、ハムレットが今や唯一愛することのできる人物、レイアーティーズである。ハムレットは、この罠＝鏡像関係に、仕組まれたままに、しかし一心不乱に入り込んでいくのである。「時間が関節を外されている（The time is out of joint）」（第一幕5場）、かつてハムレットはこう嘆いた。たしかに彼は「〈他者〉の時間」に沿って生きていた。しかし「自分の墓穴に」（第二幕2場）向かうこのときから「ハムレットの時間」が流れはじめる。

　闘いの最中、ハムレットは傷を受け、両者の剣が入れ違う。ラカンは、「この剣

は、ハムレットが小文字の他者（autre）からしか受け取ることのできないものである」という[51]。ラカンが対象aという言葉を最初に導入したのは、想像的平面における鏡の向こうの小文字の他者（autre）に関してであった[52]。つまり剣というこの死をもたらす道具は、表象できるものとは別の場所にある。それは鏡には映らない対象、しかし鏡を通してはじめて出会いうる対象なのである。彼は完全な肉の犠牲（シニフィアンとの関係のなかで約束した肉1ポンド）を払うまではそれに達することはできなかったのである。致命的な傷を負い、それを彼自身が知るときにはじめて、ハムレットに達する＝傷つける（atteindre）ことができる。「レイアーティーズの握る剣になりたいものだな」（第五幕2場）、奇しくもハムレットは仕合前にそう語っていた。この自分自身の似姿との決闘を超えたところに、ファルスがある。小文字の他者との出会いのなかで、この運命的なシニフィアンと同一化することになる。

　ハムレットはそこで父の復讐を果たす。しかし先に劇中劇に注目しながらみてきたように、これがハムレットのためだけの劇であるなら、復讐など「おまけ」にすぎないのかもしれない。ハムレットがクローディアスを一突きする際の台詞「それならついでにもう一度」（第五幕2場）は、大いなる復讐を果たさんとする英雄の言葉にはおおよそ似つかわしくない。ハムレットが死へと突き進む最期を、わたしたちはむしろハムレット自身の欲望の完遂として捉えることができるだろう。それは、復讐とは無縁で、きわめて異質な起源をもつもうひとつの「正義」のための行為である。その瞬間、ハムレットは死人（父の亡霊）にではなく、死そのものに出会う。

贈与の次元にある行為

　釣り合いのとれた交換から飛び出してしまうような余剰の上に、象徴的交換という秩序は成り立っている。この過剰を取り払うと、ノーマルな交換の領域そのものまで失うことになる。交換の歯車を回転させ、自らはそこに入らない過剰は、「現実界」に属する。この象徴化されない残余、象徴的負債の残り香から、亡霊は生まれる。亡霊は、この象徴的精算がきちんとされることはないという証人なのである。

象徴の秩序の内部では精算の済んでいない勘定＝亡霊は、象徴化されればたちまち姿を消す。たとえば言語化によって、症状は消失する。しかし決して支払われることのない負債がある。それは、先に述べたように、そうした負債が象徴的交換のシステムそのものを支えているからだ。この本質的に隠された次元は、シニフィアンの生の次元の彼岸、すなわち死の次元への接近として出会われうる。

　ラカンは『ハムレット』が「死との出会い」[153]の物語であるという。そこにあるのは、ただひとつの時間、「彼の死の時間」である。たしかに物語は情け容赦なくこの時へと向かっていくハムレットの姿を描いている。ハムレットは、自分のあずかり知らぬところで、自分自身の行為の完遂と、自分自身の死へと向かっていく。『ハムレット』の最後の場面において、亡霊はもはや姿を消し、死そのものが描かれているのはこのためである。

　この説明のつけられない行為は贈与の次元に位置づけられる。デリダは「時間を——与える」のなかでこのように言っている。純粋な贈与はそれに反するどのような行為も返礼も受けつけないし、それ自体が贈与として認識されてもならない。もしも贈与と認識されれば、受け手に象徴的な負債が生じ、贈与は交換の経済に絡められるため、その贈与の純粋性を失ってしまうからだ。したがって贈与というものは存在しない、ただ「ある（Il y a/ Es gibt）」のだと[154]。それは実質的主体に帰せられない非人称であるエスが与える（Ça donne）と言うよりないようなものである。贈与の一撃が交換の開始を告げるように、贈与の次元に位置づけられる行為は、新たなはじまりを用意する非人称の出来事と言える。

第5節　ドン・ジュアンの「石の宴」、行為する言語

　モリエールの『ドン・ジュアン』[155]は、性急にまとめられたため形式的にはおそろしく荒削りで、題材のほとんどは他の作家から借用された「問題作」であるにもかかわらず、今もなお舞台上で、同じ主題を扱ったモーツァルトのオペラ『ドン・ジョヴァンニ』とともに、多くの人に愛好されている作品である。もともとはスペイン起源の伝説がイタリアで肉づけされ、職業演劇（commedia dell'arte）を介してフランスの演劇に入ってきたとされているが、「あくなき快楽の追求者が、

最後には石の客人の裁きを受ける」という大筋において、いずれも共通している。

　主人公はスペインの伝説の放蕩貴族ドン・ジュアン、この無神論者にして稀代の快楽主義者は、行く先々で女たちを次々と誘惑しては、その女の名をリストに書きつらねる。オペラで彼の従僕が歌う『女のカタログの歌』（「イタリアに640、ドイツ231、フランス1000、トルコ91、スペイン1003。（…）」）は有名である。先の『ハムレット』においては、想像界におけるアクト（演技）そして現実界に突き抜けるようなアクト（行為）が重要であったが、ドン・ジュアンにとっては女たちとの情事そのものよりもこの象徴的な証書（登録簿）が何より大切だ。華やかな、そしてどこか滑稽な放蕩三昧の毎日の末、やがて彼のもとに「石の客人」がやってくる。最後の審判のときである。燃えさかる炎の最中、ドン・ジュアンは大地に呑み込まれていく。最後の最後に、ドン・ジュアンがこれまでの「行い」の報いを受けるという結末である。

　しかしドン・ジュアンの「行い」とは何であったか。それによって命を奪われてしまうような行いとは。そのひとつに女たちへの結婚の約束がある。彼は「約束をする」。しかしその「約束は守られない」。彼は約束する、つまり言うことによって「行う」が、それを同時に「無効にしてしまう」。ここで問題になっているのは、したがってわたしたちの考察の的となるのは、矛盾を承知で言うならば、遂行されない行為遂行的発話である。以下でわたしたちは、言語行為論を検討しながら、行為に尻込みするハムレットとは逆に行為＝記録を積み重ねる主人公ドン・ジュアンをみていく。

オースティンの行為遂行的発話

　「真か偽か」、──これがオースティンが登場するまでの哲学史において、言語によって表現された命題の唯一の眼目とされてきた。こうした思想を、オースティンはふたつの発話カテゴリーを区別することで粉砕する。まず、真理／虚偽という属性は「事実確認的」という発話カテゴリーに割り振られる。これは事実の調書を作成し、事柄の状況、すなわち真か偽かを報告する文のカテゴリーである。もうひとつが、「行為遂行的」という発話カテゴリーで、記述した発話行為そのものによって何らかの行為を遂行するものである。

行為遂行的発話は、先の事実確認的発話のように情報を与えたり、報告したりする機能ではなく、発話プロセスそのものによってパフォーマンスを実践する。たとえば、婚礼において「汝はこの女を妻としますか」という司祭の問いにわたしが肯定で答えるとき、わたしはわたしの行いを記述しているのではなく、行動している。つまり「わたしは誓います」と答えることで、結婚を実行している。わたしは言葉を発することで、行為それ自体を生み出しているのである。このとき、言うことは行うことである。事実確認的発話に関して本質的であった真偽の基準は、行為遂行的発話に関してはもはや存在しない。そこには新たに「幸運か不運か（felicity/infelicity）」「成功か失敗か」という基準が導入される。

　次にオースティンは、事実確認的発話と行為遂行的発話との対立を形式的に補強する基準を探す作業に乗り出す。しかしここで彼の思考は袋小路に陥る。なぜならそうした基準はいちおうは存在するにせよ、とても完全なものとは言えないからだ。たしかにある種の動詞（遂行的動詞）における直説法現在の一人称能動態での発話──「わたしはこの船を自由号と命名する」「わたしは会議を開会する」「わたしは謝罪する」──は行為を遂行する。しかし顕在的には行為遂行的動詞を含まない表現のなかにも、行為遂行的カテゴリーに所属しうる表現をいくらでもみつけることができるからだ。たとえば、「彼は東に向かった」という事実確認的発話さえ、その後に「彼は東に向かった（とわたしは宣言する）」「彼は東に向かった（と誓う）」ということを言外に省略しているかもしれない。このように潜在的な行為遂行的発話をいったん認めてしまうと、いかなる表現も究極的には行為をしていると言えるのである。オースティンははっきりとこのように記している。

> したがって、もしわれわれが真および偽についてもっている考え方をゆるめるならば、言明とは諸事実に関連して評価される場合、さまざまな勧告、警告、評決等々と結局はそんなに変わらないものであることがわかるであろう。[†56]

　こうして、行為遂行的発話と事実確認的発話の区別は、事実上解体する。そしてここで新たにオースティンが提示したのが、「言語行為の一般理論」である。後

にみるフェルマンの整理を参照するなら、ここで言われる「発語内行為」とは、行為遂行的発話の概念を包含し拡張するものであり、ある具体的な文脈において「発話内の力」を獲得する。オースティンは『言語と行為』[157]で、この効力を以下5つのカテゴリーに分類している。すなわち、①判定宣言型（有罪宣告する、無罪宣告する、見積もる、評価する）、②権力行使型（指図する、任命する、助言する、赦免する）、③行為拘束型（約束する、契約する、支持する、誓う、賭ける）、④態度表明型（祝福する、謝罪する、挨拶する）、⑤言明解説型（肯定する、否定する、問いただす、訪ねる、指摘する）である。とはいえ話し言葉において、意味と力とはほぼ常に共存している。そこでオースティンは意味の生産を「発語行為」とし、力の戯れである「発語内行為」に対立させる。この2つのタイプの言説行為に、さらに対話者に対する効果を生み出す「発語媒介行為」が対置される。

　このようにオースティンが提示した「言語行為の一般理論」に対して、バンヴェニストは、そもそもの事実確認的／行為遂行的という対称性を堅く維持するように主張する。ではバンヴェニストは、オースティンがなしえなかった事実確認的／行為遂行的の区別をどのように正当かつ必然的であるとしたのか。ひとつにバンヴェニストは、オースティンの言う行為遂行的発話の「不発（misfire）」、つまり失敗を排除したのである。

> どんな人でも広場に立って、《わたしは総動員を布告する》と叫ぶことはできる。しかしそのような発言は、必要な権威が欠けているために、行為たりえないのであって、それはもはや単なる言たるにすぎず、無意味な叫喚、子供のいたずらあるいは狂気の沙汰というに堕してしまうのである。行為でない行為遂行的発話は存在しない。[158]

　無益な叫び、児戯、狂気の沙汰、（わたしたちの主人公ハムレットの言表を形容するに相応しい！）これらは、バンヴェニストにとっては端的に失敗であり、行為遂行的発話からは排除される。オースティンがなし崩す行為遂行的発話と事実確認的発話の対称性を救済せんとするバンヴェニストは他にも、潜在的な行為遂行的発話、そして決まり文句（クリシエ）を排除し、さらに行為遂行的発話の定義を明確化する

ために以下4点を補足する。まず、行為遂行的発話は常に「権威の行為」であることが挙げられる。つまり行為遂行的行為の基準は、オースティンが模索したような動詞の選択にあるのではなく、発話する権利を有するかどうかという有効性の有無にある。さらに、行為遂行的発話は「一回的な行為」でなければならない。それが個別的・歴史的行為であるためには、行為遂行的発話は反復されえない。一回的であるからこそ、いかなる再現も新たな行為となり、他人の手による単なる再現は事実確認的発話に変容することになる。続いて、行為遂行的発話は「自己言及的（sui-référentiel）」であることが挙げられる。それはそれ自体が構成する現実に言及する。つまり行為は行為の発話と一体化するため、まさに自己言及的である。最後に、④行為遂行的発話は遂行される行為とその担い手を「名指す行為」である。いかなる行為遂行的発話も、パロールの遂行と遂行者を指名しなければならない。すなわち発話する者は、名指しつつ行為を遂行するのである。

　バンヴェニストは、このように行為遂行の問題を動詞の問題から引き剝がし、話し言葉の基準から捉えた。そうした作業のなかで、失敗を行為遂行的発話の外部に位置づけることは、言語学という学を守る立場からすれば、「適切な」処置である。

フェルマンのオースティン＝ドン・ジュアン

　フェルマンは『語る身体のスキャンダル』[159]でここまでみてきたオースティンとバンヴェニストの態度を、『ドン・ジュアン』に寄せて考察している。

　好色者ドン・ジュアンは女たちに約束をばらまく。これによって行為遂行的発話の源泉にあるべき「権威」を失墜させる。仮にドン・ジュアンにとってそれぞれの結婚の約束がその度ごとに自ら約束した（s'engager）結果ならば、それぞれの女との約束を「一回性」の出来事と考えることもできるかもしれない。つまり約束したが果たせなくなった状況が偶然に生じ、その偶然が何百回も続いたとするならば、それは行為遂行的発話の不発である。しかしどれだけ贔屓目にみたところでドン・ジュアンの行いは児戯にすぎない。情婦から情婦へと飛びまわり、その名をリストに書きつけるこの男は、行為遂行的発話の一回性を壊乱することをやめない。オースティンの考える行為遂行的発話にとって失敗が内在的であると

すれば、約束は約束の破棄を本質的に内在させている。しかしだからこそむしろそうした約束は、誘惑のレトリックとなることをフェルマンは指摘する[60]。つまりフェルマンに従えば、以下のようになる。ドン・ジュアンがあれだけ女を手玉にとることができるのは、彼の容姿のおかげでも功績のおかげでもない。そうではなくて、ただ彼が約束をしたからだ、と。この最高の誘惑のレトリックは、「約束します」という行為遂行的発話に要約されている。

この行為遂行的発話に対して、ドン・ジュアンに「約束された＝約束を破棄された」女たちの関心のほぼすべては、ドン・ジュアンの言葉の真偽を知ることに向けられている。以下に引用する女たちの台詞からも分かるように、彼女たちの問いは、行為遂行的発話に対して事実確認を求めるという空回りの振る舞いを繰り返すことになる。

シャルロット：
その言葉が本当なのやら、嘘なのやら、あたしにはわかりません。
(第二幕2場)

シャルロット：
いえいえ、ほんとうのことを知らなければなりませんわ。
マチュリーヌ：
それを判断することが大切ですわ。
(第二幕4場)

ドン・ジュアンと「約束をされた」女たちが交わらないのは、こうした対話の次元の違いに一致する。つまりドン・ジュアンの行為遂行的発話に対して、女たちは真か偽かという事実確認的発話カテゴリーを適用しようとしているのである。しかしドン・ジュアンの「約束」は行為遂行的であっても、情報提供的ではない。彼は「約束し続ける＝誘惑し続ける」という以外は、何も約束しない。そこが認識の場ではない以上、そのような言語は真偽としてではなく、幸運ないし不運、成功ないし失敗として形容されるのであった。「約束」の真偽を確認しようとすることは、そもそも「約束」という行為に本質的ではないのだ。フェルマン

は、バンヴェニストがオースティンに対して批判するのは、彼のこうした「ドン・ジュアン性」であると言う[61]。言い換えれば、それはオースティンの非恒常性、自分のはじめの言葉を逸失する不実であり、ドン・ジュアンさながら行為遂行的発言に関する事実確認的発言の約束を守らないオースティンをバンヴェニストは責めているのだ。ここからはドン・ジュアンことオースティンの「行為」をデリダとともに眺めてみよう。

オースティンを読むデリダ

デリダは「署名・出来事・コンテクスト」[62]において、オースティンが発話媒介作用の分析とりわけ発話内作用の分析を強調することによって、言語行為をコミュニケーション行為としてしか考察していないことを指摘する。このことはすでに『言語と行為』のフランス語訳に付された序言でも指摘されていることを述べたうえで、デリダが指摘するのは、オースティンが事実の真偽の「記述」と考えられた事実確認的言表と発話それ自体によって何事かをなしうるような行為遂行的言表とを比較することによって、言表の名に値する一切の言表（つまりはコミュニケーションを使命とする言表のことで、たとえば反射的な罵り言葉は排除される）を何よりもまず、対話者たちが置かれた全体の状況のなかで生じる言説行為とみなすことに導かれた、ということである。

さらにデリダは、こうしたコミュニケーションのカテゴリーが独自なものであることを指摘する。行為遂行的発話の場合のコミュニケーションとは、一個の標識の衝撃によって一個の力を伝達することであるとされる。事実確認的言表とは異なり、行為遂行的言表は己の外に、あるいはそれ以前に、指示対象をもたない。行為遂行的発話は言語作用の外に、言語作用の以前に現実存在する何事かを記述するのではない。それはある状況を産出したり、変形したりするのであり、つまりは操作的である。もちろん事実確認的言表も何かを遂行するし、状況を変化させると言うこともできる、しかしそのことは、行為遂行的発話の場合のように、事実確認的言表の内的構造をなし、その本質的な機能ないし使命を果たしているとは言えない。みてきたようにオースティンは行為遂行的発話の分析を古典的な形式の真／偽の対立から引き抜き、時に真理という価値を力という価値に（発話内

的な〔illocutionary〕、ないし発話媒介的な〔perlocutionary〕力〔force〕に）置き換えざるをえなかった。

　デリダが注目するのは、オースティンの絶えず変容する分析において措定される見解よりも、それが遭遇する困難あるいはそれが陥る袋小路に関してである。デリダによれば、その困難は発話の構造のなかにはすでに（したがってオースティンによって発話内的とか発話媒介的と限定される以前に）「書記素一般」というシステムがはらまれていることに起因する。書記素一般は、その後に生じるあらゆる対立を掻き乱すものであり、だからこそオースティンは、諸対立の妥当性や純粋性を厳密に固定しようとしても躓き続ける。それゆえオースティンの諸分析には「コンテクスト」というひとつの価値が恒常的に要求されることになる。デリダに言わせれば、オースティンの行為遂行論は「権利上ないしは目的論的に、余すことなく確定可能なコンテクストという価値を要求した」のである。

　たしかに「コンテクスト」「力」という語は、マジックワードのようにすべてを一挙に説明してしまえそうだ。行為遂行的発話の出来事を侵害するさまざまな失敗のリストは、オースティンが全体的コンテクストと呼ぶもののある要素へといつも回帰する。それは畢竟、意識である。すなわち「語る主体の意図＝志向性が発話行為の全体に意識的に現前している」、このことによって行為遂行的コミュニケーションは、志向的＝意識的コミュニケーションとなる。行為遂行的発話に参与する語り手そして受け手が意識的に（すなわち志向的に）現前するということは、デリダに言わせれば、これは、いかなる残余も全体化を逃れえないということを含意する。そうした地平においては、還元不可能であるようないかなる多義性も存在しない。言い換えれば意味の統一の地平を逃れるようないかなる「散種」もない、ということになる。実際、オースティンは発話状態の「適切さ」を要求している。

　一般的にいって、まず第一に、いかなる場合においても、言語が発せられる状況が、ひとつないし複数の意味で適当（appropriate）でなくてはならない、第二には、極めて多くの場合、言葉を発している本人あるいは関係する他の人が「身体的（physical）」、「精神的（mental）」な行為、あるいは引き続き何ごと

かを言うという行為などの、当の遂行的発言とは別の行為もまた遂行しなくてはならないということになる。[63]

　オースティン自身が挙げている例をとれば、わたしが船を命名するためには、わたしが命名者として指名された人間であることが不可欠である。そうでなければ、(バンヴェニストもそう言ったように) それは、ただの戯言となる。賭けが成立しているためには、賭けの申し出が相手によって承諾されていなければならない。わたしが「これを君にあげる」と言っておきながら、当該のものを相手に手渡さないとしたら、それは贈与とは言えない。
　たしかにオースティンは行為遂行的言表の失敗、不運について検討し、すべての慣習的行為は失敗にさらされているという[64]。しかし彼は、そこでその失敗に足を踏み入れまいと、成功のための十分ではないが不可欠な条件を定義する。ここでわたしたちが出くわすのも、余すことなく定義＝限定可能なコンテクスト、操作の全体に現前する自由な意識、自己自身の主人として絶対的に充足した「言わんとする作用」といった価値、意図＝志向がその中心にある目的論である。

　ただ、さしあたりがここでは、このような種類の不運は問題にしない。ただこの種の特徴が、今問題にしている公的発言のいかなる場合においても現れることが可能であり、また現に常に現れているということは記憶に留めておくべきだろう。この種の特徴は通常「情状酌量」あるいは「行為者の責任の軽減ないし解除する要因」等と呼ばれる項目に分類されるものであろう。[65]

　デリダが批判するのは、オースティンはここで言表の外的状況すなわち言表を取り巻くコンテクストを形成する慣習性しか考慮しておらず、発話そのものを構成するものに内在的・本質的な慣習性については一切考慮していない点である。デリダからみて、オースティンに欠けた、発話それ自体に内在本質的な慣習性とは「記号の恣意性」である。
　オースティンは発話の構造的な失敗あるいは「不運」を認めながらも、あくまで、それを「通常」という規範的地平に置き直して、正常な言語使用を前提とす

る立場から論じている。

> 問題の行為遂行的発言は、まさに発言であるが故にすべての発言を汚染する別種の災禍をまた被ることになる。この災禍についても同様に、より一般的な説明が存在するかもしれない。しかしわれわれは当面、意図的にこの問題に立ち入ることを避けておきたい。[†66]

オースティンがそうした「災禍」と考えるのは、たとえば、舞台上での俳優の台詞、詩のなかにもち込まれたり、独り言において発せられたりした場合である。そのような状況における言語の使用については、それ以上オースティンは立ち入らない。

> まじめにではなく、しかし正常の用法に寄生する仕方で使用されている。この種の仕方は言語の病的衰弱 (etiolation of the language) の範囲の中で扱われるべき種類のものであろう。われわれはこれらのすべてを一応考察の対象から除外する。われわれの扱う行為遂行的発言は、それが適切なものであろうとなかろうと、すべて通常の状況で行われたものであると理解したい。[†67]

たしかにオースティンは失敗の問題を排除することはなかったが、そこに十分な考察を充当することもなかった。デリダの書き方は、オースティンの不十分さを批判しているようにも一見すると読めるかもしれない。しかしむしろオースティンが行為遂行論の問題の射程を（オースティン自身は除外するということで逆説的にも明確にした部分も含めて）正確に捉えていたことを評価しているとも言える。

はじめに行為がある

言語についての一般的な（すなわち支配的な）考え方のひとつに、言語とはすでにある何ものかを伝達するための媒介ないしは記号である、というものがある。この考えによると、何らかの意図を写しとった言語を介して、その意図は伝達されることになる。とはいえ、言語という媒介が入る以上、こちらの意図をそのまま

に、あちらに相手に伝えるということはほとんど不可能である。ところがこれを覆い隠すのが、「自分が話すのを聞く」パロールの構造であることをデリダは『グラマトロジーについて』[168]のなかで指摘した。パロールは、発せられるやいなや消滅し、その痕跡を世界に残すことはないし、まだ一度も世界に存在しなかったとみなされる。こうしてパロールのなかにある物質性、すなわちエクリチュールの性質が覆い隠される。西欧形而上学の大前提は、「自分が話すのを聞く」という構造であり、これはすなわちエクリチュールに対するパロールの優位であった。

　エクリチュールを排除する思想によれば、人間の原初の状態はパロールが支配していたことになる。エクリチュールは、この理想状態、楽園からの堕落の証拠である。だからこそパロールの代補物であるエクリチュールを排除することによって、原初の理想状態を回復せねばならないと主張する。しかしこうした考え方が前提とするような、人間が純粋なパロールのみを用いて完全に理解しあう純粋な理想状態などありえない。デリダは、そもそもパロールにはすでにエクリチュールが含まれていると主張する。周知の通りデリダのいうエクリチュール性とは、書かれた文字とか、書き言葉といったことを指すのではない。むしろ音声としての言語との対比においてそういったものに還元（単純化）される以前にエクリチュールというものがはらんでいたはずの豊潤さを言っている。フランス語の「書く（écrire）」の語源にあたるラテン語の「scribere」は本来彫ることを意味していた。そもそも何かがまず世界に刻まれているのでないならば、何もはじまらない。つまりデリダによれば、これまでは伝達者の意図を伝達する道具であり媒介であるとみなされていたもの、意図の後から出てくるとみなされてきたものが意図に先立ってあるのだ。

　最初にあるとされたものは、後から作られたものである。したがって、デリダの遂行的言語行為論はこうなる。まず遂行的な行為がある。それによって世界に刻みがつけられる。その後にその言語行為とははじめから必然的になされる運命になったのだとする、言説が生まれる。あたかもその言語行為は最初にそれとして純粋に存在していた意図を実現するものだと転倒して考えられるようになる。デリダがこのように説明するように、それ以前のいかなる言説によっても正当化することができない行為は、まさに世界に書き込みを行う行為である。はじめに、

行為＝エクリチュールがある。

「決断の瞬間はある種の狂気である」というキルケゴールの言を念頭におきながら、デリダが決断を語るとき[69]、それはある種の解釈であるという。それはこれまでの類のない解釈、つまり手持ちのルールが通用しないような事例における解釈である。したがってそれは、無知と無秩序という闇のなかを進まなければならない決断である。こうした決断の瞬間は、切迫・急き立てを伴う。つまりここで決断の瞬間は、反省や熟慮の帰結・効果などではない。熟慮の後の決断は、いつも行為に遅れてしまう。行為はいつも早すぎるか、遅すぎるかのどちらかである。この急き立てられる＝早すぎる決断の瞬間のそれはキルケゴールが言うように、ある種の狂気をはらむことになる。なぜならこのような決断は過剰なまでに積極的に行為することであると同時に、何もせずに受け入れるようなことでもあるからだ。決断は「無意識的な何ものか」を抱え続ける。だからこそそこにおいては自分自身の決断が及ぼす作用に身を任せる他はない。

デリダは事実確認的言明というものには、そのものが少なくとも暗黙の前提になっている行為遂行的な構造の上に成り立っていると考える。デリダはレヴィナスの「真理は正義を前提にする」[70]を次のように応用する。事実確認の場合、それが正当であるのは、それが当を得ることの意味においてであり、正義の意味においてではない。すなわち「理論的＝事実確認的言明の真理性の次元」は、常に「行為遂行的言明の正義の次元」すなわち行為遂行的言明の本質である急き立てられることを前提としている。行為遂行的言明は、急き立てられることによって、暴力性をいくらか帯びざるをえない。行為遂行性が、解釈が自分の手に負えないはずのことを常にしてしまう。

デリダが言うように、急き立てられるということが正義の構造である以上、正義は待ち望むという地平とは無縁である。そこには暗闇への飛躍のような狂気の一歩が含まれている。そうした（発話）行為に対して、客観的現実と照らし合わせるような解釈ではまったく歯がたたないのは、その行為自体が以前とは異なるまったく新たな世界を切り開くものであるからだ。

主人のディスクール

ラカンは、セミネールXVII「精神分析の裏面」[71]において、独自のディスクール論を展開し、言語活動と主体との関係を示した。そこで提示される4つのディスクールは、2組のシニフィアン／シニフィアンの位置を、4つのエレメントが循環することで導かれる。左側のシニフィアンの位置には、エージェント（agent）があり、右側のシニフィアンの位置には、エージェントが働きかける他者（autre）があり、他者に対するシニフィエの位置には、この働きかけの産出物（produit）が置かれる。そしてエージェントに対応するシニフィエの位置には、この全過程が隠しもつ真理（vérité）が置かれる。これら4つの位置の意味は不変である。

$$\frac{エージェント}{真理} \longrightarrow \frac{他者}{産出物}$$

この4つの位置を循環するエレメントとは、S_1（le signifiant maître 主人のシニフィアン）、S_2（le savoir 知）、$\$$（le sujet 主体）、a（le plus-de-jouir 剰余享楽）である。ラカンは4つのエレメントを操作して、主人のディスクール、大学のディスクール、ヒステリーのディスクール、分析のディスクールを提示している。まず、わたしたちが普段よっている語らいの形式と言える主人のディスクールをみていく。

$$\frac{S_1}{\$} \longrightarrow \frac{S_2}{a}$$

主人のディスクールにおいて、エージェントとなるのは主体$\$$ではなく主人のシニフィアンS_1である。主体はシニフィアンのもとに置かれ、シニフィアンによって代表象される。これが知S_2へと差し向けられ、効果aを産み落とす。あるいはS_1は遂行文に、S_2は事実確認文にそれぞれ対応させることができる。主人のシニフィアンS_1はこれ以上疑問をさしはさんだり、理由を求めたりすることができないような絶対的で始発的な命令のような形式をとる。それに対して知の宝庫であるS_2は絶対的な規準がないままに相互に依存しあっているので、このなかに

第3章　行動の条件としての行為

留まる限りは理由や根拠を問う探究はいつまでも終わることがない。そこには無限のシニフィアンの連鎖があるだけである。主人のディスクールのなかに置かれているS1にあっては、言表行為の意味するところと言表内容の意味するところにずれがないという錯覚が成り立っている。つまり主人が語っていることは、字義通りに受けとられることになる。この主人のシニフィアンの絶対性のおかげで、シニフィアンの連鎖の上滑りが固定される。S1のS2への働きかけによって、他者のうちにもたらされる産出物aは、自分が何者かという答えである。幻想「$\mathcal{S} \lozenge a$」に支えられ、幼児期に想定されうる悦びのなごりを見出すのだ。しかし$\mathcal{S}$とaがイコールで結ばれることはない以上、これは完全な満足とはならない。常にすでに、何かが足りない。

　この主人のディスクールは、ドン・ジュアンの振る舞いを表している。彼の約束＝言葉S1は、尊大で浅薄な真性ならざるものであった。つまり主人のシニフィアンS1とは所詮ペテン師の喋りなのである。ドン・ジュアンが相手にした女たちの名前をどれだけ書き連ねたところで、ドン・ジュアンは満足を覚えないし、このリストは完成することはない。むしろ書きつければ書きつけるほど、そこからこぼれ落ちる残余aが産出される。それでも、ひたすらドン・ジュアンが女たちを追い続けるのは、すでにこのシニフィアンのゲームに巻き込まれているからである。

　彼は「約束する＝彼は言葉を与える（donner sa parole）」。しかし同時に彼は「約束を破る＝言葉において欠けている（manquer à sa parole）」。これはある意味で「主人の語らい」の真実を語っている。つまり主体は、そこにおいてエージェントの位置にはいないのだ。

分析家のディスクール

　ドン・ジュアンの不実は、約束するという行為遂行的発話の次元が開く自己拘束（engagement）を負わないで約束し続けることにある。あたかも火遊びの代償を帳消しにするように、さらなる火遊びへと転じ、ゲームを続けるのだ。この強迫的とも言えるゲームの潤滑油は、いつまでも埋まらないあのリストである。本来の目的が入れ替わって、あたかも情事そのものよりも、「リスト」作成に精を出しているようでもある。ドン・ジュアンが「一発やり逃した」と肩を落とすとき、

彼が気にするのは白紙になったリストのほうだ。しかし象徴的ツケから逃れることはできない。そしていよいよ石の客人の到来によって、主人の語らいは転覆し、分析家の語らいが現れる。

$$\frac{a}{S_2} \longrightarrow \frac{\cancel{S}}{S_1}$$

「分析家の語らい」というのからも分かるように、これは特殊なディスクールである。エージェントの位置にあるのは、なにしろ、喋ることがありえない対象aだ。主体$\cancel{S}$は、働きかけられる側にある。分析家に想定される知S_2のもとに（つまりは転移状況において）、主体ではなく対象aに語らせるとき、つまり主体$\cancel{S}$が現実的なものaに触れられるとき、現実的なものaがひとつの効果S_1を残す。もはやリストの穴を埋めるものではなく、リストそのものを可能にしていた穴へと自己を委譲するとき、つまり行動化の主体ではなく行為へと自らを委ねるとき、分析家の語らいは現れる。ラカンが精神分析的行為と行為への移行の相関性を指摘するのも[172]、この点においてである。

さてこの石の客人の到来からはじまる分析のディスクールは、『ドン・ジュアン』のテクストにどのように描かれているのだろうか。常に従僕を従え「主」を気どってきた饒舌の男ドン・ジュアンに、今度は石像の客人が語りかける。ここで本来物を言うはずのない〈もの〉がドン・ジュアンに投げかける台詞に注目したい。

像：
お手をかしていただきたい（Donnez-moi la main.）。
ドン・ジュアン：
さあ（La voilà.）。

（第五幕6場）

石像が発する「お手を（Donnez-moi la main）」[173] というフランス語は、同時に「結

婚してください」の意味をもつ。つまり、いつも女たちに求婚を繰り返してきたドン・ジュアンが、今度は「石の客人」のほうから求婚されるのだ。歓待における主客の逆転である。こうして石像に手を差し伸べられた＝求婚されたドン・ジュアンは求められるままにその手を差し、大地へと呑み込まれていく。

　石像は物語において、無神論者ドン・ジュアンを裁きにやってくる神として描かれている。現実的審級にある神は、意味世界に入るとそれがみえなくなる一点において、象徴交換の網の目を支える。つまり神の沈黙が抵当として機能して、はじめて、意味世界は稼働し、（一応の）整合性を得ることができる。象徴的な虚構によって埋められるべき空虚は、欲望の対象（ドン・ジュアンにとっては、女、より正確に言えば数えられる女たち）を分節するための空間である。わたしたちの目の前の現実は、空虚そのものであるような対象aの退却によってはじめて構成されているのである。

　しかし石像＝神の声を聞くとき、つまり現実界が応答してしまうとき、わたしたちはこの目の前の現実の限界を飛び越えてしまうことになる。神の出現により空虚が飽和するとき、欲望のその回路は閉じる。ドン・ジュアンはもはや欲望の主体を気どることはできない。象徴的な虚構たる女たちのリストはもはや書かれえない。なぜならリストそのものを可能にしていた、欠如すべき神がそのありえない顔を現したのだから。言語の深淵＝底の抜けた根拠として余剰享楽aが手を差し伸べてくるとき、彼は舞台から引きずり落とされる。ここでドン・ジュアンの宴は終わる。

　ラカンは『ドン・ジュアン』に関して詳しい注釈を行うことはなかったが、「盗まれた手紙のセミネール」の冒頭で「石の客人」にこう語らせている。

あらゆる意味作用をこえて響くシニフィアンの返答は次のようなものである：「おまえは自分が事をなしていると思っているだろうが、じつはわたしがおまえを動かしているのだ。おまえの欲望をいろいろなものと結びつけてやってな。おまえの欲望は力を得たと思い込み、いろいろな対象のなかに増殖する。しかしその対象のおかげでおまえの幼年期は引き裂かれ、ばらばらにされてしまうのだ。そう、おまえの宴とはそんなものだ。しかしそれもわ

たしが石の客人として戻るまでのこと。おまえが私を呼んだのだからな。[174]

　行動化の舞台には終わりがない。すべてを記載するカタログは存在しない。わたしたちはただそうしたシニフィアンのゲームの渦に巻き込まれるのみである。このゲームの渦の中心に呑み込まれたドン・ジュアンの最期の叫びは、シニフィアンを担う運命を課せられたわたしたちの叫びでもある。あれだけの喜劇的要素に満ちたドン・ジュアンの物語が悲劇性を帯びるのはこの点においてではないだろうか。だからこそわたしたちは、愛さずにはいられない、わたしたちのドン・ジュアンを。

第3章のおわりに

　バンヴェニストは行為遂行的発話から「失敗」を排除することで、それ自体で閉じた「学」としての言語学のステータスを守ったが、奇しくもラカンは「精神分析的行為」を論じるなかで「精神分析家は学をもつということは要求されていない」[175]と述べた。それは転移の目印である「知を想定された主体」という言葉にも明らかである。

　ラカンは「精神分析的行為」を論じるに先立ち、精神分析を「エスが何かをするもの（Ça fait quelque chose）」であると定義したが[176]、そもそも分析においては、失敗を通じてしか触れえない次元がある。ラカンがセミネール『精神分析的行為』において述べたように、そうした症状的行為が成功するのは、唯一失敗したとき、つまり失錯行為（acte manqué）としてである[177]。なぜなら、こうした症状的行為こそが真理の担い手であるからだ。精神分析はこうした行為を基にしか前進することはない。失敗という指標を欠いた、一見上手くいっているようにみえる場合にも、アプローチは変わらない。そこにある意図とは別の真理を問うことが出来るからだ。

　たしかに失敗しない者はいない。しかし失敗が行為になるのは、主体が事後的に、そう捉えてからのことである。この運動が精神分析的行為である。だからそれは、「分析家による」行為ではない。分析が終わるとき、もはや知を想定された分析家はいない、分析家がいるはずの場所には塵くずのようなものが残されてい

るだけだ。行為を通り過ぎた後の分析主体が、この塵の位置を引き受け分析家になることを欲望するとき、その分析は教育分析と呼ばれることになる。実際ラカンが、一般に開かれた分析と分析家を養成するための教育分析とのあいだに区別を設けてはいなかったのはこのため。だからこそラカンは分析の出口にある人のことを端的にこのように述べている――「精神分析された人というのはいない、いるのは分析主体であった人だけだ」[78]。この意味において、精神分析的行為はきわめて「主体的」であると言える。

　無意識と呼ばれる主体に関して言われていることを完全に変革しようとする主体によって、主体は行為する状態に置かれる（mise en acte）。行動が同じ平面内の移動であるのに対し、行為によって主体は、それまでの世界とは別の世界に移行する。ラカンは、こうした行為がもつ創設的（inaugural）性格の典型として「ルビコン川を渡る（flancir）」行為について言及している[79]。この行為が革命的であるのは、戦闘的効果からではなく、新たな欲望を呼び起こすものであるからだ。ラカンは、こうした「行為」の定式をランボーに語らせる[80]。

> ある・理性に
> きみの指が太鼓をひと弾きすれば、すべての音が一気に放出され、新しいハーモニーが生まれる。
> きみが一歩を踏み出せば、新しい人間たちが招集され、彼らの前進が始まる。
> きみの頭があちらを向けば、新しい愛だ！　きみの頭がこちらを振り返れば、――新しい愛だ！[81]

定冠詞つきの理性というものではなく、あるひとつの理性に（A UNE RAISON）宛てられた詩句のなかに、行為の向こう側の閃光を認めることができるだろうか。

第4章　固有名と症状

> Le nom, comme la voix, comme l'odeur,
> ce serait le terme d'une langueur : désir et mort.
> 「名前、それは声と匂いと同じように
> 悩ましさの行きつく地点であろう、すなわち欲望と死」
>
> Roland Barthes

第1節　固有名論争に寄せて

　ラカンは『精神分析の根本的問題』(1964-65) と題したセミネールXIIのなかで、言語学や哲学によってなされてきた固有名に関する研究を批判している[†1]。ラカンは言語学や哲学が固有名を定義しようとしては誤ってきたことを指摘したうえで、さらにその責任の一端が精神分析家にもあるとしている。ラカンがここで、言語学者ではなく精神分析家を告発するのは、分析経験においてこそ固有名の機能が一番顕著になるという確信に基づいてのことである。分析における語りにおいてこそ固有名の問題が何たるかが明確になる、だからこそ分析家はその経験から教わることを他の学に向けても発信すべきである、というわけだ。とはいえラカン自身も、精神分析という自身の立場からひとつの固有名論を体系的に展開することは最後までなかった。しかしセミネールの参加者の提示する事例や、わたしたちが第2章でも扱ったデュラスの小説[†2]を検討する際も、固有名は避けられないテーマとして、たびたび議論の俎上にのせられてきた。

　本章では、哲学・言語学の知を参照しつつ、実際の事例を手がかりとして、精神分析的固有名論を展開したいと思う。手順としては、まず言語学・論理学の分野で交わされてきた固有名をめぐる言説を踏まえて、さらにフランスの現代思想

家たちの固有名に関わる論考などを検討し、それらの限界と可能性を吟味したうえで、臨床においてもしばしば立ち会われる固有名の問題に寄与しうるような考察を提示する。さて、「名前」と「ラカン」の組み合わせといえば、これまでにも登場してきた「父の名（Nom-du-Père）」という概念を思い出す人も多いかもしれない。たしかにこのよく知られた、しかし十分に検討されているとは言い難い概念に触れないわけにはいかない。この概念はラカンがその臨床経験から掘り出したもののひとつであった。とはいえ、父の名という概念そのものが、わたしたちの目指す着地点なのではない。本章では、むしろ固有名に関して考察していくなかで、この父の名の概念を、脱構築するラカンの姿をみることになるだろう。それは、ラカンの理論がラカンの理論によってその内部から書き換えられるような作業となる。まずは固有名論争について振り返ることからはじめたい。

記述説

　その扱いづらさから「言語学の悪夢」と呼ばれてきた固有名。近代言語学の父と呼ばれるソシュールもまた、彼の言語学から名前の問題系を退けた。それはひとつに、固有名から考えると、言語を対象に後からつけられたものであるかのようにみなすことを強いられるからである。ソシュールは固有名の排除によって、言語を対象と結びついたものではなく、逆に対象を分節し構成するものとして取り出したのであった。一方、後期のソシュールがアナグラムという別の問題系を通じて、言語記号がもつ恣意性とは正反対の特質を探求したこともよく知られている。

　素朴に考えれば、名前によって指し示される事物は、もちろんさまざまな現れをもつだろうが、そうした多様性に目をつむったところで、とりあえずは単一性のもとで把握されている。ラッセル[13]が挙げる例を借りれば、「ナポレオン」は一個の存在者、「ナポレオン」と呼ばれる人物を指す。生まれてから死ぬまで厳密で同一であり続けた、単一の自我があるのかもしれない。これが真でないと証明することは不可能であるが、しかしこれが真であると考えるに足る理由もまったくない。最初は赤ん坊、すらりと美しい少年、豪華な衣装を纏った肉づきの良い中年男、この現れの列とそれらの現れのある種の因果関係をもつさまざまな出

来事が「ナポレオン」を作り上げている。このように「単一として思考されているところの多様」である名前の指示対象は、この意味でひとつの集合と同じ特性をもつと考えられる。

　フレーゲやラッセルらの初期の分析哲学を主導した論者たちは、名前をすべての記述の省略形とみなし、名前を記述（より厳密に言えば確定記述）によって置き換えようとした。厳密に言えば、ラッセルは「論理的固有名」と呼ばれる例外的な固有名を認めたが、これは真の主語＝実体を指示する「これ」とか「それ」という直示的機能をもつものに限られている。これはわたしたちが通常固有名とみなすものとは異なっているため、ここでの議論からはひとまず除外して考える。記述説に従えば、たとえば「アリストテレス」がある人物を指すのは、その名が「プラトンの弟子」「『自然学』の著者」「アレクサンダー王の師」等々の諸性質の集合のいわば短縮形であるからだ。つまり「アリストテレス」という固有名は、記述によって指示を決定するものである。

反記述説

　記述説が主張するように、固有名が事物を唯一的に指定しうる記述と相互に置き換え可能な関係にあるとすれば、固有名は一般概念集合のなかに解消されることになる。しかし、こうした記述説はクリプキが導入した可能世界という様相により棄却される。クリプキは講義録『名指しと必然性』[14]において、フレーゲやラッセルの記述説に以下のような手順で鋭い批判を加えた。

　たとえば、わたしたちはそれについて何も知らないにしても、「アリストテレスが『自然学』を書いていなかったら」という可能性を想定することができる。つまり、ここから「『自然学』を書いた人は、『自然学』を書いていなかった」という論理的に自己矛盾した命題が導かれてしまう。もし「アリストテレス」が「『自然学』を書いた」ということを含意しているなら、このような想定はナンセンスなものとなる。また、「アリストテレス」に帰しうるすべての記述に対して、それを満たさない可能世界を想定することは阻まれてはいない。「アリストテレスは、プラトンの弟子でもなく、『自然学』の著者でもなく、アレクサンダー大王の師でもなかった……」というように、こうした思考実験はどこまでも拡張可能である。

すると、「アリストテレス」という名は確定記述に等しくない、つまり記述の束に還元されないことが明らかとなる。

　さらに言えば、固有名を固有名が指示する対象の性質を記述に置き換えたとしても、その記述は通常循環しており指示を究極的に決定することはできない。たとえば、先の例に戻り、「アリストテレス」を「『自然学』の著者」の言い換えであるとすると、さらにここに『自然学』という固有名がまだ残っている。『自然学』はまた「アリストテレスの著書」である。このように記述は容易に循環し、相互に参照した記述は指示を決定することができない。記述説はここに破綻する。

　まとめれば、クリプキの論考が発表されるまで、言語学の主流は名前を縮約された記述の束と考えていた。しかしクリプキはそこに、可能世界という様相論理を導入することで、固有名を記述からはっきりと区別しうるものとして擁護したのである[15]。だとすれば、名前による対象の指示は、同時にその対象の存在が有効でありうる範囲の指示でなければならない。それは可能世界を含めたすべての世界の位相と言える。そもそも可能世界を考えること自体が固有名に依存しているとも言えるだろう。ラカンの言葉を借りるなら記述説で問題となるのは、象徴界の内部における差異であり、それに否を唱えたクリプキにおいて問題になっているのは、主体の宇宙そのものの境界である。よく対置されるふたつの議論であるが、クリプキが開いたのは記述説とは比較不可能な、それとはまったく異なる審級であった。

因果説

　クリプキが示したように、固有名が記述に還元されないということは、固有名にはある種の余剰があるということを示している。固有名に宿ったこの余剰こそが、先にみたような「アリストテレスが『自然学』を書いていなかったら」という命題における固有名の記述への還元不可能性を支えていた。クリプキがこの余剰を説明するためにもち出すのが「命名儀式（baptism）」[16]である。

　クリプキによれば、最初の命名儀式における原初的指示の力は、固有名に宿り、それは人々の意識とは無関係に、言語共同体を通じて伝承されていく。つまり名

指しの痕跡は、固定指示詞（rigid designator）として固有名の上に刻まれ、「純粋伝達」されていく。だからこそ「アリストテレス」という固有名は、その属性を一切表してはいないにもかかわらず、確定記述の束として伝えられる説明とはまったく別に、個人を指し示すことができる。「あの人がアリストテレスだ」という指示行為は、何者としての規定にも解消できないものとして、とにかく「アリストテレス」の存在をその単独性において指し示すことができる。

まとめれば、名前とその指示対象となる個体の結びつきは最初の命名行為に遡ることができ、しかもこれは伝達の因果連鎖によって保証されている。言い換えれば、因果の連鎖は対象そのものには到達せず、対象の命名儀式へと到達するだけである。つまり、わたしの固有名を固有ならしめているのは、この「わたし」ではなく、むしろ最初にあった命名行為ということになる。

哲学の教科書的な本には、こうした説明があったうえで、哲学の固有名論争はクリプキに賞杯ありとして、一応区切りがついたものとされていることが多い。しかし「純粋伝達」「命名儀式」といったクリプキの道具立てが、論理的に不十分であることはクリプキ自身も認めているところである。彼はこれを完成された論としてではなく、ひとつの「見取り図」として提示したにすぎない。ここでむしろ注目しなければならないのは、固有名と個体の結びつきを説明するのに、クリプキが命名儀式というある種の「神話」を必要とした、ということである。命名を指してクリプキが命名儀式（baptism）というおおよそ畑違いの単語をあえて選んだのは、固有名の問題系が論理的説明の躓くところに、こうした神話的要素が必要であったことをおそらく自覚していたからこそであろう。

人類学における固有名論：分類体系とへそ名

以上、言語哲学における固有名論争をみてきた。しかし記述説と反記述説の対立は、言語哲学においてのみ問題となっているのではない。人類学が明らかにする部族社会における固有名においても、同様の対立を見出すことができる。

レヴィ＝ストロースは『野生の思考』のなかで、部族社会においても固有名が分類と無縁ではないということ、個は類であるという考え方を提示した。種ホモ・サピエンスに属する生物学上の各個体が、社会生活のなかでそれぞれの個性

第4章　固有名と症状

を発達させると、各個体を一品種の標本として、他の動物種や植物種の標本と比べることはできなくなる。しかし個性という概念は、種とはまったく無縁なものであるのではない。自然界に存在する種には複数の個体が含まれるのに対し、個性は「単一個体的（mono-individuel）」であり、ただひとつの個体しかそこには含まれないという違いがあるだけだ。個は類の対立項というより、むしろ類の極限的な一形態なのである。つまりレヴィ＝ストロースによれば、固有名も分類体系の外側ではなく、内側に留まり続ける。

> 新しく発見された植物に対し、体系によって準備されている（前もってその名が書き込まれているところまではゆかぬとしても）Elephantopus spicatus Aubl. という位置を割り当てる動植物の専門家と、集団に新しく加わった成員に対して、使用可能な「老野牛のボロ蹄」という名前を与えてその人間の社会的連合関係を規定するオマハ族の祭司とは、形式の観点からは本質的な差がない。どちらの場合も、ちゃんと筋道の立った仕事をしているのである。[7]

たとえばトーテム体系との結びつきから名前が決定される場合、その体系が複雑化すればするほど、個人に与えられる名前も複雑化する。メラネシアのある族では精霊、鳥、星、壺などの器、道具などの自分の氏族の祖先トーテムの名をいくつも集めて自分の名にするため、ひとりの人間が30以上の名前をもつこともある[8]。また、トーテムあるいは氏族名とは関わりなく、自然現象（空、天体、気候など）や社会現象（戦争や平和など）と形容詞を結びつけて、「空の彼方に」とか「敗戦（あるいは勝利）をもたらす」などといった名前がつけられる民族もある[9]。

　もちろんレヴィ＝ストロースは名前の禁忌についても考察している。しかし「死者の名の禁忌は、ある種の命名体系の構造的特性のひとつとして出現するものである」[10]と断言しているように、彼にとってそれは、全体的体系のひとつの現れである。たとえば、彼が引用しているボルネオ島北部のペナン族では、名前は個人名、親名、喪名という3つの種類に分かれ、それぞれが人生のある時期に使われる。単純化すれば、親名は自分に子どもが生まれた後に使われ（Awingという名前の子どもが生まれた後は、親はAwingの父（母）を意味するTama (Tinen) Awingという名

143

前を使うようになる)、喪名は親族の誰かが死ぬと使われる(兄が死ぬと「喪兄」という名前を使う)。したがって個人が個人名で呼ばれるのは、子どもの時代で兄弟に不幸がない時期だけに限られることになる。名前は、なるほど固有名の次元ではひとりの個人の人格や存在に関わるものと考えられなくもない。しかし名前はそれよりもまず分類体系に基づいた交換のメカニズムを構成する要素なのである。

> 頻繁に見られる死者の名の禁忌を説明するために、あらゆる種類の信仰が引っ張り出されている。それらの信仰は事実であり、たしかに証拠がある。しかし、はたしてそれらは死者の名を忌む慣習の起源なのだろうか? その慣習を強化するのに役立った要因の一つではないだろうか? もしかしたら、その慣習の結果として生じた現象の一つでしかないのではないか?[†11]

固有名をめぐるレヴィ゠ストロースの議論は、さまざまな部族社会における実例を、西欧における動物や植物の種・属の分類に基づく命名法と対応させている。名前が分類可能なものである以上、これは先にみた記述説とおおよそ重なるパースペクティヴで捉えられる。しかしレヴィ゠ストロースは最後にたいへん興味深い命名法を紹介している。オーストラリア、ヨーク岬半島の西部に住むウィク゠ムンカン族がもついくつかの人名形成法のうちのひとつ、「へそ名」である。

> ウィク゠ムンカン族の場合に区別しなければならないのは、親族呼称と、身分名と、(…)あだ名(直訳すれば「何でもない名前」)と、最後にほんとうの固有名とである。[†12]

さらにこの固有名は「大名」と「小名」とそして「へそ名」という3種類に分かれる。「大名」はトーテム動物の頭ないし上半身に由来し、「小名」は尾もしくは下半身に由来するので、氏族特性と表すと考えられる。ところが最後の「へそ名」だけはまったく異なった由来をもつ。

> 子供が生まれるとすぐ、後産の前に、専門家が臍帯をひっぱりながらまず父方の男名前をつぎつぎにあげてゆく。つづいて女名前、それから母方の男名前だけを言う。胎盤が出た瞬間に発せられていた名前がその子供の「へそ名」になるのである。[†13]

　トーテム的分類体系のなかで、個人につけられた名前は、その個人を集団のなかに位置づける。名前が複数ある場合には、次第に下位に向かう部分集団のなかへと順にその位置は限定されていく。先にみたように、レヴィ゠ストロースにとって固有名は、「多次元的体系のなかでの位置を指定する手段」であった。しかしこの「へそ名」だけは他と違っている。「へそ名」そのものは「大名」であろうが、「小名」であろうが、男名であろうが女名であろうが、何でもかまわない。「へそ名」によって分類体系はついに、分類体系そのものの外へと出る。「へそ名」は「個別化を完成させる」のである。レヴィ゠ストロースはこうした「へそ名」の特異性を見逃してはいない。

> その原理はまったく異種のものである。(…) その賦与は、ある体系の働きによるのではなく、一つの出来事、すなわち生理的現象（理論上は人間の意志と無関係）と名前をあげてゆく瞬間の偶然の一致の働きである。[†14]

　へそ名は、その個人の個別性が規定された瞬間と物理的につながっている。その指示作用は、もはや意味の領域において生じているのではなく、直接的な仕方で、記号と対象とを結びつけていると言える。クリプキは、個体を指示する伝達連鎖を辿っていく先に命名行為があるとしたが、まさに「へそ名」は、そうした意味での連鎖の起源にある命名儀式であろう。
　以上、言語哲学および人類学における固有名論を見渡したところで、ここからは、わたしたちの議論を開いていこう。導入として、名前にまつわるある小話からはじめたい。

「寿限無」にみる命名

　ある夫婦に子どもが生まれる。是非よい名前をと考えたところ、ありがたい言葉をすべて名前に詰め込んで、たいへん長い名前がつけられた。

> 「寿限無寿限無、五劫のすりきれ、海砂利水魚の水行末、雲来末、風来末、食う寝るところに住むところ、やぶらこうじのぶらこうじ、パイポパイポ、パイポのシューリンガン、シューリンガンのグーリンダイ、グーリンダイのポンポコピーのポンポコナーの長久命の長助」

　さてある日、この子どもが川に落ちてしまう。気づいた者が助けを呼びに行く。しかし子どもが川に落ちたことが名前とともに伝えられるうちに、子どもは溺れ死んでしまう。

　「寿限無」は、ジャンルとしては滑稽話に分類される。落語の前座噺であることからも分かるように、「寿限無…」という名前がもつ経のようなリズムが、話に興を添えている。寿限無の名前のなかには、かなり特殊な語が含まれているため、この話を聞かされる幼児はもちろん、そして読み聞かせる大人でさえ、大きな辞典を繰ることなしには、その語意を正確には解することはできない。しかしだからといって、そのことが話の面白みを損ねることはない。むしろそこにある音の列、リズムこそが話に拍をつける。実際、寿限無の話は、「声にだすことばえほん」シリーズ（ほるぷ社）、「声に出して読みたい日本語」シリーズ（草思社）からも刊行されている[†15]。

　さてこの物語では、ありがたい名前をもった子どもが、不幸にもその名前が災いして、溺れ死んでしまうのであった。けれどもこの物語を、命名行為の一片を語るものとして深読みすることが許されるなら、物語はまた別な顔をみせるだろう。

　「わたし」をめぐる他者の語らいは、「わたし」がその誕生を待たれているときからすでにはじまっている。「たくましい男の子に育って欲しい」、あるいは「死んだおじいさんさんのように立派な人になって欲しい」。「寿限無」の話に然り、

こうした他者の欲望が名前のうちにその強度を保存しつつ、時に明示的に時に暗示的に圧縮されていることはなんら珍しいことではない。

「わたし」は、どうもその意味は分からないが、しかしどうやら自分に関わっているらしい喧噪のなかに生まれ落ちる。「寿限無」が音遊びであることはまさにこの意味で真である。物語では、川に溺れ、ものも言えない寿限無の横で、欲望のこもったその名前が呼ばれていた。この状況を、誕生前に「わたし」を取り巻いた他者たちの語らいと捉えてみてはどうだろう。「川の下方に流される」というのは、いかにも分娩の比喩のようでもある。情動のこもった言語によって、生まれ出た身体は一瞬の猶予もなく隈無くマークされることになる。

象徴による概念的把握を「ものの殺害」と言ったのはヘーゲルを読んだコジェーヴであった[†16]。ワンワン吠えるあの生き物は、「犬」となってはもう吠えない。しかしそれは、あくまで生を準備するための死である。その意味で、言葉にマークされることは、言語的存在である人間の誕生の根拠となる出来事とも言える。であるとすれば寿限無の悲劇は、もはやまさかの災難とは言えない。この物語が象徴的に示しているのは、言語の海へと存在を投じることで可能となった、名をもった主体の誕生なのである。

分離と疎外

それ以前は何ものでもなかったものが、名前Xを与えられることではじめて、主体Xとして存在する。名前は、このように規定不能な空虚を、実体へと転換させる魔術的とも言える効果をもつ。しかし名前が、主体にとって特権的な位置を占めることになるのは、こうした錬金術的な転換作用のみに由来するのではない。名前は、何よりもまず他者の口から発せられるものである。たとえば母親は、生まれたばかりの赤ん坊の丸々と見開いたその目をのぞき込み、その子の名前を呼んだだろう。あるいは母親は口もとに乳房をふくませながら、時には下の世話をしながらその子の名前を呼んだかもしれない。このように名前は愛撫を伴って発せられ、身体上のさまざまな穴をマークする。こうして名前はある種の快とともに子ども身体に刻まれる最初の文字となる。

さて、精神分析では、わたしたちの生に言語がもたらされる事態を「去勢」と

呼んだ。去勢というと、母子間の癒着を父が分かつというドラマ化された側面だけが前に出されることも多いが、精神分析の真骨頂は、主体が言語の編み目のなかに捉えられるという形而上学的出来事と、情緒的・身体的事件とを常に重ねて考察することを可能にした点にある。つまり去勢により、母子一体にたとえられるような充足＝窒息状態は消失し、名によって切り取られた言語を担う個人の生がはじまる。このとき分離線が引かれるのは、母と子の間ではない。厳密に言えば、分離線は乳頭と唇の間に引かれる。この分離によって、乳房を貪る口は、何よりも言語を話すための器官となる。

　しかしこの分離によって、わたしたちは奪われるだけではない。ラカンが、分離（séparation）という語からラテン語の「separare（分離する）」、そして「se parare（自分を準備する、生み出される）」を掘り出すように[†17]、分離にはひとつの産出がある。かつて自分の穴を満たしていたはずのものが不在となった空のトポスに、対象aが生み出されるのだ。「わたし」はこの対象aとして人生をはじめることになる。さて、こうした分離＝対象の成立の裏面には、もうひとつ別の疎外という出来事が貼りついている。以下は、この「疎外」についてみていこう。

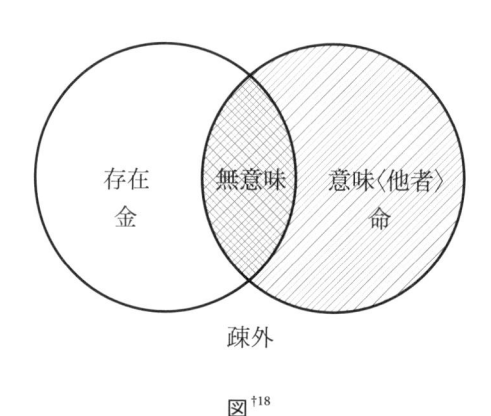

図[†18]

　ラカンは主体──それは何度も繰り返すように、欠如の主体であるが──の誕生を、「存在」か「意味」か、という選択として説明する[†19]。しかし、これは選択という語が通常含むような自由度のあるものではない。「意味」を選ばねばならな

いのであって、その意味で「強制的な選択」である。ここで存在という語にはニュアンスがつけられている。それは、ラカンは「存在か意味か」の選択を「金か命か」の選択としてパラフレーズしていることからも分かる。もし「金か命か」と問われて金を選んだら、その両方を失ってしまうことになるだろう。だからこそ存在ではなく意味を選ばなければならない。そんな主体の意味の世界との最初の接着点がS_1である。しかし図をみると分かるように、ここで選んだ意味の領野は、すでに存在の消失によって大きく蝕まれている、つまり無意味の部分によってくり抜かれたかたちでしか存続しない。だからこそ主体の接着点であると同時に消失点であるS_1は、無意味のシニフィアンなのである。シニフィアンは別のシニフィアンに対して主体を代表象するため、S_1はS_2というシニフィアンによって主体を〈他者〉の場に出現させることになる。つまり疎外の演算によって、分割された主体は、〈他者〉のなかで意味を獲得するが、存在としての主体は手放すことになる。この遺棄された存在の場所S_1に、対象を引き戻す第二の演算が、先にみた「分離」である。以上、「疎外」と「分離」の演算により、主体は対象aとして人生をはじめ、失われた部分に同一化し、シニフィアンの連鎖に入ることになる。言語的存在の誕生である。

対象aとしての名前

ここでようやく、わたしたちは「対象aとしての名前」というものを考えることができるのではないだろうか。というのも、みてきたように、名前は存在が意味の世界に接続される最初の結節点に位置し、同時に意味の領域に疎外される以前の、口唇期的要求や肛門期的要求を通して経験していた享楽、すなわち今や主体にとっては失われた存在そのものの次元を保存する目印となるからだ。S_1が、無意味のシニフィアンであったように、名前はその存在の分節化という特権的な機能をもつシニフィアンであるにもかかわらず、だからこそむしろ、それそのものとしては意味の領域に実体的な場所をもたない。クリプキが、名前を記述に還元できないと言ったのは、この意味において理解することができる。「アリストテレスは、プラトンの弟子である。アリストテレスは『自然学』の著者である。アリストテレスは、アレクサンダー王の師である。(…)というように、そこには

シニフィアンの無限のシニフィアン連鎖があるだけである。また対象aの出自が、無意味の領域、失われた存在の領域であるということを考えると、固有名の記述への還元など不可能であるのは明らかである。固有名の余剰、あるいは余剰としての固有名は、まさに対象aとして捉えることができる。

　言語の世界は、意味の絶え間ない横滑りによって常に流動するのみである。意味の海での彷徨する主体は、対象aを摑みとることによって、辛うじて主体性を形成していくことが可能となる。ただし、これはすでに失われた存在の証人、物を言わない証人である。その意味で、対象aはルアーであるとも言えるが、しかしこの対象に騙されない者は、意味の砂漠を永遠に彷徨うことになる。このような観点をもって、次に臨床事例をみていく。

第2節　名前をめぐる困難：いくつかの事例から

　この章では、フランソワーズ・ドルトの症例を通して、「欲望の主体を構成する対象aとしての名前」をより具体的に描き出し、さらに筆者自身の事例を通して、臨床で出会われる名前にまつわる困難をさらにみていく。

ドルトの「症例フレデリック」

　ドルトが『無意識的身体像』[20]のなかで提示する、症例フレデリックは、上で指摘したような対象aとしての固有名が、名指しによって獲得されていく過程を興味深いかたちで提示している。

　誕生時に生みの親から捨てられたフレデリックは乳児保護施設に収容されていたが、11か月のときに、養父母に引きとられた。深刻な知的障害、精神障害がみられ、7歳のときに養父母に連れてこられた。治療のなかで難聴であることが明らかになり、補聴器をつけた心理療法を開始したところ、知力は回復し、便の失禁もなくなり、同世代の子どもたちのなかにもとけこめるようになる。しかし文字の読み書きだけはできなかった。しかしドルトはその注意深い観察によって、フレデリックが「A」という文字を、絵の随所に書きこんでいることに気づく。「これはAでしょ?」と尋ねてみると、フレデリックは「うん (oui)」と返事をす

150

る。ドルトによれば、このときフレデリックはいつもなら息を吐き出すようにして発する"oui"を、息を吸いこむように発声したという[†21]。

　ドルトは「A」が、個人名を指しているのではないかと考える。すると義父母から、フレデリックの最初の名前は「アルマン」であった事実が告白される。ドルトは、さっそくフレデリックに「A」はアルマンの頭文字ではないかということ、そして「養子にもらわれてきたとき名前が変わって、つらい思いをしたこと」を話した。しばらくしてドルトにあるひとつの考えがひらめく。彼の「本当の」名前を呼んでみることにしたのだ。まるでどこに居るのか分からない人を呼ぶように、ドルトは「アルマン……！　アルマン……！」と捜す身振りをしながら、その名前を呼ぶ。やがて彼と目があったときに「アルマン、あなたが養子になる前の名前は、アルマンでしょ」と言ったとき、アルマンの目がきらりと輝いたという。

　この症例における最大の転機は、このように名前を呼ぶときに訪れる。その瞬間、名を失っていた主体が、フレデリックという同じ主体の身体像と己の身体像とを再び結び合わせたのである。この出来事から2週間後、彼は読み書きのできない状況から抜け出した。自身を世界に固定する対象aとしての最初の固有名「アルマン」の関係が、回復されると同時に、個人と文字との関係が回復されていることは興味深い。

　ドルトによれば、個人名は子どもが聞いたあらゆる音素や語のなかで、主体のナルシシズム的まとまりを確保するために根本的な重要性をもつ語である。当然のことながら、名前は個人につけられたタグではまったくない。誕生時から子どもの名前は「身体性および他人の現前と結びついており、アルカイックな心像を含めて身体像の構造化に決定的な役割を果たしている」[†22]。ドルトは身体像の第一の構成要素「基礎的心像」を措定しているが、これは子どもが自分自身を「同じものである（mêmeté d'être）」[†23]と感じとれるような心像である。すなわちナルシシズム的な愛を連続して自分に注ぐことができる心像、空間的にも時間的にも己を連続した者として感じとれる心像である。個人名の音素を通じて自己を認めるようになることは、死の欲動を超えて、生の欲動が優位になった証拠である[†24]。こうした個人名は、まずは両親との関係のなかで、次はより大きな社会でのあら

ゆる他者との関係のなかで、まさに誕生から死に至るまでわたしにまとまりを与えてくれる特別な音素であり続ける。だからこそ、たとえ死の欲動が優位となるような深い眠りにあっても、個人名を呼べばその人は目を覚ましうるのである。

　名が主体をまとめあげるような機能をもつとき、死の欲動を乗り越え、主体としてその生を歩むことが可能となる。しかし周囲の大人が、子どもに向かって語ることをしない場合、子どもは死の欲動と生の欲動を区別することはできない。養子となったフレデリックにとって、養子になる前のアルマン時代は、もはや無きものとされていた。しかし彼は養子にもらわれる前、「自分のことを話している人や自分の名を呼ぶ声のなかに、母性的な安心感を与えてくれる未知の声を彼は聞いていた」[†25]のである。

　子どもに真実を語るのに、幼すぎるということはない。ドルトに言わせれば、子どもに話さないということは、子どもを人間として認めないということを意味する[†26]。子どもを物のように扱う限り、死の欲動が子どものなかでずっと優位なままになってしまう。こうして各個人に固有な「身体像」を伴わずに、種に同一な「身体図式」だけで成り立つ生は、自己愛の面で無感覚になってしまう。死の欲動によって主体が一切の性感的心像から遠ざかってしまうためだ。次にみるドルトの『症例ドミニク』でも、名前が要因のひとつとなって、主体性の形成が蝕まれている様子が描かれている。以下、個人名だけでなく家族名にも注目しながら症例をみていく。

ドルトの『症例ドミニク』[†27]

　ドミニクは、2歳上の兄ポール゠マリーに次いで、ベル家の次男として生まれる。かねてより精神薄弱と考えられていたが、思春期からは精神病を疑われていた。彼は誰のあとも構わずついて行くし、本人にもなぜそうするのか分からない。読むことはできるが計算はできない。もっとも2歳下に妹のシルヴィが生まれるまではとりたてて問題はなかった。今まで寝ていた両親の部屋にある自分のベッドで赤ん坊が乳を飲んでいるのをみたとき、「赤ん坊がママを食べている」と言って乳房を妹から奪った。また恐怖症があり、自転車と馬を怖がった。

　ベル夫人は、幼年期はアフリカで育ち、コンゴでは尼僧たちと寄宿生活を送っ

た。幸福だったのはこの時期だけであり、フランスに戻ってからは孤独であった。結婚は彼女にとって孤独を慰めるものであった。ドミニクが生まれたとき、本当は女児を望んでおり、さらに言えば、自分の父親のように毛むくじゃらで褐色の髪をしたドミニクを「醜い」と思った。彼女はこの父親に「娘として認めてもらえていない」とずっと感じていた。

　彼女の夫は、子ども時代に引っ越しが多く、成績も優れなかった。5歳の頃、彼が遊んでいた玩具を飲み込んだのが原因で、すぐ下の弟が亡くなっている。また、ひとまわり下にも弟がいたが、ドミニクが生まれた年に、山で行方不明になった。家族は彼がどこかで生きているものと信じていた。この失踪した叔父の墓石が立てられたのは、娘のシルヴィがもうじき生まれようというときであった。

　長男ポール＝マリーは、歳相応に成熟しているが、若い娘には関心がない。また仕事でほとんど家にいない父親に代わって、母親とカップルをなしている（ベル夫人は自分とこの長男を、しばしば「わたしたち」と語る）。これまでドミニクを学校まで「運ぶ」役目をしていたが、学校がバラバラになるため、ドミニクにどこか寄宿つきの特殊学級を紹介してもらおうと、ベル夫人はドルトが居た心理教育センターにやって来たのであった。では、ドミニクとドルトの面接場面をかいつまんでみていこう。以下にあるのはドミニクとドルトの最初の対話である。

ドミニク：
そう、僕はみんなのようじゃないんだ。僕はときどきはっと目をさまして、本当のことがあったように思うんだ。
ドルト：
誰が君を本当の君でなくしたの？
ドミニク：
そう、それなんだよね！　どうして先生はそのことを知っているの？
ドルト：
知っているんじゃなくて、君を見ているとそう思えてくるの。
ドミニク：
僕は小さい頃の部屋に、またいると思ったんだ。僕は強盗が怖かったんだ。

> 強盗ってお金も盗るし、銀の食器も盗る。強盗って何でもかんでも盗っちゃうって思わない？
> （彼は黙った。私は心のなかで思った。部屋〔salle〕とは不潔な〔sale〕のことじゃないだろうか？）
> ドルト：
> 君の妹を盗っていくこともあるんじゃないかしら？
> ドミニク：
> そうなんだよ！　ああ、どうして先生は何でも知ってるの？
> ドルト：
> 最初から知っているというわけじゃないの。君が自分の言葉でいろんなことを話してくれるし、私もできる限り君の話を聞こうとするからなのよ。君がどんな目にあったか知っているのは、君であって、私じゃないの。でも一緒なら、たぶん分かるはずよ。[†28]

　ある種の感動を与えるこの対話は、ドルト自身がこの症例のなかで最もよく引用する箇所でもある。精神分析家と分析主体との真の「出会い」は、分析主体の情動の排出物か創造物かであるかはともかく、それがもつ無意識的意味を解読した瞬間にはじめて可能になる。まさにこの場面はそうした「出会い」のはじまりを印している。一般に精神病者の不可解な表現様式には乗り越えがたい壁があると考えられているが、ドルトによればそれは誤りである。彼女は、たとえ精神病者が自分自身のものである生活史に関してイノセントであったとしても、彼らが常に意味しようと欲する主体であるという大前提をもって、彼らの話に聞き入る。そのようにして精神病者の発話に認めたことを、できるだけ適切に表すような言語で説明できたとき、分析家ははじめて彼らと交流できるようになるのだ。かつて自分がいた場所を占めている妹への不満を声にできなかったドミニクが、それを乗り越えていくには、それを語る手助けをする存在が必要である。失ったもの（母親の愛情）を補ってやろうとすることは社会奉仕であっても、分析家の仕事ではない。言うという行為に耳を傾けることこそ、精神分析の次元である。自分の話を聞いてくれる他者＝ドルトとの「出会い」によって、突然、出し抜けに、これ

まで不可能であった会話の交換が現実として開かれたのである。

　はやくも2回目の面接後、ドミニクに目にみえる変化が起こる。同年代の子を恐れていたドミニクが平気で彼らと遊び、妹の世話をやき、怖がっていた自転車を今では乗り回していると母親は大喜びで話す。しかしドルトはこの変化を冷静に分析する。ドミニクは人格の深部に他者が介入してくるように感じているので、自己を防衛しているのだと。そうした変化は周囲の人を満足させようという強迫的な自我の儀式であり、無意識の抵抗をカモフラージュしてしまう危険がある。ドルトはここで、子どもが家庭や学校の環境にうまく適応していることに満足して、治療を中断してしまわないように注意している。実際、面接場面では信頼と不信のアンビヴァレンスをドルトに向けていたドミニクに、ドルトが話を聞き入った効果が現れはじめるのは4回目の面接においてである。この回、ドミニクは粘土で犬をつくり、その犬が歩きはじめたとたんに頭を失うという空想を語った。ドルトはこれをドミニクの人生で実際に起こったことではないかと考察している。そして、この犬は雌牛に変形される。

ドミニク：
（…）この雌牛は、自分が雄牛だという夢をみている。雌牛は雄牛がみている夢なんだ。でも雌牛が夢でみている雄牛のほうは、自分が雌牛だという夢をみている。

ドルト：
この雌牛が夢みているのは、去勢された雄牛（bœuf）、それとも去勢されていない雄牛（taureau）かしら？

ドミニク：
ああ、それは分からないよ。

ドルト：
雄牛と去勢されていない雄牛の違いは知っているの？

ドミニク：
ああ、それね。去勢されていない雄牛のほうがずっと意地悪だって言ってたと思うよ。でもその雌牛は聖なる雌牛なんだ。で、自分が何だと思っている

> と思う？　それはね、(声をひそめて) 自分が聖なる雄牛だと思っているんだよ
> (…)。
> ドルト：
> 聖なる雄牛にしろ、聖なる雌牛にしろ、それはたぶん君がマダム・ドルトのことを好きだからでしょ。君はマダム・ドルトを神聖なものにしたいのね。[†29]

　ここには、一次去勢に関わるドミニクの混乱がある[†30]。一次去勢においては、曖昧にされた性（ambisexualité）の幻想を断念し、男女いずれかの性しか選べない運命を受け入れることになる。魅力的なモデルである同性の親のように自分の性にも性愛的な価値があるという誇りをもつことができれば、数年後にはエディプスコンプレックスに導かれ、エディプス去勢へと進む。その意味で一次去勢は象徴的な発達を加速するアクセルあるいは逆にブレーキの役割を果たすことになる。したがって神経症者が一次去勢を越えたところで悩むのに対し、精神病者は一次去勢の手前で彷徨することになる。ここで一次去勢の試練にあるドミニクは、夢みられているもの、つまり欲望されているものに、男女のどちらの性を選んだらいいのか分からない。ドミニクは、彼自身や彼のお気に入りの人物を動物に投影しているが、彼らがどちらの性に属しているのか分からない。そのため彼らは、神聖なもの、憧憬されるものであり、性的欲望の埒外にあるのだ。ドミニクを精神病に追い込んだこうした同一性の混乱は、以下のように構成され強化されている。

　兄はドミニクのように狂ってしまわないために母親とペアをつくるのがやっとであった。彼は父親を見事に模倣し、母親を喜ばせた。しかし母親の隣で夫を気どるこの「小さな主人」は、前エディプス段階にある非－性化された存在にすぎず、ドミニクにライヴァル心を掻き立てることも、男性としての性を価値づけることもなかった。

　母親は、夫が家にいないとき、子どもたちをベッドに呼んで乳房も露わな裸身で、肉体と肉体とを擦り合わせる接触を強いた。尼僧たちの間で育った母親の、イノセントな近親相姦的誘惑は、エディプス的自我の誕生を不可能にした。ドミニクは母親のフェティシズムの対象となって支配されていた。親の欲望に自分の

欲望を譲り渡す子どもに、「主体」が到来することはない。母親は自然な愛情という名のもとに、子どもを「血の通った生きた人形」にしてしまったのである。また母親自身が一次去勢を乗り越えていないことが、この倒錯的構造の導入に寄与している。また父親は、幼少期の外傷（弟の事故死）が家庭を通じて思い出されるのを拒み、滅多に家にいなかった。父親は、日常生活はもちろん、生殖活動にさえ参加していない「よそのおじさん」であり、母親と子どもたちの間に割って入るようなこともなければ、同一化できるようなモデルとなることもなかった。

　ベル家で男性的ファルスを表象する人物は、すでに死んでいた美しい短刀とともに消えた叔父である。さて、ドミニクの妹の名「シルヴィ」＝「s'il vit（もし彼が生きていれば）」という音は、家族のあらゆる幻想の源泉であり、ドミニクが赤ん坊の頃から聞かされ続けてきたものであった。そしてついに、この叔父が妹に姿を変えて蘇ってきたとき、ドミニクは深い混乱に陥ったのである。ドミニクよりずっと「ベル」な（美しい〔belle〕、そしてベル〔Bel〕家に相応しい）外見的特徴を備えた妹、両家が待ち望んだ女の子、ペニスをもたないにもかかわらず魔術的な全能性を備えたシルヴィの誕生は、ドミニクにとって外傷的であった。新たな母親の部分対象となった妹に、自分のベッドが占領されているのをみたとき、ドミニクのこれまでの家庭での役割に変化が生じた。ドミニクは参照物を失い、まだ言葉も話せない赤ん坊に同一化するより他はなく、しかも同時に、一次去勢をすでに印しづけられた自らの身体像を失ってしまう。そして家族のうちの誰もこの退行を止めることはできなかった。

　このように、一家の英雄であった叔父（「もし彼が生きていれば（s'il vit）」）の生まれ変わりのように名づけられることになった「シルヴィ」が、ドミニクに与えた混乱は、「妹に嫉妬する兄」という素朴な図式だけで捉えるには、有り余るものがある。ドルトは「無意識的な負債が継承されて、第二世代、あるいは第三世代の子孫の一人が活力を奪われることになる」[31]と指摘しているが、十分に「言われることのなかった（non-dit）」家族の心的外傷は、次の世代の子どもにまで引き継がれていくのだ。ベル家の場合、その犠牲となったのがドミニクであった。最初の世代で語られなかったものが、次の世代に身体的に、あるいは症状としてあらわれるのは、人間存在が象徴的なものだからである。

さらに家族名ベル（Bel）は、ベル家側の身体的特徴を受け継いだ美しい（belle）妹シルヴィの専有物である。ベル家の人間が備えているべき特徴をもたず、母親が嫌悪する彼女の実父の特徴を受け継いだ「醜い」ドミニクには、ベルという言葉で自らを示すことが許されていなかった。ドルトは、家族名はその子の親族関係を意味づけ、近親相姦の禁止に根拠を与えるという[132]。つまり主体が自分の家族名を用いて自分を表すようになるのは、エディプス期の去勢を経た証拠である。しかしドミニクの場合、禁止を与え掟となるべき彼の父は、弟を死なせたという彼自身のトラウマのなかにあって、常に「よそのおじさん」であり、父親らしい態度をとることができなかった。この父の不在を、「父なるもの」について話すことで象徴的に埋めてやるべき母親もまた、自分の父親との問題を持ち越しており、「父なるもの」を積極的に語ることができなかった。こうして精神病の飛び地を作り出す「父の名」の排除が準備された。

　以上が、ドミニクがシルヴィの誕生後、精神病的な状態へと退行せざるをえなかった多元決定的構造のすべてである。誰もが与えられる通行止めの柵が与えられなかったドミニクは、息子としての自分の立場に関する言語的目印を失っていた。彼に手を差し伸べるべきすべての駒が、彼の発達を阻害する方向に動き、こうして「人間化する去勢」「象徴化する去勢」への道が閉ざされた。さまざまな不幸な偶然が重なりあって必然となり、ドミニクの狂気は析出されたのである。

　続く5、6回目の面接では、一次去勢の問題がより明確に現れている。特にドルトが一番興味深かったという6回目の面接で、ドミニクは周囲の人間を素材に人間にとっての性の意味を問い、そのなかで曖昧な性を断念し、さらにファルスの意味を問うところまできている。もっともドルトはドミニクの話をすべて理解したわけではないが、自由に空想する権利を保証してやることで、精神療法に不信感を抱く父によって面接が終わることになる12回目までには、ドミニクは精神病的な退行から抜け出していた。もちろんドルトも述べているように、この面接によってドミニクの精神病が治癒したわけではない。しかし少なくとも、死の欲動に降伏しかかっていた欲望は、この面接のなかで再び息を吹き返したのである。

　ドルトが強調するように、どんな人間も普遍的な生と死の欲動で構成されては

いるが、精神病者ではとりわけ死の欲動が優勢である。分析家は転移状況のなかで、病者が表明する内容を可能な限り受容し、同時に死の欲動を引き受け、不安に満ちた幻想の残骸を判読することに耐えなければならない。クライエントは激しい不安を前に逃げようか克服しようかと迷いながら、そのいずれにも到達することができないでいる。それは不安だけが、限界にある自己愛を支えるものとして唯一性愛化されているからである。しかし分析家の呼びかけは、親からたえず無意識に受けとっている不安から脱出せんとする欲望を目覚めさせる。精神分析はその意味で、不安の対象を空想のなかに召還し欲望の対象へと変換させること、つまりその象徴化の可能性のなかで辛うじて生きてきた存在を欲望の主体へと生成変化させる場であると言える。先に対象aとしての固有名こそが主体の誕生を用意するといったが、それは同時に、他者の欲望が主体の誕生には必要であるということを言っている。だからこそラカンは、主体は「欲望の対象aとして」「自分が大文字の他者にとってそうであったものとして」、そしてまたこの世にやってきたことを「望まれた者としてあるいは望まれなかった者として」生まれなおすべく呼びかけられていると言った[133]。主体の誕生の必要条件である他者の欲望は、ドミニクの場合、世代をまたぐ言語化されないものの伝達によって、この小さな少年がそのままその身に負うには、あまりにも酷なものとなっていた。「本当の僕でなくなった」というドミニクの告白にみられるのは、対象aとしての名前を完全に見失った主体であったのだ。

逃れゆく固有名：葬儀で署名できない女性の事例

　次にみる若い女性の事例は、また別の角度から固有名の問題を照らし出してくれる。まずはクライエントが語ったエピソードからはじめたい。学生時代の友人の父親の訃報を受け、彼女がその葬式に参列したときのことである。彼女とこの旧友の関係は、今やさほど親密なものではなくなっていた。また彼女自身はそもそも旧友の父と面識はなく、訃報そのものに特に取り乱すことはなかった。ことが生じるのは、これとは別の瞬間である。葬儀会場に着き、彼女は記帳のための列に並んでいた。これまでも幾度となく繰り返されてきた署名という行為は、さほど意識されることもなく執り行われるはずであった。しかし自分の名を書こう

としたその瞬間、彼女はその行為に「違和感」をおぼえる。取り乱すまいと、なんとか書きかけた文字も「宙に浮いていく」ように彼女の目には映る。またそれと同時に、自分の「身体が空に遊離するような」異常な感覚に襲われる。それ以降、彼女は虚脱状態に陥ることになる。現実は「現実感」を失い、彼女は「自分が何をしているのが楽しいのか」、そのような感情をもはや「自然に」感じることができず、それを友人に尋ねなければならないほどであった。彼女の虚脱状態の引き金ともなったこの出来事において一体何が起こっていたのだろう。以下、この署名行為の破綻を探っていきたい。

　まず指摘しておかなければならないのは、この女性にとって自分の名前は、何よりも「父から特別に与えられたもの」であるということだ。彼女は、幼少期からとりわけこの父親に「可愛がられていた」という。末娘にあたる彼女が父親のお気に入りであったことは想像に難くないが、その証拠とでもいうべきものが彼女の名前である。というのも父親は、「上の兄弟たちにはそうしなかったにもかかわらず」彼女にだけは自ら命名したのであった。だからこそ彼女にとって自分の名前はそうした父親からの寵愛の証そのものであった。しかしその父親もすでに数年前に他界していた。

　入院中の父親が危篤状態となり、彼女が病院に駆けつけたとき、父親はすでに昏睡状態であった。家族や親戚が、死にゆく父親のベッドをとり囲んでいる。もちろんそのなかに彼女もいた。しかし彼女は、まさに死んでゆく父親の傍らで「抵抗できない眠気」に襲われ、病室の脇にあったカウチに眠りこんでしまうのである。彼女にとって、「自分を無条件に守ってくれる存在」である父親を失うということは、このうえなく耐え難い出来事であったのだろう。だからこそ彼女は眠りという小さな死によって、死にゆく父に同一化するという手段に訴えたのである。矛盾を承知で言うなれば、父の死から数年たった現在も、彼女にとって死んだ父はまさに眠ったままだったのである。

　一般に、葬儀における記帳は参列者を対象としたものであって、第一親等にあたる者は記帳することはない。さらに彼女によれば「父の葬儀は黙って座っている間に終わっていた」のであって、それが喪の儀式としての役割を十分に担えたかどうかは疑わしい。そんな彼女が、今度は完全な第三者として参列した旧友の

父の葬儀においてはじめて、自分の「父の死」に署名することを強いられたのである。彼女のなかで数年来持ち越されてきた父親の死は、こうして署名の問題とともに回帰する。

　そもそも署名という行為は、このわたしが、わたしの名において、それを書こうとする意志のもとで可能になる行為である。「ここにわたしがいる (me voilà)」ということが、そうした行為の可能性の条件である。ここで「わたし (me)」が対格であることに注目したい。署名はたしかにわたしの手によるわたしの行為であるが、しかしそれは一方で〈他者〉に裏地をつけられてはじめて仕立てあがるような構造をもっている。わたしがわたしの名でサインするその度ごとに、わたしは〈他者〉の呼びかけに応えるように、あるいは〈他者〉とともにサインをしているというような構造である。この〈他者〉は普段は意識されることはないし、むしろ意識されてはならない。精神病の幻聴ではこれがはっきりと外部の声として聞こえるが、神経症では、無意識の声にはフィルターがかけられていて、あったとしてもそれは漠然と自身の内部の声のように感じられている。つまり意識されないからこそむしろわたしは行為の主体として署名を遂行しうる。

　署名は、みてきたように意識されざる〈他者〉と目の前にいる他者の狭間で辛うじて指示されうる「わたし」が、行為遂行的に名を記すことで自らの存在を表す行為である。だからこそ署名において名前とわたしは限りなく一致していなければならない。署名とは、この意味で名前の文字列のなかに、署名するその度ごとにわたしが消えてゆくような行為と言える。その度ごとに文字に存在が託されるからこそ、その手書きの署名は重みをもつ。フロイトが『トーテムとタブー』のなかで紹介する署名を忌避する女性は、署名に内在するこの出来事、すなわち「文字への存在の消失」を明確に示している。

　フロイトの女性クライエントは「自分の名前を書き記すと彼女の名前が他人の手に落ち、自分の人格の一部がその人に所有されてしまうという不安から」[134]、自分の名前を書くことができない。そこでフロイトが言及するのは、死者の名前を口にすることのタブーについてである[135]。多くの未開社会では死者が穢れや不浄をまとった存在となると一挙に死者と身体的接触をもっていた者たちも忌避され、その輪はどんどん拡張する。とりわけ喪に服する親族の忌避は多くの民族に

みられる。しかし忌避の範疇は人間だけに留まらない、死者の名前さえもその対象となる。これが死者の名前を口にすることのタブーとなるのである。フロイトが最も関心を示しているのは、実際の人間に対するタブーよりもむしろこの名前に対するタブーである[†36]。なぜならこのとき名前には特別な身分が与えられているからだ。

> 未開人にとって名前は人格を宿した本質的な要素であり所有物であって、彼らは言葉にものとしての意味を丸ごと期しているということに我々が注目すれば、この名前のタブーの異様さは緩和される。[†37]

つまり未開人にとって名前は、単なる記号ではなく、そのなかに人格を宿した「もの」として扱われているのである。さらにフロイトはこうした心性がわたしたち文明人にもみられると指摘する。わたしたちは自分たちが思い込んでいるほど固有名の重要性に無関心ではなく、自分の名前がいわば人格と癒着していることを窺い知ることがあるとして、フロイトは先にみた女性の例を挙げたのだ。

　この女性の場合、それが文字通り「名前のなかに自分が入りこむ」こととして感じられている点においてはなるほど病理的ではあるが、しかし彼女の論理は先ほどみた署名という行為の内実を真に示してくれている。たしかに何かにサインをするとき、「サインしたわたし」と「わたし」は同一でなければならない。しかし、第1節で「疎外」についてみてきたように、意味の領域に存在が入り込むというのはナンセンスである。だからこそ、署名にはある種の狂気の一瞬が含まれることになる。日常においては意識されざる（あるいはされるべきでない）この飛躍の一瞬は、彼女にとって飛び越え難い障害として意識されていたのだ。

不可能な署名

　さて、わたしたちの症例に戻ろう。彼女の場合、署名を裏打ちする抽象的な不在の〈他者〉のトポスに具体的な身体を与えていたのは、命名者たる父であった。旧友の父の葬儀においてはじめて、「父の死」に署名することを強いられたこの女性は、「父」とともに「父の死」に署名するという不可能な事態に直面していたの

である。このとき彼女が署名することができないというのは、父の死の否認というある意味で「主体的な」出来事としてそうなのではない（もちろん彼女は父の死を事実としては明晰に認識していた）。むしろ彼女は主体性の喪失、すなわち彼女自身の死をそこで体験していたのではないだろうか。

　署名できなかった彼女は、そのとき身体の平衡感覚をも失い、自分を今ここに定位することができない。固有名の自明性が崩れたとき、このように同時に世界の自明性が崩れるのである。つまり自身の同一性を示すはずの名前が、当人にとって違和感のあるものとして立ち現れたとき、その人は社会に参加することはもちろん、自身の身体感覚、主体感覚さえ危うくしてしまうのである。そこは端的に生きられた空間ではない。第3章でも示したように、個人とその身体の関係性は、素朴に想定されるようなものではない。身体イメージは、他者の承認のもとにはじめて獲得されるきわめて不安定な次元に属するものであった。逃れゆく身体イメージを個人に固定する錘のような役目を対象aとしての名前は担いうる。だからこそ、この事例にあるように、名前が果実の皮のごとく身体から剥がれ落ちてしまうその時、現前するはずの社会が消失していくばかりではなく、同時に、自らの身体の感覚さえも失われてしまうのである。

　このように名前が個人に結びつけていた身体イメージが個人から遊離してしまうと、独特な感覚体験が生じる。名前による結び目が解かれたこの状況は、言語とわたしの最初の出会いの状況を反復しているようにも思える。先にみたように、セミネールXIでラカンはこれを存在か意味かの選択として記述した[138]。これは選択という言葉が通常含みうるような自由度をもったものではなく、表象の主体であるわたしたちは存在ではなく意味を選ばなければならないという強制的なものであった。意味とは、言語としての〈他者〉の領域である。言語のなかに自分の場所をみつけ、欲望を自分のものとしなければならない。署名の困難につきあたった彼女は、今まさにこの主体の起源における選択の前に立たされているのだが、意味を選べずにいたのだ。

　署名の事件の後、虚脱状態にあった彼女において、対象aは析出されず、主体としては疎外されたままの状態が続いていた。しかし一方で、デリダが指摘するように、名前が欠如している（sauf le nom）ということは、逆に名前が無傷のまま

163

救済される（sauver le nom）ということでもある[†39]。彼女は父親から与えられた特別な対象を欠くことで、別な場所で、父が与えたその特別な彼女の名前を無傷のまま救出する。彼女が味わっていた離人感も、絶対的他者である父が与えてくれた寵愛のしるし＝名前を守るための防衛のひとつであったのかもしれない。しかし彼女には名前が必要である。自分の名前を再発見するような作業が求められる。もちろんそれは本当の名前、真の名前というような神々しいものではない。対象aとしての固有名という見方を支持するならば、その意味内容ではなくその接続機能に注目して、主体を過去に戻してやるとともに未来に伝達するような接続の作業が求められる。対象の本質は、何度も繰り返すように、空である。だから再発見されるべきそれは、もはや名前それ自体でさえないかもしれない。それはわたしを世界につなぎとめるその一点に位置づけられるような何ごとかである。

死んでいる父の夢、死んでいるわたしの夢

　フロイトが「心的生起の二原則に関する定式」[†40]の最後で提示する夢がある。これは父の看病をしていたある男が、父が亡くなった後繰り返したものであるが、フロイトが強調を惜しまず提示した夢は以下のようになっている。

> 父はふたたび存命中で、以前のように自分と話している。しかし、自分としては、父がすでに亡くなっているのに、そのことを父が知らないでさえいることをつらく感じている。[†41]

夢では、父が死んでいるにもかかわらず、それを知らぬまま息子に話しかけてくる。フロイトはここで、このいかにも問題含みな夢を、かつて息子が父の死を望んだというエディプス的な無意識の欲望の表れとして解釈する。フロイトの言うように、「父はすでに亡くなっている」という言葉に、「自分が欲したように」とか「自分が欲したために」という言葉を添えれば[†42]、エディプス的願望が炙り出される。親しい者を亡くした際のこうした自己非難は、よく知られたものであり、たしかにこの夢を十分に説明しうる。しかしラカンは、フロイトが示したこのエディプス的な不安夢の裏面に、自己の死から距離を置こうとする主体の態度をみ

る†143。「彼は知らなかった（Il ne savait pas）」の「彼」には、「私」も代入できる†144、つまりこれは夢をみた男自身の死をめぐる不安夢というわけだ。またここで使われている「知らなかった（ne savait pas）」の半過去形がもつ未完了のニュアンスは、まさに今生きている夢見手（息子）にこそ相応しい。つまり死んでいるのは、ひとり父だけではない。

とはいえ今示したフロイトとラカンのそれぞれの解釈は、相容れないものではない。というのも、すでに疎外と分離の演算でみてきたように、主体はそのはじまりにおいて、ひとつの死を被っているからだ。そしてこの死、存在そのものの喪失と背中合わせに、欲望は成立するのであった。こうした欲望を、わたしたちはフロイトに倣ってエディプス的欲望ということができるだろう。それは自分の死に目をつむってはじめて現れるすでに失われた世界を再び活気づける欲望である。欲望の弁証法に入っている時点で、わたしはすでに死んでいる。その意味で、父は母を欲するままにする人物として想定される以前に、わたしの死の請け負い人として想定されるべきなのである。

わたしたちの事例に戻ろう。面接をはじめて数週間後、当時の恋人との別れを機に深刻な鬱状態が続いた。様子をみかねた周囲の薦めで、ひとり遠出をして訪れた美術館で、彼女は耐え難い眠気に襲われて1時間ほど昼寝をしたという。人が混み合う美術館で、雑踏のただなか、絵画をみるために据えられたカウチの上で眠りに落ちたというのだから、そうありそうなことではなかった。しかし美術館での眠りは彼女にとってはむしろ穏やかで、心地よいものとして味わわれていた。

ちょうど眠りに落ちたその部屋には「誕生」をモチーフにした絵と、自分の名前がそのタイトルに含まれた絵が展示されており、彼女はそれらの絵に「新たな生のはじまり」を感じとっていた。またこれは同時に、面接室ではソファーにゆったりと腰かけ、眠ったように目を閉じて話す彼女の転移をうかがわせるエピソードでもあった。おそらくはそうした転移性の治療効果もあり、しばらくは安定した時期が続いた。彼女自身も「日常生活は穏やかになってきた」と言うのだが、しかしそうした日常に反比例するかのように、夢はその激しさを増していく。「ひどく恐ろしかった夢」として彼女が報告したのが、以下の夢である。

> 友人の家に連れて行かれる。しかし友人がみんなアンドロイドであることが分かる。あわてて必死に逃げようとするが扉は開かない。窓から外に助けを求める。近くの駐車場に車をとめていた見知らぬおじさんが、こちらに気づいてくれる。抱きかかえられるようにして、ようやく窓から脱出する。すると助けてくれた男性がわたしをみて、表情を一変させる。わたしの身体が欠けているのだ。なぜか自分の目では見えない。すでにわたしは死んでいたのだ。助けてくれた男の人の顔をみて、はじめて自分が死んでいることに気づいた。

　この夢は彼女に「鋭い感覚」を残していった。面接室で夢を報告するときでさえも、彼女は体に戦慄をおぼえるほどであった。彼女を震撼させるのは、「友人と思っていたのが、実はアンドロイドであること」、あるいは「そこからどうもがいても脱出できないということ」ではない。そうではなくて夢の後半、自分の死を男の顔を通して知る場面である。

　前半部の「騙されていた夢、逃げるがなかなか上手くいかない夢」は、彼女にとってよくある悪夢のひとつであった。しかし「自分自身もアンドロイドだった」というのは、まさに彼女にとってひとつの発見であった。またその発見の仕方が独特である。自分の身体（「おそらくは継ぎ接ぎだらけ、あるいはどこかが欠けている身体」）は、ちょうど死角になって、自分では直接みることができない。彼女は、他人の顔を通じて自分の身体が実は継ぎ接ぎだらけの統一をもたないものであることを知らされる。自分が死んでいたという「事実」を発見するのである。

　これはちょうど鏡像段階の裏面にあたるだろうか。一般的に鏡像段階では、乳児のバラバラの身体にまとまりが与えられるのに対し、夢では他者の視線によって、自分の身体がまとまりを欠いていることを知らされるのである。今や自分の生だけでなく、自分の死にさえも、他者の承認が必要とされるのだ。夢で彼女を救出してくれた、心よき隣人は、彼女に何も声をかけることはできない。先に示したフロイトのクライアントの夢で、夢見手の息子が死んでいることを知らない父に何も言えないように、この隣人もまた、死んでいる彼女に対して一言も発することができない。彼はただ「すまなさそうな、しかし慈しみのある」「何とも言

い表すことのできない、しかしすべてを表しているような」表情をしていたという。

　この夢は彼女にとって、第1章でみてきた、それについて何ひとつ語ることのできないような「顔」の接近と言えるだろうか。この見知らぬ隣人がみせた何とも形容しがたい顔は、彼女がはじめて出会ったもうひとつの父親の顔であったのかもしれない。彼女に生とそして同時に死を与えた、悪意なきそして決して全能でもない父の顔である。父子のこの言葉なき対面のなかで、彼女は父の喪そして何よりも自身の喪を体験したのかもしれない。この夢を契機に、彼女は徐々に地に足がついたような印象をこちらに与えるようになった。それは、面接室を出る際にみられたこれまでの消えゆきそうな立ち去り方と比べれば、少しのたくましさとでもいうべきものを感じさせた。初期の訴えでもあった自殺願望はなくなり、それまでは具体的には語られることのなかった仕事への情熱を自らの欲望として語るようになってから数か月後、彼女は無理のないペースで職場復帰を果たした。

第3節　名指しとしての症状

記述される症候と固定指示詞としての症状

　通常、症状は消去すべきものとして捉えられている。たとえば認知行動療法は、諸々の症状を克服すべき項目課題として分節化し、段階を追って課題の克服、症状の消去を目指していく。こうした症状は、疾患名を構成する一要素にすぎず、概して取り除かれるべきものとされている。

　しかしフロイトは精神分析を開始した初期の頃から、症状にはその個人固有のある種の快（ラカンはこれを享楽と呼んだ）が潜んでおり、それゆえ個人と解きがたく結ばれた症状の完全な消去は望めないことに気づいていた[†45]。仮に諸々の症状は消えたとしても、「症状の核」とでも言うべき場は消えることなく個人のなかに留まり、まさに貝のなかの真珠のように、新たな症状を形成していく。さらに最晩年のラカンが、症状（symptôme）の旧綴りを用いてサントーム（sinthome）と表した症状は、むしろ治療の出口において、享楽との関係で見出されるものとされて

167

いる。
　ここでラカンがサントームと呼んだものが何であるかを示しておく必要がある。後でもう少し詳しくみていくが、ラカンがサントームと言うとき、それは一般的な症状（以下、症候と呼ぶ）とは区別されている。後者の症候は、無意識のメッセージをコード化した心身的な現象である。そこでは、表現（症候）と意味（無意識）の間には乖離がある。したがって、症候は、分析家によってその意味するところを解読されなくてはならない。それに対して、サントームとしての症状は、主体にとってそれ自体で享楽であるというほかなく、別の何かを意味したり表現したりしているわけではない。したがって、症状に対しては解読という営みが価値をもたない。
　第1節からみてきたクリプキやラッセルらの分析哲学者たちが議論してきた、固有名と（確定）記述との違いを例にとると、この観点を説明しやすい。記述は、個体のさまざまな性質を意味している。記述を解読したり理解したりすることで、人はその個体の性質を知ることになる。何かの表現になっているという点で、記述は症候と同じである。これに対してクリプキは、固有名を記述に還元することはできないということを論証した。つまり固有名は記述の代用品ではない。それは個体をただ個体として――つまり単独性において――指し示している。固有名は何か別のものを意味しているわけではない。したがって、解読の対象にはなりえない。記述と固有名の関係は、症候と症状の関係に等しいと言えるだろう。
　このように、フロイト－ラカンの精神分析で言われる「症状」は、認知行動療法における（個人から切り離し可能な）属性の集合ではなく、個人をただそれとして指し示す固有名のようなものと捉えることができるだろう。

父の名からサントームへ

　症状の概念の本格的な再考がはじまるのは、ボロメオの結び目が導入されるセミネールアンコール以降である。そこでは、先に示した「疎外」と「分離」の図に要約されるような欠如の主体、あるいはその欠如の場所に現れる対象aとで形成される幻想という平面とは別のパースペクティヴが切り開かれている。「欠如の主体」は、むしろ「話す存在（parlêtre）」として、主体の3領域、すなわち現実

界、象徴界、想像界のボロメオの結び目のトポロジーのなかで捉え直される。ラカンは後にこの3つの輪をつなぎとめる第4の輪を導入するが、父の名と位相的平行性をもった第4の輪を「症状」と呼んだ。

> 名前としての父と名付ける者としての父は同じではない。父は、それがなければ象徴界・想像界・現実界の結び目においてなにも可能とならないような、第四の要素である。しかしその呼び方にはもう一つある。それこそ父の名が、ジョイスがそれを証言するレベルにおいてそうであるところのもの、すなわちサントームと呼ぶことが相応しいものである。[†46]

すでに少しふれたように、ここで言われている症状はもはや無意識の形成物ではない。それはもはやメタファーのように構成されていない以上、記号解読されるものでも、解釈可能なものでもない。つまり症状はもはや隠された主体の真理の担い手ではなく、個別的で偶然的な主体の位置を説明するもの、すなわち名指しの機能を担う。

第4の輪の機能は、命名である[†47]。ボロメオの結び目における第4の輪として命名行為は、父の単一性にひびを入れる。ボロメオの結び目にいくつでも輪をつけることができる以上、不確定数（nombre indéfini）の父の名があると言えるからだ[†48]。命名の機能はもはや父の名（Nom-du-Père）の特権ではなく、「父は症状、あるいはサントームのひとつ」[†49] となる。こうして父の名は複数化（Noms-du-père）されていく。

命名機能

ラカンはジョイスの手をとって、このサントームを考察していくなかで、ボロメオの輪によってメタファーの向こう側へ進む。ラカンはエドガー・アラン・ポーの『盗まれた手紙』を読むのとは違うやり方で、ジョイスの『フィネガンス・ウェイク』を「読む」。ラカンはジョイスのテクストそのものには、それほど注意を払わない。なぜなら（それが素朴な意味での読みを許さないということはおくとして）そこで問題となっているのは、シニフィアン－シニフィエの問題ではなく、サン

トームの機能、すなわち命名のほうだからだ。

> 私にとって重要なのは、『フィネガンス・ウェイク』をパスティッシュすることではない——そのようなことは到底できないことである——、重要なのは「ジョイス、症状なるもの」という題を付けることによって、いったいどういう意味で、命名という次元で彼が認知されるような名前を、たとえそれが彼の固有名と何ら変わることがなくても、わたしがジョイスに与えているのかを述べることである。[†50]

　ラカンによれば、ジョイスにおいては、「名前としての父」すなわち父の名が排除され、想像界がボロメオの結び目から解離の危険にさらされていた。ジョイスの父は象徴的なものと現実的なものの連結（これは命名の機能であった）を保証することがない。ジョイスが手にしていた名前は、参照項を欠いていた[†51]。こうした状況においては、幻聴、亢進といったかたちで、現実的なものが無媒介に直接主体を触れることになり、それに対して為す術のない主体は狂気の淵に追いやられることになる。しかしジョイスは、エクリチュールによって「ジョイスのエゴ」とよばれる「代替のエゴ（ego de substitution）」が縫い合わされることで、結び目の欠如を修繕し、精神病に至らなかった。つまりジョイスはその創作行為によって自ら名をなす（se faire un nom）ことで、構造的欠陥である父の名の欠如をまったく別なかたちで補ったというのである。ジョイスにとって固有名は、父なしに、価値づけるものである。ジョイスはその名に対して、彼が誰に贈ることも拒んだ讃辞が贈られることを望んだ。そこは、固有名は何としても「S_1以上のもの」となろうとする[†52]。

　多くの場合、これはジョイスという天才に例外的に当てはまるような事態とみなされるか、あるいはまたフロイトの「昇華」の概念に還元されてしまっている。しかし「名をなす」というのは、創作により社会的に有名になる、認められるというより以前に、わたしたちがみてきた固有名の理論に当てはめれば、命名行為それ自体であると言えるのではないだろうか。

症状への同一化

　ラカンは、ジョイスに「無意識との契約解除（désabonner）」[53]をみた。症状が、無意識という大文字の〈他者〉であり続けるものと契約解除したものであるにしても、これはしかし「言語のように構造化されている」とラカンが定義した無意識との関係から自由になったということを意味するのではない。実際ジョイスは言語による作品を残している。彼はその作品においてしかし、文章のレヴェルではなく、各単語のレヴェルで遊んでいる。作品の効果を生み出すのは、たとえば、アイルランド発音では同じように発音される「letter-litter」というような綴りである。ジョイスのテクストについて、ラカンはこのように言っている。

> 結局ジョイスは、享楽（Joy）と関係をもっている。（…）この享楽こそが彼のテクストから捉えられる唯一のものである。これこそが症状である。[54]

　同音性、語源的つながり、翻訳、引用、諸言語を掛け合わせたようなジョイスの言語を、ラカンは定冠詞の「la」と「langue」をひとつにしてララング（lalangue）と呼んだ。まさにジョイス的遊びによってできた「ララング」は、表象の主体に共通の文法によっては構造化されていないラングと言える。文法というルールをもったラングの目的は、もちろん伝達にあるが、ララングは何よりもまず享楽のための手段である。伝達の必要性がない以上、〈他者〉の領域は必要ない。ララングでは〈他者〉が機能しないため、$S_1 \to S_2$ という基本構造が形成されず、S_1 のみで構成されている。ジョイス＝サントームによって、第4の輪は今やシニフィアンではなく、ララングから析出されたような新たな「文字（letter-litter）」を表すことになる。

　サントームは、象徴界の外にあるのではない。むしろサントームは象徴界そのものを利用する。ジョイスは、言語のざわめきのなかに、シュレーバーのように、わたしを享楽の対象とするような〈他者〉の脅威を聞くのではなく、文字の操作によってそれをニュートラルなものにしつつ、それを症状に演じさせることを楽しんだ。

　ラカンが「症状への同一化」を言うとき、ラカンがその人にとっての絶対的な

ただひとつのシニフィアンの発見を言っていると解することはできない。つまりジョイスが創作のなかで、ただひとつの究極的シニフィアンをみつけたという話ではない[155]。そうではなく、ジョイスはあの謎めいたエクリチュール（それは享楽が浸潤した症状的な言語に他ならない）、その晦渋な文体（あるいは〈もの〉としての言葉）に存する「読まれえぬ読まれるもの」のなかで世界につながったのである。その世界とは、彼を彼たらしめる世界、彼が彼以外のなにものでもないものとなる世界、ジョイスの言葉でいえば、「マイ・カントリー」である。

> 大文字の〈他者〉がジョイスにおいて現れるのは、それが父の任務を負わされていることによってである。『ユリシーズ』において明らかになるように、この父を支えなければならないからこそ、ジョイスは彼の芸術によって（…）家族を存続させるのみならず、家族を顕彰する（illustrer）のである。と同時に、彼は「マイ・カントリー」と彼がどこかの箇所で呼んでいるもの、『若き芸術家の肖像』の末尾を飾る「我が種族の創造されなかった精神」を顕彰している。これこそジョイスが自らのミッションとしたところのものである。[156]

従来からラカンは、主体を世界に定位する固定点として「父の名」を挙げていた。そもそもの世界に空いた穴 $S(\cancel{A})$、〈他者〉を表すシニフィアンの欠如は、父なる一者の「否定（Non）＝名（nom）」により繕われるのであった。父の名の機能不全はそのまま主体のそれに関わってくる。しかしみてきたように、父の名もまた、症状のひとつのヴァリエーションにすぎないということが明らかにされる。つまり世界に空いた穴の繕い方は人それぞれである。「症状」によって世界に定位する糸口を与えられる主体がありうる。これによって「父による名づけ」とは別の仕方で「名をなす」ことが可能となる。

　ラカンは治療のもうひとつの出口として「症状への同一化」というものを考えていた。名指しという観点からみれば、症状への同一化は、もともとあった症状にどうにか折り合いをつけて、ありのままに受け入れるということとは、まったく関係がない[157]。それは、経験の次元をはるかに超えながらも、しかし同時に経

験的出来事である。症状への同一化が分析のひとつの終わりであるのなら、精神分析は「私は私の症状である」という主体を送りだすことになる[158]。

　現実界の混沌に沈む何者でもない存在が再び主体として復帰するとき、最初の命名でとりこぼされた部分を新たに名指すような行為が要請される。名前は現実界を掬い上げ、結びつける。こうした名指しは「あるひとつの名前から別の名前へ」という次元で語られるものではない。それは固有名に宿る余剰の群れを、救済すべく、それまでとは別な（父の庇護のもとにない）アジャンスマンのなかで世界につながることそのものである。こうした意味において、名をなすということは真に単独性に彩られた行為と言える。

　わたしの存在の個別性は〈他者〉によって決して翻訳されないものである。そうした〈他者〉の空な保証のうえにわたしの存在が成り立ってしまっている。サントームにしろ、父の名にしろ、それぞれの仕方でその空の上に住まうことを可能にはするが、こうした存在の空虚をなくしてくれるわけではない。空虚はいつまでも空虚のままであり、存在しない〈他者〉を存在せしめることができるわけではない。しかしこの空虚にそれぞれのモードで主体が身を捧げるとき、この穴が渦巻き、呑み込み、はき出す（recrache）ものがある[159]。それが名前だ。

　症状によって名をなす主体のあり方は、なにも狂気に親和性をもつ者たちの独占物ではない。それは狂気を病としての枠で捉えるのではなく、言語を担う人間に普遍的な思考の一形態と捉える精神分析が提示しうる、主体としての究極的なあり方のひとつと言えるだろう。

第4節　固有名とシミュラクル

　ピエール・クロソウスキー[160]は、1905年にパリで美術史家の父と画家の母の間に生まれた。3歳下の弟は画家バルテュスである。第一次世界大戦の際、ドイツ国籍であった一家はジュネーヴを経てベルリンに逃げるが、大戦後ピエールはひとりパリへ戻り、母の親友であったリルケのはからいでジッドのもとに身を寄せる。父はこのときシベリア鉄道の株に全財産をつぎ込み、破産。大戦から5年後に、両親は離婚している。

30年代から40年代にかけては、リヨン大学などで神学の研究をしながら聖職を目指す一方、ブルトン、バタイユなどのシュールレアリストたちと親交を結び、コレージュ・ド・ソシオロジーにも参加した。またドイツ語にも堪能でカフカ、ベンヤミン、ヘルダーリン、キルケゴールの翻訳をはじめる。1947年に『わが隣人サド』を著した後、1950年に聖職を断念し（この間の事情は『中断された召命』に書かれている）、ロベルトのモデルとなるドゥニーズと結婚する。

　結婚後はロベルトという名前のもとに繰り広げられる自らの幻想を作品化する作業に熱中し、1953年にまず『ロベルトは今夜』、1959年に『ナントの勅令破棄』、1960年に『プロンプター』といういわゆる「ロベルト三部作」が生まれた。1965年には、少年愛と神学が入り交じった奇書『バフォメット』も書いている。またその間、ニーチェ、ヴィトゲンシュタイン、ヴェルギリウスをはじめとした翻訳や評論活動も続けている。60年代には、フーコーやドゥルーズなど多くの思想家から注目される存在となったクロソウスキーであるが、70年代以降はもっぱら色鉛筆を使った「タブロー」の制作に集中し、2001年に96歳で生涯を閉じた。

　まずわたしたちが取り上げるのは、彼の主著とされる『歓待の掟』[61]である。歓待についてはすでに第1章でみてきたが、そのタイトルに歓待が銘打たれた作品を、症状や固有名の問題を扱うこの章で取り上げる理由は、論を進めるうちに徐々に明らかになるだろう。わたしたちはここで、もうひとつの「歓待」を聞きとることになるだろう。レヴィナス特有の重低音とは異なる、軽快なトーンにおいて、しかしより肉感的に。

クロソウスキーのロベルト

　『歓待の掟』（1965年）は、『ロベルトは今夜』（1953年）、『ナントの勅令破棄』（1959年）、『プロンプター』（1960年）という3つの作品を後に一冊にまとめたものである。構成としては、最も早く書かれた『ロベルトは今夜』を中核として、『ナントの勅令破棄』と『プロンプター』とがその前後に置かれている。小説に登場する夫オクターヴは60歳を過ぎた神学教授で、異端的・偏執的偏向をもつ絵画の鑑賞・収集家でもある。一方30代の年若の妻ロベルトは他者への愛と慈善を掲げ、戦争中からレジスタンスや青少年の風紀を守る検閲委員として活動している。冒

第4章　固有名と症状

頭に置かれた『ナントの勅令破棄』は、ロベルトとオクターヴそれぞれの日記からの抜粋であり、三部作の中心に置かれた『ロベルトは今夜』は、ロベルトを主人公とした芝居のテクスト、そして最後の『プロンプター』が、テオドール・ラカズ（ロベルトの夫で『ロベルトは今夜』の著者である[62]）なる人物を語り手とした日常と幻想の入り混じった小説風の描写である。このように『歓待の掟』はさまざまなジャンルの異質な文体が組み合わせられた作品である。およそ要約という作業を許さないこの複雑奇異な作品を唯一結びつけているのは、「ロベルト」という一本の糸である。

> その響きからして、ロベルトの名だけでひとつのイメージなのです。ロベルトは、そしてまたわたしの子ども時代の挿絵に属する名前なのです。[63]

ロベルトなしにクロソウスキーを語ることは、おそらく不可能である。子ども時代に親しんだ『プチ・ジュナル』誌等の挿絵がそこに投影されているとしても、それ自体にロベルトの「源泉」を探る作業はそれほど意味をもたないだろう。この点に関してクロソウスキー自身も、こちらを満足させるような応えをもちあわせてはいないように思われる。いずれにしてもこのロベルトという名は、ドゥニーズとの結婚を機に具体的なイメージを得て、クロソウスキーのオプセッションを増幅することになる。クロソウスキーは、もはや妻ドゥニーズを「ロベルト」と呼んでしまうほどであった。ロベルトのイメージに憑かれたクロソウスキーは生涯、さまざまな表現手段を用いてロベルトを追い続けることをやめなかった[64]。同時代の哲学者の誰もが一目置くこの偉大な思想家が、自分が何者であるよりも先に「偏執狂」であることを豪語するのはそのためである。

> 私は「作家」でも、「思想家」でも、「哲学者」でもない――どんな表現様式においてであれ――そのうちのどれでもありはしない。かつても、今も、そしてこれからも一人の偏執狂であるというそのことに先だっては。[65]

もちろんこの小説で一貫して主題になるのもロベルトである。では、このクロソ

175

ウスキー＝オクターヴが仕掛ける歓待とはいかなるものか。

「歓待の掟」
　『ロベルトは今夜』の冒頭には、邦訳でおおよそ3頁にもわたって「歓待の掟」と題された文章が提示される。客室のベッドの上の壁に掛けられたこの文章は、以下のようにはじまる。

> この家の主人は、誰でもかまわないがともかく客が夕暮れにやってきて、彼の家に宿をとり、旅の疲れをいやすその顔に自分の喜びが反映するようにと、なによりも心をくだいている。だから彼は、自宅の玄関で気もそぞろに見知らぬ客のおとずれを待ちうけているのだ。やがて主人は、地平線のかなたから客人が救い主のように現れるのを目にとめる。遠くのほうに客人の姿が見えると、いち早く主人は彼に大声で呼びかける。「はやくおはいりください。ぼくは自分の幸福がこわいんです」と。[66]

　この文章は、ロトの物語を多少なりとも意識して（おそらくは、そのパロディとして）書かれているであろう。したがって、ここには第1章でわたしたちがみてきた歓待の要素がほぼ出揃っている。たとえば、まず客は見知らぬ者であり、歓待に際してその身元（アイデンティティ）を問われることはない。またこの来訪はあらかじめ約束されたものでもない。それにもかかわらず、家の扉はいつでも誰に対しても開かれている。主人は、見知らぬ行きすがりの客を自身の家に招き入れ、宿を提供し、しかも最も大切にしているものを客に提供する。しかし文章を読み進む客は、自らに何かしら非常な責務が課せられているのを知ることになる。

> この家の主人は、歓待というものを、客を迎える主人と女主人の心中に起こったかりそめのことと考えないで、彼らの本質そのものと考える人に感謝するのだ。つまり見知らぬ訪問客は、招かれた客としての資格で主人と女主人の本質を分かち持つわけである。なぜなら、この家の主人は見ず知らずの客に対して、かりそめではない本質的な関係を求めているからだ。

第4章　固有名と症状

有り体に言えば、一晩のお相手をこの家の女主人が務めましょうということである。このようにして現実化されるものを主婦のうちに抑圧された欲望とみなすことはできない[67]。また、神を信じない妻に罪悪感を植えつけようとする神学者の試みがかえって妻の新たな、あるいはそもそもの性の悦びを開花させるといった解釈をしたところで、それは十分ではない。たしかにここにある歓待は端的に倒錯的なものである。しかしそもそも歓待は「ありのままの状態を受け入れる」といった生ぬるいものではない。むしろそうした寛容は、歓待の反対に置かれるべきものであった。

> 主人が望んでいることはけっきょく、女主人としての義務を忠実に果たすために不実の罪を犯すことになった彼女を所有することである。つまり主人は客を媒介にして、主婦たる彼女の中に潜在する何か、つまり、客との関係における現実的な女主人、主人との関係における非現実的な主婦を、実現したいと思っているわけである。

原文では、女主人には「hôtesse」、主婦には「maîtresse de céans」というフランス語があてられている。客を迎え入れることによって女が女主人（hôtesse）となるとき、もはや彼女は主婦（maîtresse de céans）ではない。客の迎え入れは「家（céans）」という単位（あるいは夫婦という構造）を剝離させ、女主人（hôtesse）を現出させるのである。客が客としての仕事を果たした瞬間にはじめてその女性は「hôtesse」として現れるのだから、主人（夫）は客に妻を贈与することによってしかこの女主人を所有できない。この点に関して、『歓待の掟』についての最も雄弁な注釈のひとつである「アクタイオーンの散文」のなかで、フーコーは以下のように述べている。

> だがとりわけ、見かけを交互交換する二大形体は歓待と演劇である——逆転されたシメトリーによって面と向き合っている二つの構造だ。主（すでにこの語は、或るもの［主］とその補完物［客］の双方を言い表すことによって、その内部の軸において旋回しているが）、主は自分の所有するものを捧呈する、なぜなら彼は

177

自分が提供するものしか所有できないからだ、——自分の目の前に、万人のためにあるものしか。[†68]

クロソウスキー＝オクターヴはさらにこう続ける。「所有するとは、所有することを贈与すること、贈与されることを見ること、贈与されるものが贈与のなかで増殖するのを見ることである」。それは主人と客とが、主婦という目の前の存在に対して、潜在的な本質の実現を目指す行為となる。それゆえ、主人はすべてに寛容であり貪欲である。歓待において目指される本質は、そこにすでにあるものではなく、そこにはいまだなく、やがて到来するかもしれないが、その到来そのものによってしか存在しないものだからである。主人も、客人も、主婦も、まだ女主人（hôtesse）の本質を知らない。

天使とロベルト

圧倒的な神学的、哲学的知識を備えるクロソウスキーが言う「本質」を十分に理解するには、本来ならばドゥンス・スコトゥスにはじまりニーチェに至るまでの膨大な書物を紐解くという、到底手に負えない作業が求められるだろう。しかしここではあくまで小説に沿うかたちで、クロソウスキーが仕掛けるこの度を過ぎて真面目な歓待の悪戯を追っていく。

ここまでみてきた「歓待の掟」と題された文章が提示された後、プラトンの対話篇よろしく、オクターヴと彼が世話している甥アントワーヌの間で15頁に及ぶ議論が続く。それはクロソウスキーのいう歓待へ、惑乱的イメージへと誘うひとつのイニシエーションのようでもある。オクターヴは甥アントワーヌに1枚のスナップ写真をみせる。写っているのは、サロンで演説をしているロベルトのスカートに暖炉の火が燃え移り、ひとりの青年がロベルトを救おうとしている場面である。おそらくはクロソウスキーの子ども時代に属するあの思い出の挿絵につながると推測される写真を手に、クロソウスキー＝オクターヴはその状況をこう振り返る。ここには「天使（pur esprit）」がいる、と。

ぼく（オクターヴ）が非現実的（inactuelle）なロベルトを指示しようとして、そ

第4章　固有名と症状

> の力を求めるときはじめて、天使は現実的（actuel）になる。天使がはじめか
> らロベルトを知ることはありえない。認識の道筋は次のとおりだ。われわれ
> にはロベルトがつかめないので、彼女を天使に指示する。するとたちまち天
> 使は、ぼくには捉えられないロベルトを認識する。そのとき天使それ自体が
> 非現実的なロベルトの現実化となるだろう。[†69]

　天使はロベルトのもとに招聘されることによって、ロベルトの本質を現実態（actualité）へともたらしたのである。あらわになった脚、太股、青年の腕、恐怖と驚愕、曲がりくねらせた脚。ロベルトは青年を受け入れているのか、あるいは拒絶しているのか。とにかく「たとえそれが単なる事故にすぎないとしても、この写真にはまったく別のものが写っている」[†70]。オクターヴによれば、そのように「奇妙にもつれた手足（ce singulier enchevêtrement des membres）」に、天使がそのもつれ合いとして瞬間的に姿を現したのである。
　ここで、オクターヴ＝クロソウスキーが『ナントの勅令破棄』のなかで引用する紀元1世紀のローマの雄弁家マルクス・ファビウス・クインティリアヌスの言葉を参照するのがよい。曰く、「人間の動作にも、言葉の誤りに似たものがあると、ある人たちは考えている。頭や手の動きが、言わんとする意図とはまるで違ったことを、相手に理解させることがあるからだ」[†71]。それは、いわば身体上のソレシスム（破格語法）の現れであるという。「本質」は拒みつつも受け入れようとするロベルトの身体上にあるソレシスムを通してのみ出現しうるという信念が、オクターヴ＝クロソウスキーを貫いている。
　ここで天使の顕現として小説のなかで語られる瞬間は、クロソウスキーの言葉で言えば、パトスの顕現、「パトファニー」にあたる[†72]。パトファニーとは「テオファニー（神々の顕現）」を意識した造語である。スカートに移る炎、そして身体のソレシスムを捉えた先の写真はまさにダイモンの顕現の一瞬を切り取っている。クロソウスキー神学のスペクタクル的な性格は、身体を通して「トポスとして考えられたパトス」を顕現させる[†73]。「歓待」において「本質」が現実化されるのは、複数化した自我が出入りする、諸欲動の遭遇の場としての身体であり、この身体に名づけられたのがロベルトという特別な記号なのである。それは、そこに

179

パトスの特殊言語が書きこまれる身体であり、また同時にパトスを出現させる身体である。

「ご自由にお入りください」「どうぞおくつろぎください」という決まり文句は、クロソウスキーの筆のもとでかくも思いがけない響きを得る。歓待において目指されるのは、写真に写った天使の現れの瞬間を、写真ではない現実の場において招来することである。それは「ロベルトの本質」と言われているとはいえ、複数のパトスの現れ（であると同時に誘惑）であり、所有代名詞をつけて「誰の」本質と言えるようなものではない。この無数のパトスが出入りするトポスが、クロソウスキーにとってはロベルトであった。

固有名はここで、同一性を保証するものではない、それはむしろ増殖させる。ロベルトという名は、同一性を拒む「別の秩序」の現れにつけられた名であったのだ。そこには、名をインデックスとしてその内に常に収まる主体はひとりもいない。ロベルトというあるひとつの記号のなかには、無名・無数のパトスが乱舞することになる。

エロスと神学
オクターヴ＝クロソウスキーが仕掛ける歓待において、妻ロベルトは夫の指示のもと女主人として、その身体をもって客を迎え入れるのであった。もちろん風紀委員にして検閲官であるロベルトは、この娼婦にも比す歓待をはじめから自ら進んで行うわけではない。彼女に罪悪感を抱かせようとする神学者の夫の意図を読みとったうえでの、反論であったかもしれない。しかしそうした夫婦の駆け引きは、歓待を構成する一要素であったとしても、実のところさほど重要ではない。重要なのは、ロベルトにおいて女主人としての本質が現出されることであった。見知らぬ客を相手にするロベルトは、たしかに拒んでいるのだが、しかし彼女は全面的に拒んでいるわけではない。拒む身体は一方で受け入れているのである。すなわちここでの歓待は、相手を肯定するのでも否定するのでもない。それによって同一性にゆらぎを与えるような「Oui（諾）」と「Non（否）」が共存する選言的（disjonctif）な受け入れであった。神はOuiかNonのどちらかを要求するが、クロソウスキーの神学は、フーコーの言葉を借りれば「二叉の肯定」である[174]。

一見すると姦通、乱交を奨励するかのようにも映るクロソウスキーの歓待は、反神学的では決してない。むしろクロソウスキーのパトロジーは、たとえそれが反転したものであったとしても、そのままテオロジーと通じあっている。

　フーコーは『外の思考』のなかで、クロソウスキーをまさに「外の思考」が姿を現すニーチェからバタイユやブランショに至る文学者・思想家と同列に位置づけている[175]。しかしバタイユやブランショがカトリックあるいはユダヤ教に由来する一神教的秩序の転覆や曖昧化を目指したとすれば、クロソウスキーが目指したのは、むしろ一神教的な秩序をパロディ化し、決して終点に至ることのない反復を何度も繰り返すことであった。たとえばキリスト教的な一夫一婦制は、クロソウスキーにおいては、妻を客に提供することで彼女から複数の本質を出現させるために必要とされる枠組みでしかない。『歓待の掟』の構造についてクロソウスキーはこう述べている。

> この書物は一夫一婦制に、それが禁じているはずの一夫多妻制および一妻多夫制の習俗を組み込んでおり、一夫一婦制はここでこの両者を通じて確証されているのである。すなわち、同じただ一人の妻の内部に幾人もの女性を捉えること（内在化された一夫多妻制）、それも事実上の一妻多夫制に則ってのことであり、つまり幾人もの男性との妻の交渉こそが、同じ一人の女性の内部にその都度別の女性を顕現させるのである。[176]

バタイユにとって、エロティシスムの瞬間は、限界も打ち崩す形而上的な悲劇であった。一方クロソウスキー研究家アラン・アルノーも指摘するように[177]、クロソウスキーにとってエロティックな場面はすべてパロディであり、「神の死」という悲劇よりは、「古代の神々の戯れ」に近く、エロティスムは「ひとつの偏執」であり、「強度を決して弱めぬ執拗さで繰り返される幻想」の要求なのである。つまりクロソウスキーにとってのエロティスムは、遊戯的かつ劇場的なものであり、そこに反復があるにしても、それは神への挑戦からではなく、偏執が強迫的な幻想の拘束を課してくることをやめないことに依存する。彼において性は、一神教の否定ではなくパロディによって——しかもきわめてまじめに繰り返されるパロ

ディによって——それを乗り越え、快楽へ向けて永遠に反復される幻想として現れている。だとすれば、クロソウスキーのエロティックな神学はあらゆる面においてあるひとつの主題を基盤として成立している、と言えるのではないだろうか。神の同類の交流、自己の複数化、決して終点に至らない反復、こうした系列のもとにあるのがシミュラクルという概念である。

哲学史のなかのシミュラクル

　1965年に『批評』誌に発表され、のちに補遺として『意味の論理学』に収められた卓越したクロソウスキー論「クロソウスキー、あるいは、身体 - 言葉」のなかで、ドゥルーズは〈歓待の掟〉によってオクターヴ＝クロソウスキーが目指したものを、クロソウスキーの思考の全体のなかへと位置づけている。

　ドゥルーズによれば、クロソウスキーの思考を貫く最大のテーマは神の秩序とは異なった秩序を招来することである。神の秩序とは、まずもって同一性の世界である。「最終的な基礎としての神の同一性、周囲の環境としての世界の同一性、よく基礎づけられた審級としての人格の同一性、基底としての身体の同一性、最後に、残りのすべてを指示する力能としての言葉の同一性」[178]が神の世界に含まれた要素である。しかしこの神の秩序のなかにあって、神の秩序を蝕んでいる「別の秩序」すなわち反 - キリストの秩序が存在する。

　反 - キリストの秩序において、世界は同一性（と交流不可能性）ではなく選言三段論法（syllogisme disjonctif）によって構築されている。つまり「あるいは」が、「どちらか」の選択ではなく、「どちらも」の併存や反復を示している世界であり、そこでは「選言（差異・発散・脱中心化）が選言のまま、肯定し肯定される力能になる」[179]。こうした世界の住人である天使や気息（souffle——『バフォメット』では、これが美しい小姓のなかに入り込み、誘惑や侵犯を発生させる）にとって、人格の同一性等は意味をもたない。あるのは純粋な特異性（単独性）、すなわち身体性に基づいた個体性を抜け出た個別性だけである。これが同一性の世界に対立する、シミュラクルのシステムである。

　まずはシミュラクルの概念の定式化を行ったドゥルーズの議論を検討しておこう。彼によれば、シミュラクルはなによりもプラトン哲学によって抑圧されてし

まった、たとえばストア派の哲学のように、世界についての別の見方に関わるものであった。

『意味の論理学』におけるドゥルーズの大きな課題のひとつは、ニーチェにならってプラトニズムを転倒することであった。その企てのために、彼はストア派における「非物体的なもの」や「出来事」という概念やルイス・キャロルにおける「表面の効果」あるいは「セリー」という概念などを総動員するのだが、「シミュラクル」という概念もまたそうした任務を負わされて登場する[†80]。

プラトンはイデアに対する偽物であるイメージをさらにふたつに分けているとドゥルーズは指摘する。ひとつは、コピーあるいはイコンであって、それは偽ではあるが、真に対して類似という関係で結びついている。もうひとつがシミュラクルで、これは偽であるばかりでなく真に対してどのような類似ももっていない。一方は類似という根拠をもった「良い」イメージであり、他方は類似という根拠を欠いた「悪い」イメージである。このふたつの違いを、程度の差ではなく、質的な異なりとして執拗に追求しようとしたところにプラトニズムの鍵がある。

イデアは何らかの現れ（イメージ）をもたねばならない。そして、その現れ（イメージ）が真と関わるものでなければ、真なるものの秩序は成立しない。イデアをモデルとして、イメージがそれを類似という仕方で写しとることで、はじめて世界は根拠づけられた全体として理解できる。

「根拠づけられた全体」としての世界には、シミュラクルの居場所はない。このことはシミュラクルが、類似によるイメージに比して「劣った」ものであるからではない。そもそもシミュラクルというものが、本来の類似の関係に縛られないもの、むしろ根拠をもとうとしないもの、好き放題に振る舞うものであるからだ。この問題児の存在を認めたら、「同一なるもの」と「類似したもの」が互いに支え合う表象の秩序が掻き乱されることになる。だからこそプラトンはシミュラクルをコピーないしイコンから分離したうえで、それを悪しきものとして抑圧し、表面に浮かび上がってこないように細心の注意を払ったのだと、ドゥルーズは考える。

シミュラクルを問題にすることは、類似によって結びつけられたモデル－コピーの体制に文句をつけることに他ならない。それは真に対して偽を叩きつける

ことではなく、「真と偽」という安定したシステムに対して「もうひとつの別の」偽をみせつけることなのである。ドゥルーズの要約によれば、モデル－コピーの体制は「類似するものだけが、差異する」という定式に表される。はじめに同一性そして類似性が存在し、その後にはじめて差異が想定される。これに対して、シミュラクルの体制では「差異だけが類似する」。つまり差異が自らを差異として生み出していくような運動がまず最初にあって、その効果として類似や同一性が考えられるのである。

　このあまりにも見事に哲学史的に定義されたシミュラクルの概念は、一方で、クロソウスキーにおいては、ロベルトという記号が機能するある意味で現実的な様態として現れる。

> ロベルトとして通用する二人の女性がいるのではない。ロベルトの内に、同じ女性の中に、二つの存在者がいるのでもない。そうではなくて、ロベルト自体が「強度」を指示し、ロベルトが差異自体・不等性を含んでいて、回帰することや反復されることは、差異自体・不等性に固有のことなのである。要するに分身・反射像・シミュラクルが開かれて終にその秘密を漏らすのである。すなわち、反復は〈同じもの〉や〈相似するもの〉を前提としてないし、（…）反対に、反復が生産するのは、互いに差異あるものの「同」だけであり、差異あるものの類似性だけである。[†81]

　ロベルトという人物は、クロソウスキー自身が随所で告白しているように、彼の妻ドゥニーズを媒介として具現化したのだった。ドゥニーズをモデルにクロソウスキーは無数のデッサンを残した。彼にとって、そこに立ち現れている〈像＝イマージュ〉は、生身の女性でありつつ記号であり、固有性をもった存在でありつつ記号である。その両義性を引き受けるには、同と偽の区別、すなわちモデル（イデア）と模倣（コピー）の区別に基づいた秩序の外に出なければならない。「差異あるものの同」すなわちシミュラクルこそがクロソウスキーの実践を可能ならしめる。

第4章　固有名と症状

欲望とシミュラクル

　アルノーは、クロソウスキーにおけるシミュラクルの概念を理解するために、後期ローマの美学において「simulacra」というラテン語がもっていた意味に注目している。彼によれば、この語は神々の彫像を意味し、礼拝を求めると同時に、神の現存することを表す「神々の空間的で触れることのできる像」を示していた[†182]。とりわけ私たちの関心をひくのは、本来現実的イマージュをもたずそれゆえ両性的であった古代ローマの神々が、シミュラクル（模像）の導入によって、さまざまな儀礼や演劇の構成要素ないし登場人物となり、そこにおいて「性」を与えられていったことにクロソウスキーが注目していることである。クロソウスキーによれば、シミュラクルこそが受肉した神の現実態であり、その態においてのみ神は宴会や入浴や葬儀や芝居という場に登場し、その場に感覚の高揚と同時に秩序を与える[†183]。では、シミュラクルこそが「性」の担い手であるならば、欲望はどのような様相を帯びるだろうか。

　クロソウスキーにおいて、欲望とその対象との遭遇は容易なものではない。それどころかほとんど不可能な神話的次元にある。『歓待の掟』を構成する三作に挟まれるようなかたちで、1956年に出版された『ディアーナの水浴』は、こうしたテーマのもとで読むことができる。牧人アクタイオーンはディアーナが水浴しているのをのぞき見、欲望に身をほてらす。それに怒ったディアーナは彼を動物の姿に変え、彼自身の犬に噛み殺させた。しかしクロソウスキーからすれば、こういう「解釈」は単に歴史上後代になって現れた解釈であるというだけではなく、この神話が内包している真のエロティスムを隠蔽してしまっている。クロソウスキーによれば、この神話の要約は以下のようになるべきである。

> ディアーナは神々と人間との間にいる守護神（ダイモン）と盟約を結んで、アクタイオーンに顕れる。ダイモンは空気のような身体によって、ディアーナのテオファニーの模像となり、アクタイオーンに女神を所有しようという向こう見ずな欲望と希望を吹きこむ。ダイモンはアクタイオーンの想像となり、ディアーナの鏡となるのである。[†184]

ディアーナは自分自身の身体を夢想し、欲望する。しかし「そのかたちをとって自分自身に顕現しようとしているこの身体、それを彼女はアクタイオーンの想像力から借りるのである」[185]。顕現するディアーナの身体、アクタイオーンがのぞき見たと信じている美しい身体は、アクタイオーンの想像力を借りながらしかもそれを否定しつつ顕れる身体である。
　神が人間の欲望に応じて姿を現すためには何らかの媒介が必要であり、また死すべき無力の存在である人間が神に何らかの力を及ぼすためには媒介が必要である。神と人間の間に位置するダイモンの媒介によってはじめてアクタイオーンの欲望とディアーナの裸身はひとつに出会う。ここで重要なのは、ダイモンの媒介が、両者の本性に影響を与えずにはいないということである。ディアーナは少しばかり処女性の女神であることをやめ、アクタイオーンも少しばかり一国の王子にして狩りの名手であるという身分を忘れる。ダイモンの媒介によって、女神は欲望の対象となり、牧人はひたすら欲望の主体となる。このようにダイモンは荒々しく結びつける力であり、それぞれにそれぞれの固有性を失わせしめて、ひとつに結びつける力である。
　ところが、今引いた引用のなかにあるように、まさにそのダイモンこそは、「ディアーナのテオファニーの模像」すなわちシミュラクルである。シミュラクルは、欲望の対象なのではない。それどころか、シミュラクルこそが〈欲望を可能にするもの〉という特別な審級に位置づけることができる。このシミュラクルの顕現の一瞬をクロソウスキーは色鉛筆でデッサンし続けた。たとえば、『ディアーナの水浴』の挿絵では、ディアーナとしてそこに描かれているのは、ロベルトその人である。ディアーナの神話のモチーフがロベルトの歓待と重なっていることは、もはや指摘するまでもない。そこにおいて姦通それ自体が目的や到達点なのではない。媒介されること（『歓待の掟』では媒介は悪魔ではなく天使と呼ばれていた）、そしてそれがやまないこと、こうした悪循環こそクロソウスキーを惹きつけて放さない。

係留点ロベルト

　クロソウスキーにおいては、あなたとわたしの、あるいは複数のあなたがたと

わたしたちの、媒介や交換や流通が問題になっている。なかでもロベルトはそれ自体が生きたシミュラクルであり、『歓待の掟』においては、彼女が男たちの欲望のシミュラクルになることによって、ひいては世界全体がいつでもどこでも欲望が自由に媒介可能であるような世界を夫は願っている。もはやひとりのわたしではない複数のわたしが、ひとりのあなたではない複数のあなたと無数のダイモンによって媒介され結びつく。それこそクロソウスキーが描く聖なる乱交、乱婚の世界である。

　ところがこのシミュラクルの劇は、モデル＝原盤を欠いているため、いつまでたっても完成することがない。その意味でこの歓待劇ははじめから失敗へと運命づけられている。創作を重ねても、「ロベルト」は決して〈歴史〉をもたない[86]。しかしだからこそむしろ、クロソウスキーは、永遠に繰り返されるパトファニーのなかで、同じような場面を何度も書き（描き）続けた。

　『歓待の掟』の「あとがき」のなかで、クロソウスキーは次のような告白をしている。

> 避けることのできた私の狂気に縛られながら私が探し求めてきた等価物は、ある一つの習慣のなかにしか見いだすことができなかった。[87]

たしかにそのおそろしく真面目に蒐集された知識を弄ぶように書かれた小説、また晩年の稚拙かつ猥褻な等身大タブローの反復的作成、またその生い立ちは[88]作者の狂気を疑わせる素材に満ち溢れていると言えるのかもしれない。しかしクロソウスキーは終生、狂気に陥ることはなかった。彼が飽くことなく続けた狂気の縁での探求は、ある「習慣」という形式をとる。ここで言われている習慣とは、「世界と私自身の疎外のなかに立ち現れる記号と一貫性をもって結びついた思考、だれのものでもない思考に世界と私自身とを統合してしまうような習慣」[89]である。

　クロソウスキーが夢想し、現出しようとする全方向的に媒介された、差異なき世界は狂気の世界へと道を開く。狂気とはクロソウスキーの定義に従えば「始まりも終わりもない認識として、世界と自己自身を喪失することである」[90]。これ

は同時に彼の創作の定義でなくてなんであろうか。クロソウスキーはしかし、ロベルトという名前を唯一の係留点として、狂気に身を委ねることはなかった。クロソウスキーはロベルトを通じてめくるめくヴィジョンを、古代ローマの神々が番(つが)うような世界（そうしたヴィジョンはまた、ロベルトの名がなければ、クロソウスキーがそれをみることはなかったものである）を生きられたかたちで日常のなかに引き入れたのである。

　ひとつの動作（仕草）、状況、言葉に値する記号としての名前は、日常的な表示のシステムにはなんら等価物をもたない記述を生み出す。それは現実の描写ではなく、記号によって記述を生み出した場所の描写である[191]。この記述をクロソウスキーは、日常の現実性に付け加える。クロソウスキー自身は、記号が生み出した記述を書き写すことで曖昧な存在となる。しかしそれによってクロソウスキーが、世界を喪失すること＝狂気に陥ることはない。ロベルトという独自の記号に「拘束」されることによって、クロソウスキーの思想は日常のシステムでは決して得ることのない一貫性を得ることができたのである[192]。

　あるインタヴューのなかで、創作し続けるわけを尋ねられた初老のクロソウスキーは、いたずら現場をおさえられた子どものような笑顔でこう応えている、──「満足しないのだ」[193]。かくも不吉な欲望をもったクロソウスキーは、満足を知らない「偏執狂」であり続けた。

第4章のおわりに

　たしかに症状の消去（正しくは置き換え）に狙いを定めた治療は、暗示が有効であるのと同じ意味で、効果的（efficace）であるだろう。しかし症状を直接攻撃することは、主体の台座を揺るがす危険な作業となりうる。第4章で名指しとしての症状としてみてきたように、症状は現実界、想像界、象徴界の3つの輪に主体をつなぎとめる役割を帯びているのだ。症状を主体から切り離した客体物として操作するようなアプローチは、この主体のあり方を完全に書き換えてしまう。世界が〈他者〉によって隈無く実体化されることに否を言うという症状の機能を根こそぎにしてしまうのだ。症状が一掃されるとき、それはひとときの「平穏」をもたらすかもしれないが、同時にわたしたちは自由を失うことになる。第4章でみて

きたように、症状はわたしたちが享楽から完全に切断されるのを食い止める。それは、欲望を窒息させる〈他者〉の全面的な支配から主体の解放をうたうひとつの訴えでもあるのだ。第3章でみてきたように、無意識が言語のように構造化されていたとしても、それを成り立たせるのはあくまでも主体の「行為」である。〈他者〉の舞台から降りる、つまりは無意識の非決定点＝主体の消失点に身を投げるような「症状的」とも言える行為は、意味作用としては失敗していたとしても、新たな主体の誕生を可能にする契機となる。これはこれまでの認知の枠組みを超えた「出来事」であり、その知をどこから取り出したのか分からないような行為である。（そこでは、出来事−認知−行為という図式が通用しないことは言うまでもない）。分析は、この危険な作業を恐れない。むしろこの行為に場所を与えるものである。そのためには第1章でみてきたように、分析家は、「眠れる美女」のように死者のふりをしているだけでは不十分である。クライエントの欲望がどこにあるのか、分析家の欲望によってむしろ能動的に探求しなければならない。

　狂気を「自由の限界」として考える精神分析は[194]、症状を迎え入れる唯一のものである。いつの時代も精神分析のディスクールが、支配的なディスクールになりえないのはひとつの宿命でもある。なぜなら精神分析は抑圧されたディスクールを、あるいはディスクールの遺滓を常に相手にするものであるからだ。精神分析は、万人に適応可能な知のパッケージを提供することはない。精神分析の知は、そうした伝達をすり抜けるものだ。主体それぞれが個別的＝特異な（singulier）存在である以上、そのたびごとに新たな分析的歓待が要請される。そこで縁どられるさまざまなアポリアは、それぞれの主体のはじまりを可能にするものとも言えるのではないだろうか。

註

[はじめに]

†1　フーコー「作者とは何か」（清水徹・根本美作子訳）『ミシェル・フーコー思考集成　III』所収，筑摩書房，1999年，223〜266頁。[Michel Foucault, « Qu'est-ce qu'un auteur? », 1969]

[第1章]

†1　デリダ『歓待について——パリのゼミナールの記録』（廣瀬浩司訳）産業図書，1999年。[Jacques Derrida et Anne Dufourmantelle, *De l'Hospitalité*, 1997]
†2　「創世記」第19章7〜8節
†3　デリダ，前掲書，64頁
†4　『木下順二作品集　第一巻』未來社，1962年，63〜98頁
†5　関敬吾『日本昔話集成　第1部』角川書店，1950年，201〜204頁
†6　鹿児島県薩摩郡下甑島、愛媛県上浮郡。
†7　鳥取県岩美郡、長野県下水内郡。
†8　長崎県壱岐郡。この場合は、帰りがけに日が暮れ、家に帰れなくなった男に1泊の宿を提供する老婆として鶴が登場する。
†9　鹿児島県大島郡奄美大島、長崎県壱岐郡、愛媛県上浮穴郡、広島県府中市、など。
†10　岡山県後月郡、岡山県岡山市、山梨県西八代郡、福井県坂井郡、福島県耶麻郡、徳島県三好郡、秋田県仙北郡、青森県三戸郡、青森県八戸市、青森県中津軽郡、など。
†11　香川県高松市、広島県双三郡、青森県八戸市、など。
†12　秋田県仙北郡、岩手県遠野市、など。
†13　山形県羽前小国。この場合、男は鶴の遺した布を身体にかけ、願かけして鶴になる。
†14　鹿児島県鹿児島市、広島県下高野、鳥取県岩美郡、新潟県北魚沼郡、福島県いわき市、青森県三戸郡、など。
†15　北山修『劇的な精神分析入門』みすず書房，2007年，277〜294頁。ただし同様の論は1982年出版の『悲劇の発生論』（金剛出版）から展開されている。
†16　北山は、この過度に献身的な母親から「自虐的世話役」という性格を抽出し、臨床的治療の手がかりとして注目している。
†17　以下参照する『全体性と無限』はまさにそのようなパースペクティヴのもとに書かれている。またレヴィナス読解には、訳者熊野純彦の論考、『レヴィナス——移ろいゆくものへの視線』岩波書店，1999年，『レヴィナス入門』ちくま新書，1999年に多くを学んだ。

†18 パイヤー『異人歓待の歴史――中世ヨーロッパにおける客人厚遇、居酒屋そして宿屋』（岩井隆夫訳）ハーベスト社, 1997年.［Hans Conrad Peyer, *Gastfreundschaft, Taverne und Gasthaus im Mittelalter*, 1983］

†19 同書，168頁

†20 同書，182頁

†21 羅仏辞典は、Félix Gaffiot, *Dictionnaire illustré latin-français*, Paris, Hachette, 1934 などを参照。

†22 レヴィナス『全体性と無限　上』（熊野純彦訳）岩波文庫, 2005年，368頁

†23 レヴィナス『全体性と無限　下』（熊野純彦訳）岩波文庫, 2006年, 第三部「顔と外部性」。

†24 同書，41頁

†25 同書，40頁

†26 レヴィナス『存在の彼方へ』（合田正人訳）講談社学術文庫, 1999年, 44頁。［Emmanuel Lévinas, *Autrement qu'être ou au-delà de l'essence*, 1974］

†27 もちろん前者は教育・宗教の仕事であって、後者の倫理の次元こそ精神分析が問題にする次元である。分析の仕事は〈他者〉を受け入れることでも、拒否することでもない。そうした〈他者〉との「和解」は、〈他者〉の「抹消」と同じことであった。

†28 レヴィナス『全体性と無限　下』51頁

†29 三島由紀夫「川端康成にきく」『三島由紀夫全集　補巻1』所収, 新潮社, 1976年, 318頁

†30 以下、引用は『眠れる美女』新潮文庫, 1967年のページ数を記している。三島の評は、この版の「解説」から引用。

†31 「愛撫は、そこに存在するものを、いわばそこに存在しないものとして探求する。いうなれば、この場合、皮膚が自己自身の撤退の痕跡であり、それゆえ愛撫とは、このうえもなくそこに存在するものを、不在として探求しつづける焦慮なのだ。」レヴィナス『存在の彼方へ』216頁

†32 ウィニコット「移行対象と移行現象」『小児医学から精神分析へ――ウィニコット臨床論文集』（北山修監訳）所収, 岩崎学術出版社, 2005年。［D. W. Winnicott, 'Transitional Objets and Transitional Phenomena', 1951］

†33 デリダ『触覚、ジャン＝リュック・ナンシーに触れる』（松葉祥一他訳）青土社, 2006年, 156頁。［Jacques Derrida, *Le Toucher, Jean-Luc Nancy*, 1998］

†34 古代ローマの博物学者プリニウスが『博物誌（*Naturalis Historia*）』に記した逸話によれば、ある日、古代ギリシアの画家ゼウキシスとパラシオスが写実を競って作品を持ち寄った。ゼウキシスの葡萄の絵は、小鳥がついばみに来るほど見事な出来であった。勝利を確信したゼウキシスは、パラシオスにカンヴァスにかけたカーテンを開けて絵を

見せるように急かした。しかしそのカーテンこそ描かれたものであった。このエピソードは、向こう側を想定させる騙し絵が、ある意味で真実の次元を描いていることを教えてくれる。
†35　デリダ『歓待について』97頁
†36　生後まもなく両親を亡くした川端は、自らを「家なき子」と称した。その川端が、死を凝視する老年期になって書いたこの作品のなかで主人公の衣を纏って試みたのは、かつて一度も体験されたことのない幼年期の復活であったのかもしれない。

[第2章]

†1　*Le Ravissement de Lol V. Stein*, Paris, Gallimard, 1964. 引用は邦訳『ロル・V・シュタインの歓喜』（平岡篤頼訳）河出書房新社, 1997年の頁を記している。ただし必要と思われた箇所には原文を付した。
†2　Duras, M., *Dits à la télévision*, Paris, E. P. E. L., 1999, p.17.
†3　Lacan, J., « Hommage fait à Marguerite Duras » in *Autres écrits*, Paris, Seuil, 2001, p. 193. 邦訳は「マルグリット・デュラス讃——ロル・V・シュタインの歓喜について」（若森栄樹訳）『ユリイカ　増頁特集　マルグリット・デュラス』所収, 青土社, 1985年。ラカンが『ロル・V・シュタインの歓喜』に寄せたこの小論は、1965年に *Cahiers Renaud-Barrault* で発表され、後に *Autres écrits* に収められた。ここでの考察は、この短いながらもデュラスへの称讃に満ちたラカン小論から着想を得ている。
†4　*Ibid*.
†5　タチアナは、少女時代のロルを次のように語る。「無関心（indifférence）の権威であって、彼女が苦しむとか、悩んでいるように見えたことは一度もなく、少女らしい涙を流す場面など見たことがなかった。彼女の一部はいつでも相手とその瞬間とからかけ離れたところがあるみたいなの。彼女はそこにはいなかった」（8〜9頁）。
†6　小説のタイトルにある "ravissement" は "ravir" から派生するが、この動詞には①…の心を奪う、を魅了する、②…を奪う、奪い去る、③…を天に上げる、などの意味がある。
†7　Duras, M., *Dits à la télévision*, Paris, E. P. E. L., 1999, p.13.
†8　Lacan, *Op. cit.*, p.193.
†9　*Ibid.*, p.195.
†10　*Ibid.*, p.197.
†11　*Ibid.*, p.194. フランス語の "Ça vous regarde." は日常表現で、「それはあなたに関係がある」という意味である。
†12　以下、宮廷愛の技法については、ラカン『精神分析の倫理　上』（小出浩之他訳）岩波書店, 2002年, 211〜233頁を参照。[Jacques Lacan, *Le Séminaire, Livre VII, L'éthique de la psychanalyse*, 1986]

†13 「いくら脱いでも決して十分に裸というわけではありません（・・・）人は皮を剥ぐことができます」（ラカン『精神分析の倫理　上』19頁）。

†14 デュラス『破壊しに、と彼女は言う』（田中倫郎訳）河出文庫，1992年。[Marguerite Duras, *Détruire dit-elle*, 1969］『破壊しに、と彼女は言う』には同名の映画も存在するが、台詞や進行には省略を含めたかなりの相違が存在する。ここでは基本的に出版されたテクストを参照する。

†15 同書，180〜191頁

†16 それでもあえてアレゴリー的な読み方をするならば、以下のようになるだろうか。物語では、ブルジョワジーに苦しめられ、病んでしまったか弱いエリザベートを、アリサは狂気へと誘い、ふたりの男もその近傍でそれに協力する（ようなつもりでいる）が、最後にはエリザベートは元の世界へ戻っていく。この推移を、エリザベートをフランス社会、アリサを社会主義思想、ふたりの男を左翼運動家、ベルナールをもちろん役のままのブルジョワジーとして読んでみることも可能かもしれない。

†17 Blanchot, M., *L'Amitié*, Paris, Gallimard, 1971, pp.132-136.

†18 デュラス，前掲書，39頁

†19 Duras, M., *Détruire dit-elle*, Paris, Minuit, « Collection double », 2007, p. 34.

†20 Micciolo, H., « Marguerite Duras et la destruction capitale », *Gallia XX*, 大阪大学，1980年，55頁。ミッチョロの論文は、1968年を経験しているフランス人がこの作品に何を読みとるかを教えてくれる。

†21 デュラス，前掲書，127〜128頁

†22 同書，129頁

†23 Lacan, J., *Le Séminaire, Livre XX, Encore*, Paris, Seuil, « Points Essai », 1999, p. 120.

†24 ソレルス「破壊する、と彼女は言う」（岩崎力訳）『ユリイカ　増頁特集　マルグリット・デュラス』所収，青土社，1985年，238〜239頁。[Philippe Sollers, «Détruire dit-elle» in *Ça; cinéma 1 Année 1 État*, 1974］ソレルスは、登場人物の名前に頻出する« st »という音に注目したり、Durasの名前とDétruire, dit-elleという言葉の音節数が等しいことに注目したりしている。

†25 デュラス＆ポルト『マルグリット・デュラスの世界』（舛田かおり訳）青土社，1985年，202頁。[Marguerite Duras et Michelle Porte, *Les Lieux de Marguerite Duras*, 1977]

†26 ラカンの思想には時期を経てさまざまな転換があったが、セミネール「精神分析の四基本概念」が行われた1964年を境に、想像界・象徴界から、現実界へとアクセントが置かれたと考えるのが一般的である。しかしこれは、想像界・象徴界の重要性が薄れたという意味を少しも含んではいない。

†27 *Le Séminaire, Livre XX, Encore*, p.99.

†28 母に欠けたもの（$-\phi$）の位置に幼児が自らの存在をϕとして捧げるような母子一体状

態があるとすれば、そこに切断を入れるのが父である。欠如のない充足状態は時に完全な理想型と夢想されることもあるが、象徴的平面が開かれることを許さないという意味で、非常に危険な窒息状態でもある。そうなると父の禁止（Non）は、その否定的な言葉の響きとは裏腹に、主体に人間としての生を吹き込むという肯定的な側面をもっていることが分かる。つまり禁止によって、あったはずの一体状態は喪失されるが、父の名（Nom）のもとに壮大な言語の世界が広がることになる。

†29　*Le Séminaire, Livre XX, Encore*, p.101.
†30　つまり一人ひとりの女は確かに存在するが、女性なるものは存在しない。だからこそ女性は、女性につく定冠詞Laに斜線を引いてあらわされる。
†31　ラカンはΦを「男においてファルス享楽を引き受けているところのもの」と言い換えている（*Le Séminaire, Livre XX, Encore*, p.75）。
†32　*Le Séminaire, Livre XXIII, Le sinthome*, p.55.
†33　*Le Séminaire, Livre XX, Encore*, p.15.
†34　*Le Séminaire, Livre XXIII, Le sinthome*, p.56.
†35　*Le Séminaire, Livre XX, Encore*, p.103.
†36　*Ibid.*, p.14.
†37　*Ibid.*, p.97.
†38　*Ibid.*, p.98.
†39　*Ibid.*, p.94.
†40　ユングの「補完性」という概念においては、全体性の回復を想定することができる。
†41　*Le Séminaire, Livre XX, Encore*, p.108.
†42　「〈他者〉の享楽、〈他者〉を象徴化する〈他者〉の身体の享楽は、愛の記号（signe）ではない」（*Ibid.*, p.11）。ちなみにラカンにとって「愛とは記号」である（*Ibid.*, p.25）。
†43　*Ibid.*, p.125.
†44　「〈他者〉の〈他者〉は存在しない。それゆえ〈他者〉の享楽もまた存在しないことになる」（*Le Séminaire, Livre XXIII, Le sinthome*, pp.55-56）。
†45　*Le Séminaire, Livre XX, Encore*, p.15.
†46　「女というものが存在するとしたならばそれでありえたであろう〈他者〉、そうした〈他者〉の享楽という不透明な場にこそ、至高存在（Être suprême）は位置づけられる」（*Le Séminaire, Livre XX, Encore*, p.105）。
†47　『ギリシア悲劇全集III　エウリピデス　上』（中村善也訳）ちくま文庫、1986年、114頁
†48　同書，139頁
†49　同書，88頁
†50　同書，89頁

†51　Lacan, J., « Jeunesse de Gide ou la lettre et le désir », in *Écrits*, Paris, Seuil, 1966, pp.739-764.
†52　André Gide, *Journal I: 1887-1925*, Paris, Gallimard, « Pléiade », 1996.
†53　*Ibid.*, p.1076.
†54　*Ibid.*, p.1075.
†55　*Ibid.*, p.1075.
†56　Lacan, J., *Écrits*, p.761.
†57　*Ibid.*, p.759.
†58　*Le Séminaire, Livre XX, Encore*, p.121.
†59　奇しくもラカンは「女は母としてしか実在しない」（*Ibid.*, p.126）と述べている。もちろんジッドとマドレーヌの間に子どもはなかった。
†60　*Ibid.*, p.105.
†61　*Ibid.*, p.47.
†62　もちろん、この途が女性にとって「すべてではない」。
†63　ちなみにふたりは別れてはいない。わたしたちが素朴にそれと比較した、別れた恋人の手紙を焼くという行為と、マドレーヌの手紙を焼くという行為は、はじめから区別されるのである。マドレーヌの行為は、むしろそもそものはじめから一緒になったことなどなかった、性関係はない、ということを行為遂行的に示しているようでもある。
†64　その行為は、男性的主体の側に永続的な効果を残す。ラカンも注目しているように（*Écrits*, p.758）、マドレーヌの死後に書かれた作品のタイトル「今や彼女は汝のなかにあり（Et nunc manet in te）」という詩句は、死んだ者への哀悼の言葉ではなく、生き残った者に課せられる永遠の罰の言葉である。この詩句が示唆するのは、「女が何らかのよい思い出として心にいつでも残っている」、ということではなく「存在に穿たれた穴として残り続ける」ということだ。「彼の嘆きは、ただまさに女の行為が彼女の燃え上がる魂の火の中へと一通一通ゆっくりと手紙を放り込みながら彼の存在のただ中に穿とうとした穴をうめているだけにしか見えないのである」（*Écrits*, p.761）。
†65　Lacan, J., *Écrits*, p.761.
†66　「行動」と「行為」については、第3章にて改めて詳しく論じる。
†67　1967年10月22日のセミネール。[*Le Séminaire, Livre XV, L'acte psycanalytique*, inédit]
†68　この問いの立て方は、この章の元となっている論文においても同様であった。« La Vraie Femme selon Lacan--Identification au symptôme chez Médée d'Euripide »（*Gradiva-- Revue Européenne d'Anthropologie Littéraire,* Instituto Superior de Psicologia Aplicada, vol. XII, no.1, 2011, 3-18.）
†69　Gide, *Op. cit.*, p.1075.
†70　たとえば、クロード・マルタン『アンドレ・ジッド』（吉井亮雄訳）九州大学出版会, 2003年。あるいは最新の評伝、*André Gide l'inquiéteur*（Paris, Flammarion, 2011）の著

†71 　ジッド『狭き門』(山内義雄訳) 新潮文庫，1954年，16〜17頁

†72 　ジッド『一粒の麦もし死なずば』(堀口大學訳) 新潮文庫，1969年，395頁。翻訳に一部変更を加えた。

†73 　マドレーヌは物静かで控えめで、自らの欲望を抑えてでも周囲の人々の満足を願うような人物として、常に捉えられている。もちろんそれらの情報は、ほとんどがジッドによる記述を元にしたものであるにせよ、かなりの程度マドレーヌ本人の実際の性格と合致しているだろう。ジッドがはじめて、そんなマドレーヌに対して愛を感じた瞬間は、彼女が母の浮気を知らぬ父を哀れんで、ひとりひざまずきながら祈るように泣いているときであった。

†74 　マルク・アレグレは、ジッドが親しくしていたアレグレ牧師の息子である。また後に彼は映画監督となり、バルドー主演の映画などいくつもの娯楽作品のほか、ジッドについての記録映画も制作している。

†75 　クロード・マルタン，前掲書，151頁

†76 　Frank, L., *André Gide l'inquiéteur*, Paris, Flammarion, 2011, pp.936-937.

†77 　1975年1月21日のセミネール。[*Le Séminaire, Livre XXII, R.S.I.*, inédit]

†78 　フロイト「終わりある分析と終わりのない分析」(渡邊俊之訳)『フロイト全集　第21巻』所収，岩波書店，2011年，293〜294頁

†79 　1976年11月16日のセミネール。[*Le Séminaire, Livre XXIV, L'insu que sait de l'une-bévue s'aile a mourre*, inédit]

†80 　*Le Séminaire, Livre XX, Encore*, p.105.

†81 　「身体として捉えられた〈他者〉の享楽は常に不適切 (inadéquate) である。それは、一方においては対象aへと還元された〈他者〉として倒錯的であり、他方においては、わたしなら狂気じみたというだろうが、謎めいたものである」(*Ibid.*, p.183)。

†82 　*Ibid.*, p.120.

[第3章]

†1 　本文中『ハムレット』から引用した部分は、福田恆存訳 (新潮文庫) を参照した。一部、拙訳の箇所には、原文を付した。

†2 　Lacan, J., « Le stade du miroir comme formateur de la fonction du Je », in *Écrits*, pp.93-100.

†3 　Lacan, J., *Le Séminaire, Livre X, L'angoise*, pp.135-145.

†4 　*Ibid.*

†5 　*Ibid.*

†6 　*Le Séminaire, Livre XVIII, D'un discours qui ne serait pas du semblant*, pp.32-33.

†7 　1967年3月8日のセミネール。[*Le Séminaire, Livre XIV, Le logique du fantasme*, inédit]

†8 *Le Séminaire, Livre IV, La relation d'objet*, p.85.（『対象関係　上』（小出浩之・鈴木國文・菅原誠一訳）岩波書店，2006年，104頁）
†9 行為の時間性については、本章第3節を参照。
†10 1968年3月13日のセミネール。[*Le Séminaire, Livre XV, L'acte psychanalytique*, inédit]
†11 たとえば、« Radiophonie », in *Autres écrits*, Paris, Seuil, 2001, p.406など。
†12 フロイト「女性同性愛の一事例の心的成因について」（藤野寛訳）『フロイト全集　第17巻』所収，岩波書店，2006年，237 〜 272頁。[Sigmund Freud, *Über die Psychogenese eines Falles von weiblicher Homosexualität*, 1920]
†13 ドゥルーズ『シネマ2＊時間イメージ』（宇野邦一他訳）法政大学出版局，2006年
†14 同書，65頁
†15 もちろん具体的な身体を与えるのは、必ずしも父であるとは限らない。それは「神」かもしれないし、「王」かもしれないし、まさにさまざまである。
†16 *Le Séminaire, Livre X, L'angoisse*, p.136.
†17 ドゥルーズ『意味の論理学　上』（小泉義之訳）河出文庫，2007年，22頁。[Gilles Deleuze, *Logique du sens*, 1969]
†18 同書，23頁
†19 同書，22頁
†20 同書，24頁
†21 同書，284頁
†22 同書，288頁
†23 同書，287頁
†24 同書，288頁
†25 アガンベン『ホモ・サケル──主権権力と剥き出しの生』（高桑和巳訳）以文社，2003年，107頁。[Giorgio Agamben, *Homo sacer: Il potere sovrano e la nuda vita*, 1995]
†26 アガンベン『例外状態』（上村忠男・中村勝己訳）未來社，2007年，9 〜 10頁。[Giorgio Agamben, *State di eccezione*, 2003]　ここでアガンベンがまず念頭に置いているのは、ナチス政権下における「民族と国家を保護するための緊急令」である。同じ箇所で、彼はこの政令について、「第三帝国は全体として12年間にわたって継続した例外状態とみなすことができる」と書いている。
†27 アガンベン『思考の潜勢力』（高桑和巳訳）月曜社，2009年，307頁。[*La potenza del pensiero: Saggi e conferenze*, 2005]
†28 同書，306頁
†29 アガンベン『残りの時──パウロ講義』（上村忠男訳）岩波書店，2005年，122頁。[*Il tempo che resta. Un commento alla Lettera ai Romani*, 2000]　アガンベンはこの言葉を引用した後、続けてこう書いている。「このくだりには、じつに破裂しそうなほど意味が

充填されている。西洋文化のいくつかの基本的テクスト——オリゲネスとライプニッツにおける更新（アポカタスターシス）の理論、キルケゴールにおける再生の理論、ニーチェにおける永遠回帰とハイデッガーにおける反復——は、その爆発によって生じた破片にすぎないと言うことすらできるほどの充填である。」

†30 　同書，90頁

†31 　アガンベン『アウシュヴィッツの残りのもの——アルシーヴと証人』（上村忠男・廣石正和訳）月曜社，2001年，221頁。[*Quel che resta di Auschwitz: L'archivio e il testimone*, 1998] この書物の最後でアガンベンは、生き残った〈回教徒たち〉の証言を掲載している。

†32 　フロイト『夢解釈Ⅰ』（新宮一成訳）『フロイト全集　第4巻』所収，岩波書店，2007年，343頁。[Sigmund Freud, *Die Traumdeutung*, 1900]

†33 　代表的なものとしては、アーネスト・ジョーンズの『ハムレットとオイディプス』（栗原裕訳）大修館書店，1988年。[Ernest Jones, *Hamlet and Oedipus*, 1949]

†34 　*Le Séminaire, Livre VI, Le désir et son interprétation*.

†35 　Lacan, J., « D'une question préliminaire à tout traitement possible de la psychose », in *Écrits*, p.557.

†36 　父の名の概念は、エクリやセミネールに繰り返し登場するが、そもそも精神病における排除の機序に関しては、セミネール3巻『精神病　上』（小出浩之・鈴木國文・川津芳照・笠原嘉訳）岩波書店，1987年に詳しい。[*Le Séminaire, Livre III, Les psychoses*, 1981] ここでラカンはフロイトの概念から、Verneinung（否定）とは区別されるVerwerfung（排除）を取り出し、排除という意味で象徴界から拒絶されたものが、現実界に再び現れるメカニズムが示している。

†37 　ワイルド『サロメ』（福田恆存訳）岩波書店，1959年

†38 　同書，41頁

†39 　わたしたちはすでに第1章第4節でみた川端の小説のなかで、そうしたズレのない表象に出会っている。夢に出現すると同時に夢を破った「赤」である。

†40 　*Le Séminaire, Livre VI, Le désir et son interprétation*, p.365.

†41 　『喪とメランコリー』（伊藤正博訳）『フロイト全集　第14巻』所収，岩波書店，2010年。[Sigmund Freud, *Trauer und Melancholie*, 1917]

†42 　*Op. cit.,* p.416.

†43 　*Ibid.,* p.383.

†44 　*Ibid.,* p.418.

†45 　Hamlet: The body is with the king, but the king is not with the body. The king is a thing… Guidenstern: A things, my lord!　Hamlet: Of nothing.（…）（Act4, secne2）

†46 　*Op. cit.,* p.386.

†47 自らの存在を捧げるのに相応しい対価を求めるような人たちは、「純粋な」交換を夢見るがあまりに、行為から身を引くことになる。

†48 「牧師：許されませぬ！ 心やすらかにこの世を去ったもの同様に、ミサを歌い、死後の平和を祈ったりしては、かえって葬儀の神聖を穢すもの」（第五幕1場）。
「王：――こちらのやり方もまずかった。どさくさまぎれに死骸をかたづけてしまったのがいけなかったのだ」（第六幕5場）。

†49 *Op. cit.,* p.397.

†50 *Ibid.,* p.330.

†51 *Ibid.,* p.392.

†52 Lacan, J., « Remarque sur le rapport de Daniel Lagache: « Psychanalyse et structure de la personnalité » », in *Écrits*.

†53 *Op. cit.,* p.346.

†54 デリダ「時間を――与える」『他者の言語――デリダの日本講演』（高橋允昭編訳）所収，法政大学出版局，1989年，70〜71頁。[« Donner-le temps », 1983]

†55 Molière, *Don Juan*, Paris, Librairie Larousse, « Classiques Larousse », 1991. 引用は邦訳『ドン・ジュアン』（鈴木力衛訳）岩波文庫，1952年の頁を記している。ただし必要と思われた箇所には原文を付した。

†56 オースティン「行為遂行的発言」『オースティン哲学論文集』（坂本百大監訳）所収，勁草書房，1991年，406〜407頁。[John Langshaw Austin, 'Performative Utterances' (1956), in *Philosophical Papers*, 1961]

†57 オースティン『言語と行為』（坂本百大監訳）大修館書店，1978年。[John Langshaw Austin, *How to Do Things with Words*, 1960]

†58 バンヴェニスト「分析哲学とことば」『一般言語学の諸問題』（岸本通夫監訳）所収，みすず書房，1983年，259〜260頁

†59 フェルマン『語る身体のスキャンダル――ドン・ジュアンとオースティンあるいは二言語による誘惑』（立川健二訳）勁草書房，1991年。[Shoshana Felman, *Le Scandale du corps parlant*, 1980]

†60 同書，25頁

†61 同書，82頁

†62 デリダ「署名・出来事・コンテクスト」『哲学の余白 下』（藤本一勇訳）所収，法政大学出版局，2008年。[Jacques Derrida, «Signature événement contexte» in *Marges*, 1972]

†63 オースティン『言語と行為』15頁

†64 「言葉を発する行為、あるいはそのことを部分として含む行為に関してわれわれの興味を喚起した（あるいは喚起しそこなった）ものであるにもかかわらず、実際には、それは、儀礼的または儀式的という一般的性格をもつすべての行為、すなわち、すべて

の習慣的行為が被るべき災禍であるということである。もちろんすべての儀礼的催事がすべての形態の不適切性の危険にさらされているわけでもない。（またもちろん、すべての行為遂行的言表がすべての形態の不運（infelicity）の危険にさらされているわけではない。）」同書, 33頁.

†65　同書, 37頁
†66　同書, 37〜38頁
†67　同書, 38頁
†68　デリダ『グラマトロジーについて　上・下』（足立和浩訳）現代新潮社, 1972年。[Jacques Derrida, *De la Grammatologie*, 1967]
†69　デリダ「正義への権利について／法（＝権利）から正義へ」『法の力』（堅田研一訳）所収, 法政大学出版局, 1999年, 67頁。[Jacques Derrida, *Forces de loi*, 1994]
†70　レヴィナス『全体性と無限　上』（熊野純彦訳）岩波文庫, 2005年, 170〜198頁
†71　*Le Séminaire, Livre XVII, L'envers de la psychanalyse*, Paris, Seuil, 1991
†72　1968年3月20日のセミネール。[*Ibid.*]
†73　Molière, *Don Juan*, p.126.
†74　Lacan, J., « Le séminaire sur « La Lettre volée » », in *Écrits*, p.40.
†75　1968年3月20日のセミネール。[*Le Séminaire, Livre XV, L'acte psychanalytique*, inédit]
†76　1967年11月15日のセミネール。[*Ibid.*]
†77　1967年12月6日のセミネール。[*Ibid.*]
†78　1968年3月20日のセミネール。[*Ibid.*]
†79　1967年1月10日のセミネール。[*Ibid.*] 「ルビコン川を渡る」ことが「行為」の名に値するのは、軍事的重要性ゆえにではない。カエサルの飛び越え（flancissement）は、母なる大地、つまり共和国に戻ることを意味する。つまりそこに乗り込むことは、そこを犯すことであった。
†80　1967年1月10日のセミネール。[*Ibid.*]
†81　アルチュール・ランボー『ランボー全詩集』（宇佐美斉訳）ちくま文庫, 1996年, 332頁。この詩に関してはさまざまな解釈があるが、革命的な社会変革をもたらす詩的天啓と捉えるのが大方の認めるところであろう。ラカンの引用部分の続きは以下のようになっている。
「僕たちのめぐり合わせを変えてくれ、災いを打ち抜いて穴だらけにしてくれ、とりあえずは時間から」、とこの子供らはきみに向かって歌う。「われらの運命とわれらの願いとの実質を、どこへてもよい、高く掲げたまえ」、とひとびとはきみに祈る。永遠からやって来て、どこにでも立ち去ってしまう者よ。
　　ここで運命だけではなく、「時間」の変容が言われていることは注目すべきだろう。もしラカンの言う行為（acte）の次元がこの詩において表明されているのであるとすれ

ば、「それまでとは違った時間」の到来を引き起こすものとしての行為の特質をここにみることができたはずである。

[第4章]

†1　1965年1月13日、4月6日のセミネールなど。[*Le Séminaire, Livre XII, Problèmes cruciaux pour la psychanalyse*, inédit]

†2　1965年6月23日の非公開のセミネール（事例を扱う際のセミネールは非公開であった）は、わたしたちが第2章で扱った小説『ロル・V・シュタインの歓喜』に割かれている。報告者はMichèle Montrelay。[*Ibid.*]

†3　ラッセル「講義X　語と意味」『心の分析』（竹尾治一郎訳）所収, 頸草書房, 1993年。[Bertrand Russel, *The Analysis of Mind*, 1921]

†4　クリプキ『名指しと必然性——様相の形而上学と心身問題』（八木沢敬・野家啓一訳）産業図書, 1985年。[Saul A. Kripke, *Naming and Necessity*, 1972]

†5　他にも、クリプキは、通常わたしたちが固有名の指示対象に結びつけている性質はひとつの対象を指示しないこと、また諸性質がある対象を指定したとしても、それは必ずしも固有名の指示対象ではないことなどを指摘し、記述説の誤りを明らかにした。

†6　クリプキ, 前掲書, 115頁。

†7　レヴィ＝ストロース『野生の思考』（大橋保夫訳）みすず書房, 1976年, 259頁。[Claude Lévi-Strauss, *La Pensée sauvage*, 1962]『野生の思考』のなかで固有名について議論されているのは、全9章のうち後半の半分以上を占める第6章「普遍化と特殊化」と第7章「種としての個体」においてである。分類体系という彼の主題の周縁に位置するこの特殊な名詞のカテゴリーにおいても、西欧社会と未開社会の間に質的な差はないと彼は考えている。

†8　同書, 208頁。

†9　同書, 213頁。おそらく日本における子どもの命名法は、この場合に近いのではないだろうか。たとえば「晴男」や「勝（まさる）」などといった名前は、その部族でも通用するだろう。

†10　同書, 236頁。

†11　同書, 236頁。

†12　同書, 220頁。

†13　同書, 221頁。ただし、望みの名前を得るためにおそらく臍帯の引っ張り方を加減するという人為的操作がなされる可能性もあることを、レヴィ＝ストロースは指摘している。

†14　同書, 223頁。

†15　『寿限無』齋藤孝（文）工藤ノリコ（絵）, ほるぷ出版, 2004年。『ややこしや、寿限無

寿限無』齋藤孝（編）田中靖夫（絵），草思社，2004年。なおこれらの絵本では、名前に含まれている言葉の意味は、特に解説されていない。また溺れ死ぬというもともとの話は、以下のように加工されている。寿限無にこぶをつくられた男の子が、そのことを泣いて訴えにやってくる。男の子から寿限無の母へ、寿限無の母から寿限無の父へと寿限無がしたことがその長い名前とともに伝えられるうちに、こぶが引っ込むというオチである。

†16　コジェーヴ『ヘーゲル読解入門──「精神現象学」を読む』（上妻精・今野雅方訳）国文社，1987年，207頁。[Alexandre Kojève, *Introduction à la lecture de Hegel*, 1947]

†17　ラカン『精神分析の四基本概念』（小出浩之他訳）岩波書店，2000年，286頁。[Jacques Lacan, *Le Séminaire, Livre XI, Les quatre concepts fondamentaux de la psychanalyse*, 1973]

†18　同書，283〜284頁で提示されている図をもとに作成した。

†19　同書，280〜285頁

†20　ドルト『無意識的身体像──子供の心の発達と病理　1』（榎本譲訳）言叢社，1994年。[Françoise Dolto, *L'Image inconsciente du corps*, 1984]

†21　同書，63頁

†22　同書，61頁

†23　同書，67頁

†24　同書，69頁

†25　同書，64〜65頁

†26　ドルト『子どもの無意識』（小川豊昭・山中哲夫訳）青土社，1994年, 155頁。[Françoise Dolto, *Dialogues québécois*, 1987]

†27　Dolto, F., *Le Cas Dominique*, Paris, Seuil, coll. « Points Essais », 1971. 以下の引用は、拙訳による。この著書について詳しくは、拙論「症例ドミニク」（『精神分析の名著──フロイトから土居健郎まで』所収，中公新書，2012年，322〜334頁）を参照されたい。

†28　*Ibid.*, p.33.

†29　*Ibid.*, p.63. 原文では、「bœuf」と「taureau」が使い分けられており、「去勢」という言葉は使われていない。

†30　ドルトは各性的発達段階のそれぞれに去勢を想定しており、それを人間が繰り返し体験すべき試練としている。去勢は欲望の変化であり、決して欲望の切り捨て（それはヒステリー者の身振りである）ではない。去勢は欲動の象徴化に結果する。もちろん、その最たるものは昇華であるが、しかし倒錯もまた（それが人間共通の掟には従わないにしても）象徴化のひとつである。

†31　ドルト『無意識的身体像──子供の心の発達と病理　2』（榎本譲訳）言叢社，1994年，223頁

†32　同書，60〜61頁

† 33　Lacan, J., « Remarque sur le rapport de Daniel Lagache: « Psychanalyse et structure de la personnalité » », in *Écrits*, p.682.
† 34　フロイト『トーテムとタブー』(門脇健訳)『フロイト全集　第12巻』所収, 岩波書店, 2009年, 76頁. [Sigmund Freud, *Totem und Tabu*, 1913]
† 35　固有名に関してフロイトは、他にも各所で言及している。たとえば『日常生活の精神病理学』における「固有名の度忘れ」が有名である。フロイトはここで『精神医学神経学月報』の「健忘の心的規制について」ですでに論じた、固有名を一時的に忘れるという、しばしば起こる現象の分析から得られた意義をおさらいすることからはじめる。固有名は他の記憶内容よりも忘れやすいからという「もっともらしい」理由づけを一蹴した後、フロイトがこの度忘れという現象に立ち入る発端となった、ある「気づき」が語られる。曰く、こうした事例に関して共通するのは、「何かを単に忘れるというのではなく、間違ったことが想い出される」ということである。つまり「失念した名前を想い出そうとすると、別の代わりの名前、代替名がいくつか意識に浮かんでくる」という発見である。フロイト自身の度忘れの事例は大変興味深いが、多くの論考ですでに論じられているのでここでは取り上げない。たとえば、小川豊昭「性と死の言語」『イマーゴ　10月臨時増刊』青土社, 1994年など。
† 36　さらにフロイトは、民俗学的研究に基づきながら、現実生活を不都合なく営むために、こうした死者の名前のタブーに抜け道があることにも興味を示している。ひとつの抜け道は、死後すぐに死者の名前を変えることで、新しい名前を口にしても災いを引きつけないようにする方法。もうひとつは、たとえば死者の名前が、動物や事物の呼称と一致していた場合には、それら動物や事物の呼称の方を変更するという方法である。
† 37　フロイト『トーテムとタブー』76頁
† 38　ラカン『精神分析の四基本概念』283 〜 284頁
† 39　デリダ『名を救う──否定神学をめぐる複数の声』(小林康夫・西山雄二訳) 未來社, 2005年参照。[Jacques Derrida, *Sauf le nom*, 1993]
† 40　フロイト「心的生起の二現象に関する定式」(高田珠樹訳)『フロイト全集　第11巻』所収, 岩波書店, 2009年, 259 〜 267頁。[Sigmund Freud, Formulierungen über die zwei Prinzipien des psychischen Geschehens, 1911]
† 41　同書, 266 〜 267頁
† 42　同書, 267頁
† 43　Lacan, J., « Subversion du sujet et dialectique du désir dans l'inconscient freudien », in *Écrits*, p.802.
† 44　*Ibid.*
† 45　たとえば、フロイト「あるヒステリー分析の断片『ドーラ』」(渡邊俊之・草野シュワルツ美穂子訳)『フロイト全集　第6巻』所収, 岩波書店, 2009年。[Sigmund Freud,

Bruchstück einer Hysterie-Analyse, 1905]
†46 Lacan, J., *Le Séminaire, Livre XXIII, Le sinthome*, p.167.
†47 セミネール「RSI」では、サントーム（Σ）は、象徴的命名（Ns）と象徴界（S）のカップリングであったが、セミネール「サントーム」では、サントーム（Σ）は、ひとつの本質として提示される。しかしこれはサントームが象徴界ともはや結ばれていないということを意味しない。
†48 1975年4月15日のセミネール。[*Le Séminaire, Livre XXII, R.S.I.*, inédit]
†49 *Le Séminaire, Livre XXIII, Le sinthome*, p.19.
†50 *Ibid.*, p.162.
†51 キュピレット家の息女の嘆き「名前が一体なんだろう？　私たちがバラと呼んでいるあの花の、名前が変わろうとも、薫りに違いはないはずよ。」（『ロミオとジュリエット』（第二幕2場）（中野好夫訳）新潮文庫、1951年）に呼応するように、ダブリンの文学青年ディーダラスことジョイスは、こう自問する。「名前なんぞにどんな意味がある？　これはぼくたちが子供のころ、教えられたとおりに自分の名前を書くとき、自ら訊ねることでしょう。」（ジェイムズ・ジョイス「スキュレーとカリュブディス」（丸谷才一・永川玲二・高松雄一訳）『世界文学全集　第2集　第13巻　ユリシーズⅠ』所収、河出書房新社、1964年、264頁）
†52 *Le Séminaire, Livre XXIII, Le sinthome*, p.89.
†53 *Ibid.*, p.164.
†54 *Ibid.*, p.167.
†55 象徴界の不完全性は、シニフィアンの連鎖の不完全性でもある。つまり少なくともひとつのシニフィエをもたないシニフィアン、特権的シニフィアンが存在することになる。先にみたように、これをただ「ひとつ」とするところに、ドゥルーズ＝ガタリの精神分析批判はあてられている。こうした批判は以下のふたつの論文に特に詳しい。ドゥルーズ「精神分析をめぐる四つの命題」（宮林寛訳）『狂人の二つの体制　1983-1995』所収、河出書房新社、2004年。[Gilles Deleuze, « Quatre propositions sur la psychanalyse » in *Deux régimes de fous Textes et entretiens 1975-1995*, 2003]、ドゥルーズ「精神分析に対する5つの提案」（三脇康生訳）『無人島　1969-1974』所収、河出書房新社、2003年。[Gilles Deleuze, « Cinq propositions sur la psychanalyse » in *L'Île déserte et autres textes Textes et entretiens 1953-1974*, 2002]
なお、これらは内容的にほぼ重複しており、実際上は5つの提言がなされていると考えてよい。まとめてみると以下のようになる。
　　(1) 精神分析は、欲望の生産を疎外する。欲望は常に過剰にあると考えられ、その還元、破壊が行われる。これに対して、無意識を生産することが必要である。
　　(2) 精神分析は、言表の形成を疎外する。これに対して、真の言表行為が成立するた

(3)精神分析は、解釈機械と主体化機械というふたつの機械を駆使する。
　　(4)精神分析は、自由主義的・ブルジョア的形態の契約というきわめて特殊な力関係に基づいている。この契約は転移と分析家の沈黙という形態において頂点に達する。
　　(5)精神分析は、政治経済とリビドー経済を区別するフロイト・マルクス主義に則っているが、ひとつの経済しかないと考えるべきである。
(1)(2)(3)は、精神分析が欲望の多様性・多元性を認めず、オイディプス的関係性のなかへとすべてを還元してしまっていることを批判している。(4)(5)は、その精神分析が一方では社会的実践としてきわめて資本主義的な権力関係に基づいており、その関係性のもとには政治経済とリビドー経済の二元的区別があることを批判している。要するに、ドゥルーズ＝ガタリが精神分析を弾劾するのは、無意識の欲望が、ひとりの主体とその周囲にいる何人かの主体の関係のなかで規定され、社会や世界のさまざまな要素と結びつけられたかたちで現れないように構成されているという点においてである。この提言はちょうど『アンチ・オイディプス』と『千のプラトー』の間に位置する時期になされたもので、彼らの精神分析に対する見解の本質的な部分が現れている。

†56　*Le Séminaire, Livre XXIII, Le sinthome*, p.22.
†57　ラカンが「症状の操作（manipuler）」や「症状とうまくやること（se débrouiller）」を語るとしても（1976年11月16日のセミネール）、それはマイクに頭をぶつけ、咳をしながらのお話である。
†58　ドゥルーズ＝ガタリの『千のプラトー──資本主義と分裂症』（宇野邦一他訳）河出書房新社，1994年。ここでは、固有名の固有性は極限にまで漂白され、「此性（Heccéité）」と呼ばれる概念へと導かれている。ここでいう症状は、ドゥルーズ＝ガタリの言うアジャンスマンのなかにある「此性」からそう遠くはないだろう。「ある」場所、「ある」時間が、他の場所や時間とは異なる出来事として特異化されるとき、そこに空気や温度や風の流れや日差しの総体が個体化される。そこにたたずむ私、そこを走る動物もまたその一部であり、一部にすぎない。まさしくこの瞬間にこそ、「此性」が生じるのであった。つまり、「此性」はひとつの出来事であり、ある時点における世界の様相であり、それ自体があるひとつのアジャンスマンの風景でもある。
　　「此性」はもちろん、中世の哲学者ドゥンス・スコトゥスにまで遡る概念であり、その意味で私たちの議論をはるかに超えている。詳しくは、たとえば山内志朗『存在の一義性を求めて──ドゥンス・スコトゥスと13世紀の〈知〉の革命』岩波書店，2011年，111〜133頁を参照のこと（同書では「このもの性」と言われている）。
†59　1975年4月15日のセミネール。[*Le Séminaire, Livre XXII, R.S.I.*, inédit]
†60　ポーランド系であることを重視して「クロソフスキー」と表記されることもあるが、フ

ランスでは「クロソウスキー」と発音されるのが一般的である。表記の統一のため、ここでは後者の読み方に従う。生い立ちについては実弟バルテュスの自伝『バルテュス、自身を語る』（鳥取絹子訳）河出書房新社，2011年を参照。なおクロソウスキーの思想の全体については，大森晋輔『ピエール・クロソウスキー ——伝達のドラマトゥルギー』左右社，2014年を参照されたい。

†61　クロソウスキー『歓待の掟』（若林真・永井旦訳）河出書房新社，1987年。原典は以下の版を参照した。[Pierre Klossowski, *Les Lois de l'hospitalité*, Paris, Gallimard, « L'Imaginaire », 1995]

†62　『ロベルトは今夜』の小説では、ロベルトが夫の書物に検閲を入れるが、この書物こそ『ロベルトは今夜』に他ならない。ジッドの『贋金使い』に学んだこうした入れ子構造は、『ロベルトは今夜』というひとつの小説の存在自体を揺るがすものである。

†63　クロソウスキー「アラン・アルノーとの対話」（豊崎光一・清水正訳）『夜想　22　特集クロソウスキー』所収，ペヨトル工房，1987年，33頁。[Pierre Klossowski, « Entretiens avec Alain Arnaud », 1982]

†64　クロソウスキーの監修で『歓待の掟』が映画化された際は、彼はドゥニーズにロベルトを演じさせている。オクターヴはもちろんクロソウスキー自身が演じた。

†65　クロソウスキー『ルサンブランス』（清水正・豊崎光一訳）ペヨトル工房，1992年，141頁。[Pierre Klossowski, *Ressemblance*, 1984]

†66　以下、「歓待の掟」と題された文章は前掲の日本語訳（1987年，109〜112頁）に一部変更を加えている。

†67　たとえばルネ・シェレールの『歓待のユートピア』のように、「抑圧の解放」「カタルシス」という概念によってこの小説を分析している論考もある。

†68　フーコー「アクタイオーンの散文」（豊崎光一訳）『ミシェル・フーコー思考集成　II』所収，筑摩書房，1999年，69頁。[Michel Foucault, « La prose d'Actéon », 1964]　この論文は、1964年に『新フランス評論（NRF）』に発表されたものである。フーコーは主に、自己同一性ととりわけシミュラクルという概念を中心に述べている。

†69　クロソウスキー『歓待の掟』122頁。括弧内は引用者。

†70　同書，128頁

†71　同書，10頁

†72　そもそもパトファニーは彼の描くタブローの伝達様式として提唱されており、伝達不可能なパトスを伝達するための手段としてクロソウスキーはこの小説を、そして後には、タブローを描いた。

†73　クロソウスキー「アラン・アルノーとの対話」前掲書所収，35頁

†74　ロベルトの肯定性がもつシロジスムについてフーコーは以下のように指摘している。「ロベルトもまた模造の大いなるオペレーターである。休みなく、その手、長く美しい

手で彼女は肩や髪の毛を愛撫し、欲望を生じさせ、昔の愛人たちを呼び戻し、ラメーのコルセットや救世軍の制服を脱ぎ、兵士たちに身を与えたり、世に知られぬ悲惨さのために募金をしたりする。彼女こそ、疑いもなく、夫がその中に散らばっているすべての怪物めいた、あるいはみすぼらしい人物たちの中に、夫を回折させている者なのだ。彼女は群をなしている。いつもいやと言う女ではない。そうではなくて、逆に絶えずいいわと言っている女。それは二叉になったウィであって、誰しもがそこでは自己の傍らにいる、あの二項間空間をそれは生じさせる。」(「アクタイオーンの散文」(豊崎光一訳)『ミシェル・フーコー思考集成　II』所収, 筑摩書房, 1999年, 71頁)

†75　フーコー「外の思考」(豊崎光一訳)『ミシェル・フーコー思考集成　II』所収, 筑摩書房, 1999年, 340頁。[Michel Foucault, *La Pensée du dehors*, 1966]

†76　クロソウスキー『ルサンブランス』(清水正・豊崎光一訳) ペヨトル工房, 1992年, 26〜27頁

†77　アラン・アルノー『ピエール・クロソウスキー』(野村英夫・杉原整訳) 国文社, 1998年, 222〜226頁。[Alain Arnaud, *Pierre Klossowski*, 1990]

†78　ドゥルーズ『意味の論理学　下』(小泉義之訳) 河出文庫, 2007年, 207頁。[Gilles Deleuze, *Logique du sens*, 1969]

†79　同書, 214頁

†80　『意味の論理学』には、付録として「シミュラクルと古代哲学」という論文がつけられており、以下に述べるプラトンによるシミュラクルの抑圧もまたそこで論じられている。

†81　ドゥルーズ, 前掲書, 201頁

†82　アルノー, 前掲書, 67頁

†83　クロソウスキー『古代ローマの女たち——ある種の行動の祭祀的にして神話的な起源』(千葉文夫訳) 平凡社, 2006年, 77〜82頁。[Pierre Klossowski, *Origines cultuelles et mythiques d'un certain comportement des dames romaines*, 1986]

†84　クロソウスキー『ディアーナの水浴』(宮川淳・豊崎光一訳) 水声社, 1988年, 47頁。[Pierre Klossowski, *Le Bain de Diane*, 1956]

†85　同書, 45頁

†86　芸術作品はその一回性という特性ゆえに、歴史を有することができる、複製は一回性をもちえないがゆえに歴史をもちえない、つまり歴史から常に自由である。ちなみにクロソウスキーによる「複製技術の時代における芸術作品」のはじめの翻訳を、ベンヤミンは、自由すぎるとして徹底的に手直しした。

†87　クロソウスキー『歓待の掟』(若林真・永井旦訳) 河出書房新社, 1987年, 346頁

†88　クロソウスキーの出生の「秘密」、つまり彼の父親がリルケであった「可能性」(それが事実かどうかということは特に問題ではない)、大戦期に重なるプロテスタント教徒

の父エリック（クロソウスキー自身は、ドミニコ派の修道士からリヨンの進学校、パリのカトリック学院を経て、聖職を目指しながらも、還俗）の破産、ジッドに溺愛されたパリ青年時代（クロソウスキーが書き送るデッサン——これは『贋金使い』の挿絵となるはずのものであった——には、ジッドでさえ尻込みするほどだった）など、考察すべき材料は限りない。

†89 クロソウスキー『歓待の掟』（若林真・永井旦訳）河出書房新社，1987年，346頁。邦訳には若干の訂正を加えた。

†90 クロソウスキー「あとがき」『歓待の掟』341頁

†91 同書，342頁

†92 以上から、クロソウスキーの創作のなかに、サントームの機能をみることも可能かもしれない。しかしそれを論じるには時期尚早である。

†93 アラン・フレッシャー（監督）『ピエール・クロソウスキー——イマージュの作家』（VHS版，1996年）のなかでの発言。

†94 Lacan, J., « Propos sur la causalité psychique », in *Écrits*, p.176.

文　献

[第1章]

Benveniste, Émile, « Structure des relations de personne dans le verbe », in *Problèmes de linguistique générale*, Paris, Gallimard, 1966, vol. I

Derrida, Jacques, « En ce moment même dans cet ouvrage me voici », in *Psyché Inventions de l'autre*, Paris, Galilée, 1987

　-*Donner le temps 1.La fausse monnaie*, Paris, Galilée, 1991

　-*De l' Hospitalité*, Paris, Calmann-Lévy, 1997

　-*Adieu à Emmanuel Lévinas*, Paris, Galilée, 1997

　-*Donner la mort*, Paris, Galilée, 1999

Gaffiot, Félix, *Dictionnaire illustré latin-français*, Paris, Hachette, 1934

Klossowski, Pierre, *Les Lois de l'hospitalité*, Paris, Gallimard, « L'Imaginaire », 1995

Lévinas, Emmanuel, *Totalité et infini*, Dordrecht, Kluwer Academic Publishers, 1961

　- « La Trace de l'autre », in *En découvrant l'existence avec Husserl et Heidegger*, Paris, J. Vrin, 1967

　-*Autrement qu' être ou au-delà de l' essence*, Leiden, Martinus Nijhoff, 1974

　-*De l' Existence à l' existant*, Paris, J. Vrin, 1981

Lévi-Strauss, Claude, « Introduction à l'œuvre de Marcel Mauss », in Mauss, Marcel, *Sociologie et anthropologie*, Paris, PUF, 1950

Mauss, Marcel, *Sociologie et anthropologie*, Paris, PUF, 1950

ウィニコット，ドナルド『小児医学から精神分析へ──ウィニコット臨床論文集』（北山修監訳）岩崎学術出版社，2005年

川端康成『眠れる美女』新潮文庫，1967年

北山修『悲劇の発生論』金剛出版，1982年

北山修『劇的な精神分析入門』みすず書房，2007年

『木下順二作品集　第一巻』未來社，1962年

『聖書　新共同訳』日本聖書教会，1987年

関敬吾『日本昔話集成　第1部』角川書店，1950年

デリダ，ジャック『エクリチュールと差異』（若桑毅他訳）法政大学出版局，1977年

デリダ，ジャック『触覚、ジャン＝リュック・ナンシーに触れる』（松葉祥一他訳）青土社，2006年

デリダ，ジャック『歓待について──パリのゼミナールの記録』（廣瀬浩司訳）産業図書，

209

1999年

ドゥルーズ，ジル『意味の論理学　下』（小泉義之訳）河出文庫，2007年

ドゥルーズ=ガタリ『千のプラトー──資本主義と分裂症』（宇野邦一他訳）河出書房新社，1994年

パイヤー，ハンス・コンラッド『異人歓待の歴史──中世ヨーロッパにおける客人厚遇、居酒屋そして宿屋』（岩井隆夫訳）ハーベスト社，1997年

バンヴェニスト，エミール『一般言語学の諸問題』（河村正夫他訳）みすず書房，1983年

三島由紀夫「川端康成にきく」『三島由紀夫全集　補巻1』所収，新潮社，1976年

モース，マルセル『贈与論』（有地亨訳）勁草書房，2008年

レヴィナス，エマニュエル『全体性と無限　上・下』（熊野純彦訳）岩波文庫，2005/2006年

レヴィナス，エマニュエル『実存の発見──フッサールとハイデッガーと共に』（佐藤真理人他訳）法政大学出版局，1996年

レヴィナス，エマニュエル『存在の彼方へ』（合田正人訳）講談社学術文庫，1999年

レヴィナス，エマニュエル『実存から実存者へ』（西谷修訳）ちくま学芸文庫，2005年

[第2章]

Blanchot, Maurice, *L'Amitié*, Paris, Gallimard, 1971

Duras, Marguerite, *Le Ravissement de Lol V. Stein*, Paris, Gallimard, 1964

　　-*Dits à la télévision*, Paris, E. P. E. L., 1999

　　-*Détruire dit-elle*, Paris, Minuit, « Collection double », 2007

Gide, André, *Journal I : 1887-1925*, Paris, Gallimard, « Pléiade », 1996

Lacan, Jacques, *Écrits*, Paris, Seuil, 1966

Lacan, Jacques, « Jeunesse de Gide ou la lettre et le désir », in *Écrits,* Paris, Seuil, 1966

　　- « Hommage fait à Marguerite Duras », in *Autres écrits*, Paris, Seuil, 2001

　　-*Le Séminaire, Livre XX, Encore (1972-73)*, Paris, Seuil, « Points Essai », 1999

　　-*Le Séminaire, Livre XXIII, Le sinthome (1975-76)*, Paris, Seuil, 2005

　　-*Le Séminaire, Livre XV, L'acte psychanalytique (1967-68)*, inédit

　　-*Le Séminaire, Livre XXII, R.S.I. (1974-75)*, inédit

　　-*Le Séminaire, Livre XXIV, L'insu que sait de l'une-bévue s'aile a mourre (1976-77)*, inédit

Lestringant, Frank, *André Gide l'inquiéteur*, Paris, Flammarion, 2011

Micciollo, Henri, « Marguerite Duras et la destruction capitale », *Gallia XX*, 大阪大学，1980年

『ギリシア悲劇全集III　エウリピデス　上』（中村善也訳）ちくま文庫，1986年

ジッド，アンドレ『狭き門』（山内義雄訳）新潮文庫，1954年

ジッド，アンドレ『一粒の麦もし死なずば』（堀口大學訳）新潮文庫，1969年

文献

ソレルス，フィリップ「破壊する，と彼女は言う」（岩崎力訳）『ユリイカ　増頁特集　マルグリット・デュラス』所収，青土社，1985年
デュラス，マルグリット『破壊しに，と彼女は言う』（田中倫郎訳）河出文庫，1992年
デュラス，マルグリット『ロル・V・シュタインの歓喜』（平岡篤頼訳）河出書房新社，1997年
デュラス，マルグリット＆ポルト，ミシェル『マルグリット・デュラスの世界』（舛田かおり訳）青土社，1985年
フロイト，ジグムント「終わりある分析と終わりのない分析」（渡邊俊之訳）『フロイト全集　第21巻』所収，岩波書店，2011年
マルタン，クロード『アンドレ・ジッド』（吉井亮雄訳）九州大学出版会，2003年
ラカン，ジャック『精神分析の倫理　上』（小出浩之他訳）岩波書店，2002年
ラカン，ジャック「マルグリット・デュラス譚──ロル・V・シュタインの歓喜について」（若森栄樹訳）『ユリイカ　増頁特集　マルグリット・デュラス』所収，青土社，1985年

[第3章]
Lacan, Jacques, « Le séminaire sur « La Lettre volée » », in *Écrits*, Paris, Seuil, 1966
　-« Le stade du miroir comme formateur de la fonction du Je », in *Écrits*, Paris, Seuil, 1966
　-« D'une question préliminaire à tout traitement possible de la psychose », in *Écrits*, Paris, Seuil, 1966
　-« Remarque sur le rapport de Daniel Lagache: « Psychanalyse et structure de la personnalité » », in *Écrits*, Paris, Seuil, 1966
　-*Le Séminaire, Livre XVII, L'envers de la psychanalyse (1969-70)*, Paris, Seuil, 1991
　-*Le Séminaire, Livre IV, La relation d'objet (1956-57)*, Paris, Seuil, 1994
　-« Radiophonie », in *Autre écrits*, Paris, Seuil, 2001
　-*Le Séminaire, Livre X, L'angoise (1962-63)*, Paris, Seuil, 2004
　-*Le Séminaire, Livre XVIII, D'un discours qui ne serait pas du semblant (1970-71)*, Paris, Seuil, 2006
　-*Le Séminaire, Livre VI, Le désir et son interprétation (1958-59)*, Paris, Éditons de La Martinière, 2013
　-*Le Séminaire, Livre XIV, Le logique du fantasme (1966-67)*, inédit
　-*Le Séminaire, Livre XV, L'acte psychanalytique (1967-68)*, inédit
Molière, *Don Juan*, Paris, Librairie Larousse, « Classiques Larousse », 1991

アガンベン，ジョルジョ『アウシュヴィッツの残りのもの──アルシーヴと証人』（上村忠男・廣石正和訳）月曜社，2001年

アガンベン，ジョルジョ『ホモ・サケル──主権権力と剝き出しの生』(高桑和己訳) 以文社，2003年
アガンベン，ジョルジョ『残りの時──パウロ講義』(上村忠男訳) 岩波書店，2005年
アガンベン，ジョルジョ『例外状態』(上村忠男・中村勝巳訳) 未來社，2007年
アガンベン，ジョルジョ『思考の潜勢力』(高桑和己訳) 月曜社，2009年
オースティン，ジョン・L.『言語と行為』(坂本百大訳) 大修館書店，1978年
オースティン，ジョン・L.『オースティン哲学論文集』(坂本百大監訳) 勁草書房，1991年
シェイクスピア，ウィリアム『ハムレット』(福田恆存訳) 新潮文庫，1967年
ジョーンズ，アーネスト『ハムレットとオイディプス』(栗原裕訳) 大修館書店，1988年
デリダ，ジャック『グラマトロジーについて 上・下』(足立和浩訳) 現代新潮社，1972年
デリダ，ジャック『他者の言語──デリダの日本講演』(高橋允昭編訳) 法政大学出版局，1989年
デリダ，ジャック『法の力』(堅田研一訳) 法政大学出版局，1999年
デリダ，ジャック『哲学の余白 下』(藤本一勇訳) 法政大学出版局，2008年
ドゥルーズ，ジル『プルーストとシーニュ──文学機械としての「失われた時を求めて」』(宇波彰訳) 法政大学出版局，1977年
ドゥルーズ，ジル『スピノザ──実践の哲学』(鈴木雅大訳) 平凡社ライブラリー，2002年
ドゥルーズ，ジル『意味の論理学 上』(小泉義之訳) 河出文庫，2007年
ドゥルーズ，ジル『シネマ2＊時間イメージ』(宇野邦一他訳) 法政大学出版局，2006年
バンヴェニスト，エミール『一般言語学の諸問題』(岸本通夫監訳) みすず書房，1983年
フェルマン，ショシャナ『語る身体のスキャンダル──ドン・ジュアンとオースティンあるいは二言語による誘惑』(立川健二訳) 勁草書房，1991年
フロイト，ジグムント「女性同性愛の一事例の心的成因について」(藤野寛訳)『フロイト全集 第17巻』所収，岩波書店，2006年
フロイト，ジグムント『夢解釈Ⅰ』(新宮一成訳)『フロイト全集 第4巻』所収，岩波書店，2007年
フロイト，ジグムント『喪とメランコリー』(伊藤正博訳)『フロイト全集 第14巻』所収，岩波書店，2010年
モリエール『ドン・ジュアン』(鈴木力衛訳) 岩波文庫，1952年
ラカン，ジャック『精神病 上』(小出浩之・鈴木國文・川津芳照・笠原嘉訳) 岩波書店，1987年
ラカン，ジャック『対象関係 上』(小出浩之・鈴木國文・菅原誠一訳) 岩波書店，2006年
ランボー，アルチュール『ランボー全詩集』(宇佐見斉訳) ちくま文庫，1996年
レヴィナス，エマニュエル『全体性と無限 上』(熊野純彦訳) 岩波文庫，2005年
ワイルド，オスカー『サロメ』(福田恆存訳) 岩波書店，1959年

[第4章]

Dolto, Françoise, *Le Cas Dominique*, Paris, Seuil, « Points Essais », 1971

Klossowski, Pierre, *Les Lois de l'hospitalité*, Paris, Gallimard, « L'Imaginaire », 1995

Lacan, Jacques, « Propos sur la causalité psychique », in *Écrits*, Paris, Seuil, 1966

Lacan, Jacques, « Remarque sur le rapport de Daniel Lagache: « Psychanalyse et structure de la personnalité », in *Écrits*, Paris, Seuil, 1966

-« Subversion du sujet et dialectique du désir dans l'inconscient freudien », in *Écrits*, Paris, Seuil, 1966

-*Le Séminaire, Livre XXIII, Le sinthome (1975-76)*, Paris, Seuil, 2005

-*Le Séminaire, Livre XII, Problèmes cruciaux pour la psychanalyse (1964-65)*, inédit

-*Le Séminaire, Livre XXI, Les non-dupes errant (1973-74)*, inédit

-*Le Séminaire, Livre XXII, R.S.I. (1974-75)*, inédit

-*Le Séminaire, Livre XXIV, L'insu que sait de l'une-bévue s'aile a mourre (1976-77)*, inédit

アルノー，アラン『ピエール・クロソウスキー』（野村英夫・杉原整訳）国文社，1998年

ウルフ，ヴァージニア『ダロウェイ夫人』（丹治愛訳）集英社文庫，2007年

大森晋輔『ピエール・クロソウスキー――伝達のドラマトゥルギー』左右社，2014年

小川豊昭「性と死の言語」『イマーゴ 10月臨時増刊』所収，青土社，1994年

クリプキ，ソール『名指しと必然性――様相の形而上学と心身問題』（八木沢敬・野家啓一訳）産業図書，1985年

クロソウスキー，ピエール『わが隣人サド』（豊崎光一訳）晶文選書，1969年

クロソウスキー，ピエール『歓待の掟』（若林真・永井旦訳）河出書房新社，1987年

クロソウスキー，ピエール「アラン・アルノーとの対話」（豊崎光一・清水正訳）『夜想 22 特集クロソウスキー』所収，ペヨトル工房，1987年

クロソウスキー，ピエール『ディアーナの水浴』（宮川淳・豊崎光一訳）水声社，1988年

クロソウスキー，ピエール『ルサンブランス』（清水正・豊崎光一訳）ペヨトル工房，1992年

クロソウスキー，ピエール『古代ローマの女たち――ある種の行動の祭祀的にして神話的な起源』（千葉文夫訳）平凡社，2006年

コジェーヴ，アレクサンドル『ヘーゲル読解入門――「精神現象学」を読む』（上妻精・今野雅方訳）国文社，1987年

シェレール，ルネ『歓待のユートピア――歓待神礼讃』（安川慶治訳）現代企画室，1996年

ジョイス，ジェイムズ「スキュレーとカリュブディス」（丸谷才一・永川玲二・高松雄一訳）『世界文学全集 第2集 第13巻 ユリシーズⅠ』所収，河出書房新社，1964年

デリダ，ジャック『名を救う――否定神学をめぐる複数の声』（小林康夫・西山雄二訳）未來社，2005年

ドゥルーズ，ジル『差異と反復』（財津理訳）河出書房新社，1992年
ドゥルーズ，ジル「精神分析に対する5つの提案」（三脇康生訳）『無人島　1969-1974』所収，河出書房新社，2003年
ドゥルーズ，ジル「精神分析をめぐる四つの命題」（宮林寛訳）『狂人の二つの体制　1983-1995』所収，河出書房新社，2004年
ドゥルーズ，ジル『意味の論理学　下』（小泉義之訳）河出文庫，2007年
ドゥルーズ＝ガタリ『千のプラトー──資本主義と分裂症』（宇野邦一他訳）河出書房新社，1994年
ドルト，フランソワーズ『無意識的身体像──子供の心の発達と病理　1・2』（榎本譲訳）言叢社，1994年
ドルト，フランソワーズ『子どもの無意識』（小川豊昭・山中哲夫訳）青土社，1994年
ドルト，フランソワーズ『無意識の花人形──子どもの心的障害とその治療』（小川周二他訳）青山社，2004年
バルテュス『バルテュス、自身を語る』（鳥取絹子訳）河出書房新社，2011年
フーコー「アクタイオーンの散文」（豊崎光一訳）『ミシェル・フーコー思考集成　II』所収，筑摩書房，1999年
フーコー「外の思考」（豊崎光一訳）『ミシェル・フーコー思考集成　II』所収，筑摩書房，1999年
フレッシャー，アラン（監督）『ピエール・クロソウスキー──イマージュの作家』VHS版，1996年
フロイト，ジグムント『日常生活の精神病理学』（高田珠樹訳）『フロイト全集　第7巻』所収，岩波書店，2007年
フロイト，ジグムント『トーテムとタブー』（門脇健訳）『フロイト全集　第12巻』所収，岩波書店，2009年
フロイト，ジグムント「あるヒステリー分析の断片『ドーラ』」（渡邊俊之・草野シュワルツ美穂子訳）『フロイト全集　第6巻』所収，岩波書店，2009年
フロイト，ジグムント「心的生起の二現象に関する定式」（高田珠樹訳）『フロイト全集　第11巻』所収，岩波書店，2009年
山内志朗『存在の一義性を求めて──ドゥンス・スコトゥスと13世紀の〈知〉の革命』岩波書店，2011年
ラカン，ジャック『精神分析の四基本概念』（小出浩之他訳）岩波書店，2000年
ラッセル，バートランド『心の分析』（竹尾治一郎訳）頸草書房，1993年
レヴィ＝ストロース，クロード『野生の思考』（大橋保夫訳）みすず書房，1976年

むすびに

　パリ左岸、そのほぼ中央に位置するモンパルナス墓地──、あの頃幾度この場所を横切ったことだろう。そのようにして分析家のもとを訪れる毎日は、華やかなと称されるパリにいながらも、どこか地下生活を送っているような心持ちであった。それはひとつに、当時の住まいと分析家のオフィスとをちょうど対角線上につなぐその墓地のせいであったのかもしれない。

　大都会の喧騒のただなかに無数の死がたたずむ広大な空間。四面には石壁が高々と積み上げられ、重厚な鉄の扉が時を区切るように開いては閉じられる。日常とは明確な断絶のなかにありながら、しかし同時に日常のうちに現前する空間。普段は出会うはずのないものとの遭遇があってもおかしくはなさそうだ。思うに精神分析は、そうした空間に足を踏み入れることとどこか似ている。少なくとも分析主体は、そうした「日常」を生きることになるだろう。

　墓場を横切ること、これがわたしのパリだ。なぜかそのことに本書を書き終えてから気がついた。いや、その影にわたし個人の喪の作業があったからこそ書けたのかもしれない。こうした時期に道連れのようにして書かれた本書の随所には、パリでの経験が滲んでいる。フロイトは、患者に切符を渡すことができても、列車に乗せることはできないと言った。もしもそれが墓地へ向かう列車なら乗り遅れたほうが良さそうだ。それでも筆者は、この本が分析的経験を通してどこかに向かう誰かにとって、ちっぽけな道標となればと願うのである。

＊＊＊

　本書は、2013年9月に京都大学大学院教育学研究科に提出した博士学位申請論文に加筆・修正を施したものである。それぞれの章において、分析的経験へと通じるような小路(パッサージュ)を微力を尽くして示したつもりである。文章も性急で生硬なところが気になるが、本書の議論を遠く閉じられた世界の話としてではなく、読者がその小路(パッサージュ)を自分の内に引き入れて考えるきっかけとなってくれれば、本書はその

役割を果たしたことになる。

　さて、この本を閉じるにあたって、たくさんの人たちにお礼を言わなくてはならない。なによりもまず、本書のもととなった博士論文の作成にあたり終始貴重なご助言と丁寧なご指導をいただいた田中康裕先生（京都大学大学院教育学研究科）に深い感謝を表したい。多忙な海外出張時にも時間を割いてくださり、しばしば迷走する執筆に最後の最後まで根気よく付き合っていただいた。博士論文審査では、河合俊雄先生（京都大学こころの未来研究センター）、松木邦裕先生（京都大学大学院教育学研究科）から、貴重なご意見をいただいた。両氏の豊富な臨床経験に基づく率直かつ含蓄のあるお言葉は、後に筆を加えていく際の励みとなった。深謝申し上げる。さらに博士課程の途中までご指導いただいた伊藤良子先生（学習院大学）にも、お礼を言いたい。先生の臨床人生に触れるような最終年度の講義は、今も鮮明な感動をもってよみがえる。

　また、フランス精神分析を研究し実践して生きていくという現実を、身をもって示してくださった立木康介先生（京都大学人文科学研究所）にも感謝の言葉を贈りたい。精神分析について多くを学んだのはもちろんのこと、パリへの留学を考えるようになる機会を与えていただいたように思う。パリ滞在中は、すでにパリ第7大学を退官されたロベール・シロル先生、ジネット・ミショー先生に多くを学んだ。ぽつり現れた東洋人を一寸の躊躇もなく迎え入れ、汲み尽くせぬ恩恵を与えてくださった両氏に感謝を捧げたい。

　他にも、実践上の助言や機会をいただいた新宮一成先生（京都大学大学院人間・環境学研究科）、小川豊昭先生（名古屋大学）に、また一人ひとり名前を挙げることはできないが読書会や研究会でさまざまな気づきを与えてくれた日仏の友人・同僚たちに、そして最後に登場いただいた患者さんをはじめ、臨床を通じて出会ったすべての方々に心からお礼を言いたい。

　なお本書の刊行は、京都大学総長裁量経費・若手研究者出版助成事業の支援を受けた。また出版を引き受けてくださった創元社の皆様に末尾ながら謝辞を記したい。

春木奈美子

人名索引

[ア行]

アガンベン，ジョルジョ　93, 97-102, 197, 198

エウリピデス　59, 194

オースティン，ジョン・L.　121-124, 126-129, 199

[カ行]

川端康成　15, 16, 24, 191, 192, 198

北山修　7, 8, 190, 191

クリプキ，ソール　140-142, 145, 149, 168, 201

クロソウスキー，ピエール　3, 173-175, 178-182, 184-188, 206-208

[サ行]

シェイクスピア，ウィリアム　76, 110

ジッド，アンドレ　62-65, 67-72, 173, 195, 196, 206, 208

ジョイス，ジェイムズ　169-172, 204

ソレルス，フィリップ　53, 193

[タ行]

デュラス，マルグリット　27, 29, 30, 34, 35, 40, 47, 49-51, 53, 138, 192, 193

デリダ，ジャック　3-5, 9, 20, 23, 26, 97, 120, 126-131, 163, 190-192, 199, 200, 203

ドゥルーズ，ジル　90, 91, 93-97, 174, 182-184, 197, 204, 207

ドゥルーズ＝ガタリ　204, 205

ドルト，フランソワーズ　150-158, 202

[ハ行]

パイヤー，ハンス・コンラッド　9, 11, 191

パゾリーニ，ピエル・パオロ　66

バンヴェニスト，エミール　123, 124, 126, 128, 136, 199

フーコー，ミシェル　97, 174, 177, 180, 181, 190, 206, 207

フェルマン，ショシャナ　123-125, 199

ブレイエ，エミール　94, 95

フロイト，ジグムント　30, 54, 57, 72, 79, 87, 88, 91, 92, 102-104, 111, 161, 162, 164-168, 170, 196-198, 202, 203, 205

[マ行]

三島由紀夫　16, 191

モリエール　120

[ラ行]

ラカン，ジャック　21, 24, 25, 30, 32, 34, 35, 38-42, 44, 53, 54, 56-60, 62-65, 67, 72-75, 79-84, 87, 91, 104-106, 109, 110, 113-115, 117-120, 132, 134-139, 141, 148, 149, 159, 163-165, 167-172, 192-195, 198, 200, 202, 203, 205

ラッセル，バートランド　139, 140, 168, 201

ランボー，アルチュール　137, 200

レヴィ＝ストロース，クロード　142-145, 201

レヴィナス，エマニュエル　9, 12-15, 18, 26, 131, 174, 190, 191, 200

事項索引

[ア行]

アイオーン　96, 97
愛撫　16, 18-20, 23, 24, 147, 191, 207
石の宴　120
一次去勢　156-158
応答可能性　12
女は存在しない　56, 59

[カ行]

顔　13-15, 22, 40, 44, 77-79, 101, 135, 146, 166, 167, 176, 191
『歓待の掟』　3, 174-178, 181, 185-187, 206-208
宮廷愛　42, 43, 63, 89, 192
享楽　38-40, 46, 49, 56-59, 64, 65, 67, 72, 75, 105, 109, 132, 135, 149, 167, 168, 171, 172, 189, 194, 196
クロノス　96, 97
幻想　7, 8, 15, 32, 42-48, 57, 58, 63, 64, 66, 74, 75, 85, 86, 117, 133, 156, 157, 159, 168, 174, 175, 181, 182
幻想の横断　43, 74
行為への移行　79, 83-93, 96, 97, 102, 134
行動化　79, 82, 84, 85, 87-92, 102, 134, 136
固定指示詞　142, 167
固有名　138-145, 147, 149-151, 153, 155, 157, 159, 161-165, 167-171, 173-175, 177, 179-181, 183, 185, 187, 189, 201, 203, 205

[サ行]

しみ　38, 45, 47
シミュラクル　94, 173, 182-187, 206, 207
「寿限無」　146, 147, 201, 202
主人のディスクール　132, 133
症状への同一化　74, 171-173
『症例ドミニク』　152, 202
「症例フレデリック」　150
「女性同性愛の一事例」　87, 197
署名　126, 159-163, 199
身体図式　152
身体像　44, 92, 150-152, 157, 202
真の女性　63, 65, 72, 74
ストア派　93-96, 183
性関係はない　58, 195
精神分析的行為　67, 134, 136, 137
疎外　21, 31, 48, 147-149, 162, 163, 165, 168, 187, 204, 205

[タ行]

タブー　6-8, 161, 162, 203
短時間セッション　24, 25
「鶴女房」　5-9, 11, 13
同性愛　50, 63, 65, 67, 70-72, 79, 87, 88, 92, 197
『ドン・ジュアン』　120, 124, 134, 135, 199

[ナ行]

名指し　124, 140, 150, 167, 169, 172, 173, 188, 201
似姿　5, 52, 64, 84, 114, 119
『眠れる美女』　15, 16, 191

[ハ行]

『破壊しに、と彼女は言う』　49, 193

218

『ハムレット』　76, 77, 85, 103, 104, 108,
　　116, 117, 120, 121, 196, 198
分析家のディスクール　133
分離　8, 26, 71, 75, 147-149, 165, 168,
　　183
偏執狂　175, 188

[マ行]
無条件の歓待　3, 5, 8, 9, 11, 13, 14
命名　122, 128, 141-146, 160, 162, 169,
　　170, 173, 201, 204
メシア的時間　99-102
『メデア』　59, 60, 62, 66
喪　104, 106, 110, 111, 116, 117, 160, 161,
　　167, 198

[ヤ行]
夢　17, 19, 21-26, 58, 76, 83, 84, 86, 92,
　　102, 103, 139, 155, 156, 164-167, 198,
　　199

[ラ行]
例外状態　97-100, 197
『ロル・V・シュタインの歓喜』　27, 30,
　　49, 50, 53, 192, 201

◆著者紹介

春木奈美子 (はるき・なみこ)

2013年、京都大学大学院教育学研究科博士（教育学）取得。2009年よりパリ第7大学精神分析学研究科で学び、2013年帰国。現在、日本学術振興会特別研究員PD。臨床心理士。

主要論文に

- 'Hospitality in Kawabata's *House of the Sleeping Beauties' American Imago*, The Johns Hopkins University Press, 67 (3), 2010, 431-440.
- «Le réel du corps selon Lacan. À propos du drame dans Hamlet» *Les Lettres de la SPF, Société de Psychanalyse Freudienne Campagne Première*, 24, 2010, 203-210.
- 「フランソワーズ・ドルト『症例ドミニク』」(『精神分析の名著』立木康介編著、中公新書、2012年)

などがある。

アカデミア叢書

現実的なものの歓待——分析的経験のためのパッサージュ

2015年3月20日　第1版第1刷発行

著　者	春木奈美子
発行者	矢部敬一
発行所	株式会社 創元社
	〈本　社〉
	〒541-0047　大阪市中央区淡路町4-3-6
	TEL.06-6231-9010（代）　FAX.06-6233-3111（代）
	〈東京支店〉
	〒162-0825　東京都新宿区神楽坂4-3 煉瓦塔ビル
	TEL.03-3269-1051
	http://www.sogensha.co.jp/
印刷所	株式会社 太洋社

©2015 Printed in Japan　ISBN978-4-422-11589-4 C3011
〈検印廃止〉
落丁・乱丁のときはお取り替えいたします。

装丁・本文デザイン　長井究衡

JCOPY 〈（社）出版者著作権管理機構 委託出版物〉

本書の無断複写は著作権法上での例外を除き禁じられています。複写される場合は、そのつど事前に、（社）出版者著作権管理機構（電話 03-3513-6969、FAX 03-3513-6979、e-mail: info@jcopy.or.jp）の許諾を得てください。

アカデミア叢書

「アカデミア叢書（Academia Library）」は、創元社が新たに立ち上げた学術専門書のシリーズです。心理、医療、教育を中心に、幅広い学術領域の最前線から、特定のテーマを深く掘り下げた優れた研究の成果を順次刊行していきます。

大学と社会貢献
学生ボランティア活動の教育的意義
木村佐枝子［著］

今日、社会貢献は教育・研究と並んで大学の使命の三本柱の一つに位置づけられている。文部科学省も推進する大学の社会貢献活動の理念や実際の取り組み例を概観する。

A5判・上製・240頁
定価（本体3,600円＋税）

スポーツと心理臨床
アスリートのこころとからだ
鈴木壯［著］

アスリートは明るく健康的で、意欲的に限界に挑戦する人々。自らを極限まで追い込むがゆえに深層にある心身の課題に直面せざるを得ない彼らの臨床心理を現場から報告。

A5判・上製・184頁
定価（本体3,000円＋税）

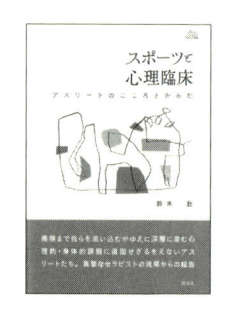

心理療法としての風景構成法
その基礎に還る
古川裕之［著］

幅広い領域の心理相談現場で用いられる風景構成法。なぜ心理療法で有効なのか、描かれた作品はどのような理解が可能なのか、創案の原点に還りつつ総合的な理解を試みる。

A5判・上製・248頁
定価（本体3,200円＋税）

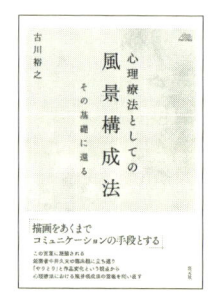